전래 동화 속의 철학 ③

전래 동화 속의 철학 ③

[이종란 지음]

철학과현실사

머리말
• • • • • •

인간은 **사회적** 존재다. 그 또한 사회의 산물이다. 사회적 조건이 변하면 인간의 삶의 방식도 당연히 변해야 한다. 나아가 사회적 조건이 삶의 족쇄가 될 때는 그것을 변화시켜야 한다. 그것이 인간이 제대로 살아가는 방식이다.

그럼에도 불구하고 우리 사회에는 그 족쇄를 유지하려는 사람들이 있다. 물론 과거에 남에게 족쇄를 씌웠고, 지금은 누려야 할 기득권을 보호하기 위해서이지만, 종국은 그 행위가 자신들을 얽어매는 덫이 될 것이라는 사실조차도 모른다. 더 우려되는 것은 지킬 것조차 없는 사람들의 행동이다. 이들은 여론을 빙자한 억지 논리의 주술(呪術)에 걸려 절망의 늪으로 한 걸음씩 다가선다. 이들에겐 늘 당해왔던 과거의 기억이 없다. 불행한 삶의 연속이다.

우리나라는 대통령을 탄핵시킬 만큼 민주화된 사회다. 다양한 가치와 관점이 공유될 수 있다. 진보적 사상이라고 해서 일방적으로 주입됨을 허용치 않는다. 하물며 구시대의 낡아빠진 가치관을 금과옥조로 삼아 자신들과 다른 관점을 배척하는 것을 보면 말이 안 나온다. 더구나 정치적인 절차가 민주화되었다고 해서 모든 것이 해결되었다고 생각하면 착각이다. 우리 사회에서 인권 보장과 도덕성과 합리성이 부족하다면, 진실로 우리가 싫어하는 나라보다 우월하다고 장담할 수 없다.

언제부터인가 경제가 어렵다고 아우성이다. 허나 굴러다니는 자동차의 수나 놀러 다니는 사람들을 보면 그렇지도 않은 것 같다. 사려는 사람보다 팔려는 사람들이 더 많아보인다. 멀쩡한 걸 버리고 부수어서 새로 사거나 짓고, 배불리 사먹어야만 경제가 살아나는가? 경제가 어려운 것은 근원적으로 우리의 탐욕 때문이 아닌가? 정확히 말해 탐욕이 낳은 경제 구조 때문일 것이다. 나는 편안히 놀면서 남이 만들어준 것을 많이 소유하고 누려야 하니까. 그 경제가 어렵다는 탐욕의 대가는 고스란히 못사는 하층민에게 우선 전가된다. 비극이다.

이렇듯 세상이 어떻게 돌아가는지 도무지 종잡을 수 없다. 우리에겐 과연 어떤 미래가 있는가? 어떤 이들은 정치인들이 비전을 제시하지 않는다고 푸념한다. 그건 잘못이다. 정치인들의 의식 또한 유권자의 그것을 반영할 수밖에 없다. 유권자 눈치를 보는 것이 정치 생명을 연장하는 길이기 때문이다. 문제는 유권자 가운데서 무엇이 밝은 미래인지 스스로 생각할 줄 아는 사람이 많지 않다는 사실이다.

그럼 그 미래상을 어디서 찾을 것인가? 남의 민족이 만들어준 복음(福音)에서 찾을 것인가? 교조적 맹신에 빠진 사람들에게서 정의와 평화가 강물처럼 흐르는 밝은 조국을 기대할 수 있을까? 신은 고통 받는 자들을 외면하는 흉물스럽게 큰 사원(寺院)에 결코 거하지 않는다. 가진 것을 움켜쥐려는 종교에는 결코 신도 구원도 없다. 우상만 있을 뿐이다.

그럼 교육은 어떠한가? 대학 입시에만 모든 초점이 모인다. 초등학교 아니 유치원 때부터 아이들은 동심(童心)이 혹사당하고 멍들어간다. 자기 자식을 제 맘대로 한다는데 누가 옆에서 참견하지도 못한다. 교사라 할지라도 말이다. 바람직한 인간을 만든다는 교육 본래의 목적이 입신양명과 생존 경쟁을 위한 수단적 교육에 의해 무너진 지 오래다. 이렇게 아이들은 어릴 때부터 정도(正道)에서 벗어남을 체험한다. 비극의 시작이다.

우리 사회 어느 구석을 들여다보아도 모순과 문제점이 없는 곳이 없다. 어느 정도는 그것이 당연할지도 모른다. 무슨 제도든 장단점이 있기 때문이다. 그러나 우리 사회의 그것은 정도가 심하다. 만인에 대한 만인의 투쟁만 가중되고 있는 것처럼 보인다. 문제의 근원은 무엇인가?

조선 말기 사회의 지도층의 무능함과 부패로 국권 상실의 유산을 물려받고, 일제 시대와 군정기(軍政期)를 거치면서 민족 문화와 가치가 왜곡되었고, 군사 정권의 혹독한 영향 아래서 우리의 가치관이 자율적이면서 합리적으로 확립되거나 교육되기 어려웠다. 게다가 민주화 이후 세계화다 국제화다 하여 서양 문물을 거침없이 받아들여 우리의 정체성마저도 상실될 위기에 놓였다. 그래서 영어를 공용어로 사용하자는 얼빠진 생각을 가진 자를 시대에 앞서가는 사람으로 착각하게 만든다.

이런 의미에서 총체적 위기다. 수출이 잘 되고 일부 기술

수준이 앞선다고 안심할 수 없다. 그건 한 순간의 현상일 뿐이다. 그럼 어찌할 것인가? 말도 안 되는 억지 같지만 새로 시작하는 방법, 곧 회개하고 거듭나지 않으면 대안이 없어보인다. 우리가 새롭지 않으면 우리 민족의 미래가 없다. 단지 머리 속만 새로워진다고 될 일이 아니다. 그럴 능력과 실천이 없으면 밝은 미래를 낙관할 수 없다.

그런 마음을 가지고 다섯 편의 전래 동화를 선택하여 풀이하였다. 우리 사회의 틀을 다시 가다듬고, 정체성을 확립하고, 합리성을 지향하는 데 메시지를 담은 것을 골랐다. 그렇지 않다면 이런 전래 동화 따위가 무슨 소용이 있겠는가?

이 '전래 동화 속의 철학' 시리즈는 제1권은 초등학교 학생들의 입장에서 썼다. 제2권은 중학생이나 고등학생 수준에서, 제3권인 이 책은 중·고등학생부터 일반인이 읽을 수 읽도록 배려하였다. 물론 책을 많이 읽은 사람이라면 그 이하도 가능하다.

집필 방법은 2권과 마찬가지로 '텍스트 이해 — 원리(논리) 발견 — 적용'의 순서로 기술하였다. 필자가 사상사를 연구할 때도 이런 방식을 취하고 있다. 어떤 학문이든 현실에 유용성을 제공해야 한다. 그것이 직접적일 수도 있고 간접적일 수도 있으며 때로는 미약할 수도 있지만 말이다. 그래서 이 책이 독자로 하여금 사회 현실을 제대로 보는 데 기여했으면 하는데, 필자의 지나친 기대일까?

가르치는 일이 주된 업무이고 보니, 글을 쏟아낼 겨를이 없었다. 틈틈이 글을 썼으나 세월만 낭비하였다. 학문으로 이룬 것이 없는데, 쓸데없는 글로 세상에 쓰레기만 가중시키지 않는지

염려스럽다. 다만 그동안 답답함을 하소연 할 곳이 없었는데, 이 책이 있어서 그나마 다행이다.

별로 읽어주지도 않는 글을 책으로 엮어주신 〈철학과현실사〉 사장님께 늘 마음의 빚을 지고 있다. 감사를 드린다.

2004년 가을
우장산 언저리에서
이종란 씀

1 이야기 제시 ─────────────

──────── 배경 설명을 곁들인 사실 **2** 확인 단계

3 원리 또는 논리 발견 단계 ─────────────

────── 철학적 배경을 **4** 통한 원리 심화 단계

5 적용 또는 응용 단계 ─────────────

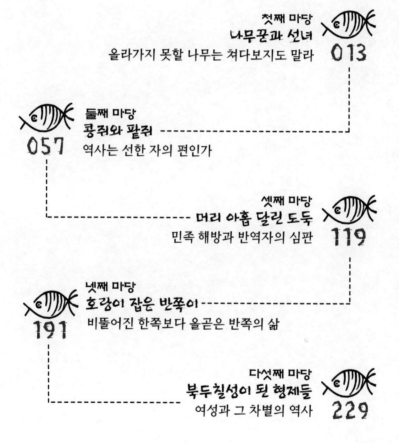

첫째 마당

나무꾼과 선녀

올라가지 못할 나무는 쳐다보지도 말라

옛날 아주 오래된 옛날이었습니다. 강원도 금강산 자락 에 한 나무꾼이 살았습니다. 그는 나무를 해서 팔아 곡식과 필요한 것을 사서 늙은 어머니와 함께 먹고살았습니다.

하루는 나무를 하고 있는데 어디선가 사슴 한 마리가 헐레벌떡 뛰어왔습니다.

"살려주세요. 사냥꾼이 따라오고 있어요!"

나무꾼은 얼른 사슴을 나뭇짐 속에 숨겨주었습니다.

얼마 지나지 않아 이윽고 사냥꾼이 나타나 말하였습니다.

"여보시오. 방금 사슴 한 마리가 뛰어가는 것 못 보았소?"

"예, 좀 전에 헐레벌떡 저쪽으로 뛰어가는 것을 보았는데요."

하고, 나무꾼은 사슴이 다가온 반대 방향을 가리켰습니다. 그러자 사냥꾼은 그가 가리킨 쪽으로 두말 않고 뛰어갔습니다.

"휴, 살았구나! 제 목숨을 구해주어서 고맙습니다."

사슴이 나뭇짐 더미에서 나오면서 말하였습니다. 사슴은 은혜를 갚으려는 마음에 나무꾼에게 다음과 같이 일러주고는 떠났습니다.

"이 산의 계곡을 따라 쭉 올라가면 커다란 연못이 있는데, 지금부터 열흘 뒤 보름달이 떠오르면 선녀들이 내려와 목욕을 할 겁니다. 그때 선녀가 입었던 날개옷 한 벌을 감추세요. 그 다음에 하늘로 올라가지 못한 선녀를 집에 데려가 혼인하십시오. 그리고 아이 셋을 낳을 때까지 절대로 날개옷을 보여주어서는 안 됩니다."

열흘 뒤 나무꾼은 밤이 되자 사슴이 일러준 대로 계곡 연못에 가보았습니다. 과연 사슴 말대로 달빛 아래서 고운 속살을 드러내놓고 선녀들이 목욕을 하고 있었습니다. 달빛에 새하얀 피부가 흰 눈처럼 반짝였습니다. 나무꾼은 그런 여자의 모습을 난생처음 보는지라 두근거리는 가슴을 억누를 수 없었지만, 가까스로 정신을 차리고 간신히 날개옷 한 벌을 가져와 숨겼습니다. 그리고는 숨어서 선녀들을 엿보고 있었습니다.

얼마나 지났을까. 웃고 조잘대던 선녀들의 목소리도 들리지 않았습니다. 이윽고 선녀들이 하나 둘씩 옷을 입고 하늘로 훨훨 날아오르기 시작하였습니다.

"어머나, 이를 어째! 어떡하면 좋지? 내 옷이 없어!"

그때 한 선녀가 발을 동동 구르며 비명에 가까운 소리를 질렀습니다.

"바람에 날려갔나봐. 먼저 올라갈 테니 찾아서 입고 와."

다른 선녀가 말했습니다.

그러나 아무리 찾아도 날개옷은 없었습니다. 지친 선녀는 알

몸으로 바위 옆에 쪼그려 앉아 슬피 울었습니다. 나무꾼은 시치미를 뚝 떼고 선녀 앞에 나타나 말하였습니다.

"아가씨가 우는 소리를 듣고 달려왔습니다요. 울지 마세요. 제 겉옷을 드릴 테니 입으세요."

나무꾼은 갈 데가 없는 선녀를 데리고 집으로 돌아왔습니다. 다음날이 되고, 또 그 다음날이 지나고, 이렇게 많은 날이 흘러도 날개옷을 찾지 못하자 선녀는 하늘나라에 갈 것을 단념하고 마침내 나무꾼의 아내가 되었습니다. 나무꾼은 선녀가 가엽기도 했지만 사슴이 일러준 것을 지키기 위하여 입을 꼭 다물고 있었습니다.

세월은 흘러 어느덧 선녀는 두 아이의 엄마가 되었습니다. 하늘나라의 즐거움도 잊은 듯 땅 위에서의 생활이 힘들었지만 선녀는 나무꾼과 행복하게 살았습니다.

어느 날 밤이었습니다. 그 날도 날개옷을 잃었던 날처럼 달이 환하게 밝았습니다. 선녀는 마루에 앉아 달을 쳐다보고 한숨을 쉬며 말했습니다.

"아, 세월이 벌써 이렇게 흘렀구나! 날개옷을 입고 저 하늘을 날아봤으면 …."

그 소리를 들은 나무꾼은 선녀가 참으로 불쌍하다는 생각이 들었습니다. 그리고 이제 두 아이의 엄마가 되었으니 딴 마음을 먹지 않을 것이라고 믿었습니다. 그래서 날개옷을 선뜻 내주며 한 번 입어보라고 권하였습니다.

"아, 내 날개옷이 여기 있었네!"

선녀는 날개옷을 입고 공중에서 왔다가다 하다가 별안간 두 아이를 양팔에 안고 하늘로 날아올랐습니다.

"여보, 여보! 돌아와요!"

나무꾼이 소리를 질렀지만 선녀는 그 소리가 들리지 않는 듯 하늘 높이 날아가 영영 돌아오지 않았습니다. 그제야 나무꾼은 아이 셋을 낳을 때까지 날개옷을 보여주지 말라는 사슴의 말이 생각났습니다. 그러나 후회해보았자 아무 소용이 없었습니다.

나무꾼은 혹시 그때 그 사슴을 만나면 좋은 방법이 있을까싶어 사슴을 찾아 헤매었습니다. 여러 날을 찾아 헤맨 뒤에야 겨우 그 사슴을 만날 수 있었습니다.

"제가 뭐라고 했습니까? 아이 셋을 낳을 때까지 날개옷을 보여주지 말라고 했잖아요?"

사슴은 약간 퉁명스럽게 말했습니다. 그리고는 측은한 생각이 들어 선녀와 아이들에게 갈 수 있는 방법을 일러주었습니다.

"날개옷을 잃어버린 뒤로는 하늘나라에서 선녀들이 내려오지 않지요. 대신 큰 두레박으로 그 연못의 물을 떠서 목욕을 한답니다. 이번 달 보름이 되면 하늘에서 두레박이 내려올 겁니다. 그때 두레박을 타고 하늘로 올라가면 됩니다. 거기서 실수하면 이젠 다른 방법이 없습니다."

이 말을 들은나무꾼은 보름이 되기를 기다렸습니다. 밤이 되자 정말로 커다란 두레박이 하늘에서 스르르 내려왔습니다. 나무꾼은 얼른 그 두레박에 올라탔습니다. 그러자 두레박은 하늘 높이 올라가기 시작하였습니다. 아름다운 금강산이 달빛 아래서 고요히 잠들어 있었습니다. 집에 홀로 남겨둔 어머니가 생각나 마음이 아팠습니다.

드디어 나무꾼은 두레박을 타고 하늘나라에 올라갔습니다. 두 아이와 선녀도 만날 수 있었습니다. 하늘나라 임금님도 그동안 있었던 사정을 듣고는 두 사람이 아이들과 함께 하늘나라에서 행복하게 살도록 허락했습니다.

그러나 가족과 함께 하늘나라에서 행복하게 사는 것도 잠시뿐이었습니다. 나무꾼의 얼굴에는 늘 수심이 가득하였습니다. 맛있는 음식을 먹어도, 아름다운 음악을 들어도, 나무꾼은 좀처럼 즐겁지 않았습니다.

하루는 선녀가 그 까닭을 물었습니다.

"여보, 왜 그러셔요? 당신은 하늘나라에 사는 것이 즐겁지 않은 모양이구려."

"하늘나라에 사는 것이 왜 즐겁지 않겠소? 우리끼리만 즐거우니까 그렇지요?"

나무꾼이 말했습니다.

사실 나무꾼은 땅에 두고 온 늙으신 어머니가 생각나서 그랬던 것입니다. 선녀에게 땅에 내려가 어머니를 모시고 올 수 없는지, 아니면 잠시라도 다녀올 수 없는지 물어보았습니다. 선녀는 하늘나라와 아무 상관이 없는 지상의 사람이 하늘나라에 살 수 없다고 했습니다. 어머니를 모셔올 수 없는 것이 그 때문이라고 말했습니다. 그래서 나무꾼은 어머니를 잠시라도 보고 올 수 있는 방법을 찾았습니다.

하늘나라에는 날개 달린 말, 이른바 '천마(天馬)'라는 것이 있었습니다. 하늘나라 임금님과 관리들만 타고 다니는 말이었습니다. 이 같은 딱한 사정을 안 임금님은 나무꾼을 효성이 지극한 사람이라 여겨 잠시 천마를 탈 수 있도록 허락하였습니다. 다만 땅에 내려갔을 때 절대로 말에서 내리면 안 된다는 당부를 하였습니다.

드디어 나무꾼은 천마를 타고 땅으로 내려가 꿈에도 그리던 어머니를 만날 수 있게 되었습니다. 말에 탄 채로 어머니에게 문안을 드렸습니다. 어머니는 그것이 몹시 안쓰러워서 말했습니다.

"애야, 말에서 내려 방안에 들어와서 쉬었다 가렴."

"안 됩니다, 어머니. 말에서 내리면 하늘나라에 돌아갈 수가 없어요."

"오냐, 알았다. 그러면 이 팥죽이라도 좀 먹고 가렴."

어머니는 금방 쑨 뜨거운 팥죽을 사발에 담아서 아들에게 건넸습니다. 나무꾼은 천마의 잔등이에 앉은 채 팥죽을 먹으려고 하였습니다. 그런데 말이 흔들리는 바람에 뜨거운 팥죽을 말 등에 조금 흘리고 말았습니다. 그러자 뜨거운 팥죽에 놀란 말이 갑자기 날뛰기 시작하였습니다. 나무꾼은 팥죽을 먹느라 잠시 말고삐를 놓고 있었기 때문에 그만 말에서 떨어졌습니다.

천마는 소리를 지르며 지붕 위를 몇 바퀴 빙 돌더니 금방 하늘 높이 날아 시야에서 사라졌습니다.

이렇게 하여 나무꾼은 영영 하늘나라에 갈 수 없게 되었습니다. 그 대신 땅 위에서 예전처럼 나무를 팔아서 어머니를 모시며 살아야 했습니다. 하늘나라에 있는 아내와 아이들을 그리워하면서 말입니다. 그리고 죽어서 수탉이 되어 지금도 지붕 위에 올라가 하늘을 쳐다보고 운답니다.

이 동화는 꽤 널리 알려진 이야기입니다. 이 이야기의 내용을 바탕으로 만든 대중 가요도 있습니다. 아마 가수 '도시아이들(김창남)'이 부른 것으로 기억납니다. 그 노래의 제목은 「나무꾼과 선녀」가 아니고 「선녀와 나무꾼」으로 되어 있습니다. 왜 선녀를 앞에 두었는지 그 이유는 잘 모르겠습니다. '선녀'가 앞에 오든 '나무꾼'이 앞에 오든, 그것이 무슨 큰 문제냐고 말할 수도 있겠습니다. 그러나 '신랑과 신부', '아버지와 어머니', '왕자와 공주', '신부와 수녀', '왕과 왕비', '아담과 이브', '남자와 여자'같이 남성을 여성보다 먼저 일컫는 데 대하여 남녀 차별이라고 분노를 느끼는 사람들도 있다는 것을 분명히 알 필요는 있습니다. 앞의 대중 가요의 가사를 쓴 분이 제목을 붙일 때 이런 것을 염두에 두었는지 확인해보지는 않았습니다.

선 녀

선녀는 한자로 '仙女'라고 씁니다. 원래 한자말이니까요. 자전(字典)에서 찾아보면 '仙'은 '신선(神仙) 선', '女'는 '계집 녀'라고 되어 있습니다. 그럼 신선은 무엇일까요? 한마디로 사람이 신(神)이 된 것을 말합니다. 사람이면서 신입니다. 서양의 하느님과 같은 신은 물론 아닙니다. 옛날 도교(道敎)에서는 사람이 수련을 통하여 죽지 않고 신선이 된다고 믿었습니다. 신선이 되면 이른바 장생불사(長生不死 : 오래 살고 죽지 않음)한다고 여졌던 것입니다.

　신선이 되는 데는 두 가지 길이 있다고 생각했습니다. 하나는 수련, 곧 몸과 마음을 단련하여 되는 것입니다. 다른 하나는 단약(丹藥)이라는 약을 만들어 먹으면 된다고 믿었습니다. 옛날 중국의 황제들은 몸을 단련하지 않고 쉽게 신선이 되고자 하여 도사(道士)들이 만든 엉터리 단약을 먹는 바람에, 장수하지도 못하고 오히려 요절한 적도 있다고 합니다. 그 약의 주성분이 주로 수은과 유황이었으니까요.

　하늘나라의 옥황상제니 신선이니 선녀니 용왕이니 하는 것은 모두 이 도교와 관계가 있습니다. 도교는 유교, 불교와 함께 동아시아의 3대 종교 가운데 하나였습니다. 특히 중국에서 민간 종교로 융성한 적이 있었습니다. 지금도 도교 사원이나 유적이 많이 남아 있고, 나름대로 영향을 끼치고 있습니다.

　그런데 『삼국유사』에 보면, 고구려의 영류왕 때 중국 도교의 일파인 '오두미교(五斗米敎)'를 처음 우리나라에 들여왔다고 했습니다. 그러나 실제로는 중국의 도교와 상관없이 우리 독자적인 종교 형태가 있었던 것으로 생각됩니다. 통일 신라 때 최치원이 남긴 기록에 의하면 예부터 전해오는 '풍류(風流)'라는 것이 있었다고 합니다. 그 가르침을 베푼 근원은 선사(仙史)에 기록되어 있다고 하는데, 선사란 바로 신선이 되는 도의 역사입니다. 이 풍류도를 다른 말로 '풍월도(風月道)'라 하며 이것의 일부가 발전하여 '화랑도(花郎道)'가 되었다고 합니다. 학자들은 이런 우리 고대의 고유 종교를 '신도(神道)'라 불렀습니다.

　신도는 중국의 도교와 섞이기도 하여 전래되었는데, 고려를 거쳐 조선에 와서 중종 때 조광조 등의 유학자들이 도교 의식을 하던 소격서(昭格署)를 혁파한 이후, 다시 복원되었다가 임진왜란 이후 철폐되고, 이후로는 개인적인 수련 차원에서 단학(丹學), 선술(仙術) 등으로 명맥을 유지해왔습니다. 그러나 민담이나 설화 또는 문학 작품 속에 그 내용이 많이 녹아 있고, 지금의 민간 신앙에도 그 모습이 많이 남아 있습니다.

애기가 길어졌습니다만, 이렇듯 도교는 간단한 것이 아닙니다. 물론 지금은 그 흔적을 모두 찾기가 어렵지만, 우리 선조의 생활이나 마음속에 일정한 자리를 차지하고 있었던 것은 분명합니다.

여기서 선녀는 옥황상제가 사는 곳의 시녀들입니다. 옛날 동양 사회에서 가장 이상적인 여인상을 선녀에게서 찾았습니다. 그래서 아름다운 여인을 보고 선녀 같다고 했습니다. 심청의 어머니가 원래 선녀였다고 하며, 김만중의 소설『구운몽』의 남자 주인공도 이 땅에서 온갖 영화를 누리며 살았다는데, 여기서 그는 여덟 선녀를 아내로 맞이해 삽니다. 이처럼 현실 세계의 가장 이상적인 여인상을 선녀로 나타냅니다.

그런데 실제로 많은 백성들은 부잣집의 예쁜 딸이나 아리따운 여인을 선녀가 환생한 것으로 착각하기도 했습니다. 종교의 세계를 사실로 믿었기 때문입니다.

나무꾼

여러분은 나무꾼을 본 적이 있습니까? 아니면 산에 가서 나무를 잘라온 적이 있습니까? 나이가 40~50대 되는 분들은 어느 정도 나무꾼에 대해서 알 것 같기도 합니다.

지금으로부터 30년 전만 해도 대부분의 농촌에서는 밥을 짓거나 음식을 하거나 겨울에 방을 따뜻하게 할 때는 모두 아궁이에 땔감을 태워서 했습니다. 도시 지역에는 주로 연탄을 사용했지요. 그래서 농촌 아이들은 초등학교 때부터 산에 가서 땔감으로 나무를 잘라오거나 솔방울을 줍거나 낙엽을 긁어모아 가지고 와야 했습니다. 나무를 잘라오더라도 아무 나무나 톱으로 쓱싹 밑동부터 잘라오는 것은 안 됩니다. 벌거숭이산이 되면 홍수나 산사태가 나기 때문에 나라에서 나무를 함부로 베지 못하도록 금하였습니다. 그래서 죽은 가지나 나무 밑둥치의 쓸모 없는 가지를 잘라오거나 잡목 또는 낙엽을 긁어서 땔감으로 이용했습니다. 필자도 어렸을 때 나무를 많이 해보았습니다. 그 때문에 지금도 왼쪽 손등에는 그 당시에 낫에 베인 흉터가 여러 개 남아 있습니다.

그러나 연탄이 없던 옛날의 도시 사람들도 모두 나무를 이용해 난방을 하거나 음식을 조리해야 했습니다. 특히 집들이 모여 사는 성안의 사람들은 이웃에게 피해를 주지 않기 위해 연기가 덜 나는 장작이나 숯이 필요했습니다. 그래서 장작을 패거나 숯을 구워서 파는 나무꾼이 생겨났던 것입니다.

그런데 대부분의 나무꾼은 농사를 겸해서 짓기도 했지만, 진짜 나무꾼은 자신이 가진 농토가 없었습니다. 대개 이들의 집은 산자락이나 산 근처에 있고, 장작이나 숯을 팔거나 약초 등을 캐서 팔아 생계를 꾸려갔습니다. 아니면 화전(火田)이라 하여 산에 불을 지르고 거기에다 밭을 일구고, 그 재를 거름으로 삼아 겨우 감자나 옥수수 등을 심어 양식을 보충하기도 했습니다. 물론 그것마저도 자기 땅은 아닙니다.

이런 나무꾼에는 대개 가난에 쪼들렸고 지주들이나 탐관오리의 횡포를 피해왔거나 역모 죄에 몰려 도망 온 사람의 후손, 도망친 노비도 있었습니다. 대개 전래 동화 속에는 홀어머니와 노총각이 단골 주인공으로 등장하는데, 나무꾼이 등장하는 시리즈도 이와 같습니다. 이들은 사회적으로 볼 때 낮은 계층에 속한 약자(弱者)들이었습니다. 사회적으로 천한 사람인 나무꾼과 가장 이상적이고 흠모의 대상인 선녀의 결합, 어쩐지 처음부터 예사롭지 않지요?

홀어머니와 노총각

홀어머니와 노총각은 전래 동화의 단골 손님입니다. 그것도 늙고 병든 홀어머니와, 약간 모자란 듯하고 가난해서 장가도 못 간 노총각 말입니다. 그래서 가끔은 영악한 동네 아이들의 놀림감이 되기도 하고, 동네 개들의 으르렁거리는 소리에 놀라 꽁무니를 빼기도 하는, 어리석어 보이는 노총각 말입니다.

전래 동화 속의 홀어머니는 대개 친척도 없습니다. 오직 아들 하나만 바라보고 사는 사람입니다. 일찍부터 남편을 잃었기 때문에 무척 고생하며 아들을 길러낸 사람일 수도 있습니다. 아니면 남편은 출세하여 처녀에게 새 장가를 가고, 자신은 아이와 함께 남편에게 버림받아 쫓겨났는지도 모릅니다. 아니면 노총각은 「전설의 고향」에 나오듯이 아이도 없는 청춘 과부와 과거 보러 가는 나그네 사이에 태어난 자식인지도 모릅니다.

이들에겐 어려운 일이 있거나 힘든 일이 있어도 도움을 청할 사람이 없습니다. 만약 그 홀어머니가 젊은 여성이라면 온갖 남자들의 유혹과 시선을 참아내야 합니다. 여러 가지 구설수에 오를 수도 있어 행동도 조심해야 합니다. 가난하기 때문에 무슨 일이든 해서 먹고살아야 하고, 그러기엔 행동의 제약을 많이 받고, 그래서 마을에서 멀리 떨어진 외딴 곳에 삽니다. 그것은 외로운 처지를 더 돋보이게 하는 문학적 배려라 하겠습니다.

홀어머니와 함께 등장하는 노총각은 대개 효성이 지극합니다. 우리의 나무꾼도 마찬가지입니다. 간혹 너무 순진하고 바보 같은 모습으로 등장하긴 하지만, 모두 정직하고 착한 것이 공통점입니다. 그가 실제 바보라서 그런 것이 아니라, 자라온 환경과 배운 것이 없는 탓에 그런지도 모릅니다. 친구도 없이 혼자서 자랐기 때문에 사람을 대하는 데 사교성이 없거나 자신감이 부족해서 그런지도 모르겠습니다.

그래서 당시 사회적으로 볼 때 신분이 낮고 보살펴줄 사람도 없는 불쌍한 사람들이었습니다. 이들의 집이 마을과 떨어져 있다는 것은 보통 사람들과 어울릴 수 없는 신분적 한계를 나타내고 있다고 보아야 하겠지요.

이들의 희망이란 큰 벼슬을 하거나 부자가 되는 것이 아니겠지요. 착한 색시에게 장가를 들어 딸 아들 낳고 배고프지 않게 오순도순 살고 싶은 것이 고작이겠지요.

37년 전 국어 교과서

이 이야기는 필자가 초등학교 6학년 때의 국어 교과서에도 실려 있었던 것으로 기억납니다. 혹시 5학년이나 4학년인지도 모르겠습니다. 잘못 기억할 수도 있으니까요. 제대로 기억했다면 그때가 1960년대 후반이니까 지금으로부터 30년이 넘습니다.

당시 이야기는 나무꾼이 두레박을 타고 하늘나라에 올라가 선녀와 아이들을 만나 행복하게 살았다는 부분에서 끝을 맺었던 것으로 기억합니다. 대부분의 사람들도 여기가 이 이야기의 끝 부분으로 알고 있습니다. 모든 전래 동화가 그렇듯이 입에서 입으로 전해졌기 때문에 이야기마다 조금씩 다를 수 있다는 것을 인정한다면, 그러한 차이를 문제삼을 필요는 없습니다.

그런데 당시 이이야기를 읽을 때, 사슴이 말을 한다든지 선녀가 있다든지 아니면 하늘나라에 사람이 두레박을 타고 올라간다든지 하는 것을 이미 필자의 나이 또래 아이들은 믿지 않았습니다. 그래서 이야기 그 자체만으로는 아이들의 흥미를 끌지 못했습니다. 이 이야기를 액면 그대로 믿기에는 현실에 맞지 않습니다. 그래서 그 또래 아이들에게 재미가 없었던 것입니다. 좀더 어린 학생들에게 읽혔다면 재미가 더 있었을지 모르겠습니다.

또 이해할 수 없었던 것은 선녀와 혼인을 하기 위해 거짓말이나 속임수를 써야 하는가 하는 점이었습니다. 목적 달성을 위해 비열한 술수를 쓰는 나무꾼의 행동이 전혀 감동 깊게 와닿지 않았습니다. 나무꾼이 좀 측은하기는 했지만요.

극적인 구성

이 이야기는 그런 대로 극적인 효과를 잘 나타내고 있습니다. 극적인 구성에 맞게 발단 — 전개 — 절정 — 결말을 찾을 수 있습니다. 판소리의 소재가 되는 이야기는 물론이고 전래 동화 가운데서도 극적인 구성으로 잘 꾸며진 것이 꽤 있습니다만, 여기서도 사슴이나 사냥꾼·두레박·연못·천마 등이 연극의 등장인물이나 소품처럼 잘 어울려 이야기가 나름대로 재미있게 전개됩니다.

잘 알다시피 이야기의 발단은 나무꾼이 사슴을 숨겨주는 데서 시작되는군요. 이야기는 선녀를 만나 혼인하고 하늘나라로 선녀를 찾아가는 것으로 전개됩니다. 어떤 이야기든 이야기가 전개되는 가운데 갈등이 나타납니다. 그 갈등이 최고조에 이르렀을 때를 '절정(climax)'이라 하지요.

그런데 여기서는 그 갈등이 애매하다는 것이 문제입니다. 처음에는 선녀와의 이별이 하나의 갈등인가 싶었는데 그것이 해결되더니, 나중에는 어머니와의 이별이 나중의 갈등으로 등장합니다. 그리고는 결말이 선녀와의 이별이라는 비극으로 끝납니다. 이 이야기의 주요 갈등은 무엇일까요? 이것이 이 이야기의 비밀입니다.

훌륭한 소품들

이야기를 더욱 재미있게 만드는 것은 거기에 등장하는 동물이나 물건입니다. 사슴을 숨겨주지 않았다면 선녀를 만날 수 없고, 두레박이 없었다면 선녀를 다시 만날 수 없었을 것입니다. 그리고 천마가 없었다면 어머니를 만나러 갈 수 없었을 것입니다. 그리고 어머니가 뜨거운 팥죽 대신 다른 것을 주었다면 말에서 떨어질 리도 없었을 것이며, 선녀와 행복하게 끝까지 잘 살았을 것입니다.

이와 같이 등장하는 작은 물건 하나 하나가 이야기의 원인을 제공하고 있군요. 이야기에서 사건은 항상 원인-결과로 짝을 이루게 되는데, 하나의 원인이 하나의 결과를 낳고 그 결과가 또 하나의 사건의 원인이 되어 꼬리를 물고 사건이 전개됩니다.

인과 관계

우리가 살아가는 삶도 이렇듯 모든 것이 원인과 결과의 관계에 놓여 있습니다. 이른바 '인과 관계(因果關係)'라고 하지요. 우연히 보이는 자연 현상도 실은 자세히 관찰하거나 따져보면 이런 관계에 놓여 있답니다.

가령 어떤 사람이 사과나무 밑을 지나가다가 떨어지는 사과에 맞아 머리를 다쳐 정신병으로 죽었다고 합시다. 사과나무 밑을 지나가는 것도 우연이었고, 그때 사과가 떨어지는 것도 과연 우연이었을까요? 또 사과에 머리를 맞았다고 모든 사람이 정신병이 들까요?

사과나무 밑을 그 시각에 지나가야 하는 데는 그 만한 이유가 있었겠지요. 친구가 저쪽에서 불러서, 아니면 과수원 주인을 만나기 위해서였겠죠. 또 하필 그때 사과가 떨어지는 것은 무슨 까닭일까요? 사과 꼭지를 벌레가 갉아먹어 사과가 떨어지는 시 각과 그 사람이 지나가는 시각이 일치했던지, 아니면 심한 바람 이 불어 사과가 떨어질 때 그 사람이 지나갈 수도 있습니다. 모 든 사람이 머리에 사과가 떨어진다고 정신병이 드는 것이 아니 지만, 조그만 충격에도 두뇌가 손상당하는 사람도 있습니다. 그 래서 사과는 분명히 떨어질 만한 이유가 있었고, 그 사람도 그 시각에 지나가야 할 충분한 이유가 있었습니다. 문제는 사과가 떨어지는 시각과 그 사람이 거기에 지나가는 시각이 일치했다 는 점입니다.

위의 예는 실제로 일어나기 힘든 일이지만, 이와 유사한 예는 얼마든지 찾을 수 있습니다. 길 가다가 공사장에서 열어놓은 맨 홀에 빠진다든가 날아오는 야구공에 머리를 맞는 것 등도 이와 같습니다.

모든 것은 인연 때문

이렇듯 우리가 살아가는 세상에는 원인 없는 결과는 없습니 다. 그래서 '아니 땐 굴뚝에 연기 날까?'라는 속담이 생겨났습니 다. 우리의 인생사가 원인과 결과의 관계인 '인과 관계'에 얽혀 있기 때문에 이야기도 자연히 그렇게 전개되는 것입니다.

이러한 인과 관계를 '인연(因緣)'이라 하여 만물이 그것에 의 하여 생겨났다고 보는 불교의 가르침도 바로 사물의 이러한 모 습을 간파한 것입니다. 내가 오늘 이 자리에 있는 것도, 필자가 이렇게 책을 쓰고 독자들이 그것을 읽는 것도 따지고 보면 그러한 인연에 의하여 이루어졌다고 할 수 있습니다. 자신들의 조상이나 본인 아니면 현재나 과거의 다른 사람들이 사회적으로 만든 일(또는 조건) 그리고 자연이 만든 원인 때문에 현재의 사건이 벌어지고 있는 것입니다.

이 전래 동화의 중심 생각은 무엇일까요? 이 이야기를 전한 조상들은 이 이야기를 통해 무엇을 전해주려고 했을까요?

이야기의 제목이 「나무꾼과 선녀」이므로 「견우와 직녀」 아니면 「춘향전」처럼 남녀간의 사랑을 말하고 있을까요? 아니면 은혜를 입었으면 꼭 갚아야 한다는 것일까요? 그렇지 않다면 아내나 자식보다 부모님이 더 소중하다 것일까요? 끝으로 수단과 방법을 가리지 않고 억지로 강행한 어울리지 않는 혼인은 비참한 결과를 가져온다는 것을 알려주는 것일까요?

사랑과 슬픈 이별

여러분이 어리다면 아직 사랑이 뭔지 모르겠지만, 여러분이 만일 성숙한 사람이라면 누구를 사랑해본 적이 있나요? 상대방은 나를 사랑하지도 않는데 나만 그 사람을 사랑한 적은 없나요? 나를 사랑하지도 않던 그 사람이 끈질긴 나의 노력에 의해

드디어 나를 사랑하게 된 일은 없나요? 나에게 아직 애인이 없었는데 우연히 나에게 이상적인 사람을 애인으로 만든 적은 없나요? 모두가 우상으로 생각하던 어떤 대중 스타를 쉽게 나의 아내나 남편으로 만드는 방법을 알고 있다면, 그 스타의 의사와는 상관없이 그렇게 하겠습니까? 그런 생각을 가진 분은 이 글을 끝까지 꼭 읽어주시기 바랍니다.

이 「나무꾼과 선녀」 이야기는 겉으로 보면 남녀간의 사랑을 다루고 있는 듯합니다. 그런데 이상하게도 선녀가 나무꾼을 열렬히 사랑하는 것도 아니며, 나무꾼이 보고 싶은 어떤 선녀 하나를 사랑한 것도 아니고, 단지 예쁜 선녀 가운데 하나이기 때문에 날개옷을 훔쳐 혼인합니다. 요즘 젊은 청소년들이 연예인을 우상으로 생각하는 것처럼 말입니다. 선녀는 그다지 나무꾼을 사랑하는 것 같지 않습니다. 왜냐 하면 아이를 둘이나 낳았지만 나무꾼을 두고 하늘나라로 갔기 때문입니다. 마지못해 선녀는 나무꾼을 아이들의 아버지로서만 대해주는 듯합니다. 또한 사랑의 시작이 정당한 방법이 아니고 선녀의 옷을 훔쳐서 시작했기 때문에 참사랑이라 말하기도 어렵습니다. 결국 두 사람은 헤어졌기 때문에 사랑이 이 이야기의 주제가 될 수는 없습니다. 그러면 이 이야기의 주제가 슬픈 이별을 말하는 것일까요? 그렇게 생각할 가능성이 충분히 있습니다.

은혜를 갚아야 한다고?

전래 동화 가운데서 은혜를 갚는 얘기는 무척 많습니다. 대표적인 것에는 「은혜 갚은 까치」나 「은혜 갚은 두꺼비」, 「은혜 갚은 호랑이」, 「흥부 놀부」에 나오는 '은혜 갚은 제비' 등이 있습니다.

이 이야기에서도 사냥꾼의 위험에서 구해준 사슴이 나무꾼에게 은혜를 갚기 위해서 선녀와 반 강제로 혼인할 수 있는 방법을 일러주었습니다. 게다가 선녀를 따라 나무꾼이 하늘나라에 갈 수 있는 방법도 알려주었습니다.

그래서 이 이야기의 주제가 은혜를 갚는 '보은(報恩)'으로 보입니다. 그렇다면 맨 뒤의 이야기, 즉 천마를 타고 나무꾼이 홀어머니 혼자 살고 있는 집으로 온 이야기는 이해가 되지 않습니다. 물론 은혜를 갚는 것이 이 이야기의 한 부분이긴 하지만, 이야기 전체를 아우르는 주제가 되기에는 미흡합니다.

아내나 자식보다 어머니가 더 중요?

나무꾼은 홀어머니를 모시고 살다가 선녀를 만나 아이를 낳고 살게 되었습니다. 선녀가 아이들을 데리고 하늘나라로 떠나자 나무꾼은 그녀를 찾아 하늘나라로 따라갔습니다. 그러나 하늘나라의 생활에 만족하지 못하고 어머니를 만나러 왔다가 영영 하늘나라로 돌아가지 못하고 어머니와 함께 살게 됩니다.

그래서 우리는 이 전래 동화를 만든 사람의 의도가 '남편은 아내와 자식은 버릴 수 있어도, 자식은 부모를 버릴 수 없다'는 데 있다고 생각해볼 수 있습니다. 하늘나라에 있는 아내와 자식과 땅에 사는 어머니 가운데 누가 더 소중하냐고 묻는다면, 이 이야기의 결말을 통해서 어머니라고 답할 것이기 때문입니다.

그리고 선녀와 아이들은 나무꾼이 없어도 하늘나라에서 잘살 수 있지만, 땅에 사는 어머니는 나무꾼이 없으면 살기 어렵기 때문에 이렇게 판단하는 데는 큰 무리가 없어보입니다.

따라서 이 이야기에서 가장 큰 갈등은 선녀와 어머니 중 한 사람을 선택해야 하는 것처럼 보입니다. 물론 이야기의 마지막 부분에서 그렇습니다. 그리고 해결은 어머니를 선택하는 것으로 결말이 났습니다. 나무꾼이 어머니를 택한 것은 완전히 자신의 의사와는 상관없이 말입니다. 그래서 우리는 자신의 행복을 위해 부모를 버릴 수도 있는 일을 경계한 것이 이 이야기의 핵심이라고 당당하게 말할 수 있습니다. 정말 그럴까요?

보편적 논리 발견을 위한 준비

이 이야기를 부분적으로 잘라서 살펴보면 사랑 · 은혜 갚기 · 부모 봉양(奉養) 의무 등의 주제를 찾을 수 있습니다.

그러나 이 이야기 전체를 아우르는 핵심 주제를 찾으려면 이야기의 특수한 부분에 얽매어서는 안 됩니다. 물론 사랑 · 은혜 갚기 · 부모 봉양(奉養) 의무 등은 전체 주제를 나타내는 데 필요한 것들입니다. 이것들을 포함하면서 이야기 전체를 대표하는 생각을 찾아내야 합니다.

앞에서 우리는 사랑 · 은혜 갚기 · 부모 봉양(奉養) 의무 등은 이야기의 한 부분의 주제에 해당한다고 했습니다. 이것들은 전체를 나타내기 위한 하나의 연결 고리가 됩니다. 사슴이나 두레박, 천마 등이 이야기 속의 사건을 이어주듯이 말입니다. 이 이야기의 핵심 주제는 글 속에 숨겨져 있습니다. 독서를 많이 하지 않았거나 인생 경험이 적은 사람은 좀처럼 찾기 어렵습니다.

이렇듯 언제 어디서나 통하는 '보편적 논리'를 발견하려면 먼저 이 이야기의 핵심 주제를 파악하는 것이 필요합니다.

올라가지 못할 나무는 쳐다보지도 말라

이 이야기의 주제에 어울리는 속담은 다음의 어느 것일까요? 흔히 국어 시험에 등장하는 문제 같지만 답해보세요. ① 원숭이도 나무에서 떨어질 날이 있다. ② 아니 땐 굴뚝에 연기 날까? ③ 송충이는 솔잎을 먹고 자라야 한다. ④ 10년 공부 도로 나무아미타불 ⑤ 콩 심은 데 콩 나고 팥 심은 데 팥 난다. 몇 번을 골랐습니까? 지금 답을 말하지는 않겠습니다. 그러나 이야기의 흐름을 살펴보면 금방 답을 찾을 수 있습니다.

자, 이야기를 다시 살펴보지요. 나무꾼에게 선녀는 '올라가지 못할 나무는 쳐다보기도 말라'는 속담에 나타나 있는 '올라가지 못할 나무'에 해당합니다. 그리고 사슴은 은혜를 갚기 위해서 나무꾼과 선녀를 만나게 했지요. 다시 선녀를 만나기 위해서 두레박을 탔고요. 이 두 가지 사건을 통해 나무꾼은 그 '나무'에 올라간 듯이 보입니다. 그러나 어머니가 보고 싶어 천마를 타고 내려왔다가 땅에 떨어졌지요? 이것은 무엇을 뜻합니까? 속담 속의 '나무'에서 떨어진 것이지요. 결국 나무에 올라가지 못한 꼴이 된 것입니다.

여기서 선녀와 하늘나라는 '올라가지 못할 나무'를 상징합니다. 하늘나라의 선녀와 땅 위의 나무꾼은 엄청난 신분적 차이가 있습니다. 선녀는 앞에서 말했듯이 옛날 남자들이 생각하는 가장 이상적인 여성입니다. 나무꾼은 농사꾼보다 못한 처지에 있는 사람입니다. 그것도 아무 재산도 없이 홀어머니만 모신 채 말입니다. 차라리 부잣집 처녀와 농촌 총각 정도만 되어도 그 차이는 엄청납니다. 따라서 ③번 속담의 '송충이'는 나무꾼을, '솔잎'은 팥죽으로 상징되는 나무꾼 생활, 곧 땅 위의 빈곤한 삶을 말합니다.

그래서 나무꾼의 처지에 꼭 어울리는 속담 중 하나는 '송충이는 솔잎을 먹고 자라야 한다' 또는 '올라가지 못할 나무는 쳐다보지도 말라'로 생각해볼 수 있습니다. 올라가기 위해서 억지로 사다리를 걸친다든지, 도끼로 나무를 찍는 행위는 곧 나무꾼이 날개옷을 훔치는 행동과 같이 하나의 정당하지 못한 술수로 인정되어 나무에 올라간 것으로 인정되지 않습니다.

언감생심 자신의 처지에 맞지 않는 신분의 사람을 넘보는 것, 이것은 옛날 사람들에게 하나의 금기였습니다. 그리고 그러한 처지에 있는 두 사람의 결합이 일종의 꾀나 속임수에 의하여 순간적으로 이루어졌다고 해도, 결국에 가서는 화합되기 어렵다는 것을 말하고 있습니다.

신분이 다르면 어울리기 어렵다

이같이 선녀와 나무꾼의 신분은 그야말로 하늘과 땅 차이입니다. 이 이야기의 가장 중요한 갈등은 표면적으로 드러나 있지 않지만, 그것은 선녀와 나무꾼의 신분적 차이입니다. 주인공을 선녀와 나무꾼으로 등장시킨 것은 신분의 차이를 극단적으로 드러내 비교하기 위한 장치라고 보는 것이 정확합니다. 나무꾼이 선녀의 날개옷을 훔치거나 두레박을 타고 하늘로 올라가는 것은 현실 사회에서 신분의 차이를 극복해보려는 인간들의 노력을 비유하고 있습니다. 그러나 그러한 노력에도 불구하고 결국 땅으로 추락하는 것은 자신의 노력으로 신분이 비슷해졌다고 해서 같이 살 수 없음을 비유합니다. 돈이 많다고 해서 똑같은 부자가 아닌 것과 같습니다. 그것은 간단합니다. 두 신분의 문화나 사상 또는 가치관의 차이 때문입니다.

신분적 차이를 공식적으로 인정하는 당시(신분 사회)에서 신분적 질서를 무시한 결합은 용납될 수 없다는 점을 잘 표현하고 있습니다. 신분적으로 높은 위치에 있는 사람은 물론이고, 지배를 당하는 입장에 있는 사람도 그러한 결합이 이루어지기 어렵다는 점을 잘 알고 있는 듯합니다.

계급의 조화는 어렵다

이 이야기의 주제를 좀더 보편적인 논리로 바꾸어본다면 '계급의 조화는 어렵다'고 말할 수 있습니다. 그런데 사회적인 신분을 군대식 '계급'으로 표현한 데 대하여 거부감이나 생소함을 느끼시는 분이 있을지 모르겠습니다. 사회과학이나 철학 등에서 자주 사용되는 용어이므로, 운동권 학생들이나 공산주의자들만 사용하는 말로만 오해하지 마십시오. 계급이란 용어를 썼다고 그 사람을 마치 마녀 사냥하듯 '빨갱이'로 여기던 불행한 시대가 한때 있었기 때문입니다. 그때 민주화 운동을 하던 학생이나 반대로 그들을 빨갱이로 몰아 잡아 가둔 사람들이 현재 우리나라 정치인 중에도 있습니다.

그럼 계급이 무엇인지, 무엇 때문에 계급이 생겨났을까요? 왜 계급이 다르면 생각이 다르고, 생각이 다르면 조화가 어려울까요? 이 문제들은 철학적으로 깊이 있게 다루어야 할 것들입니다. 다음 단계에서 논의해보지요.

 인간은 누구나 평등하다는 논리를 펼 때 '사람 위에 사람 없고 사람 아래 사람 없다'는 표현을 자주 씁니다. 사람이 세상에 태어나 살아갈 때 과연 이와 같은 말이 적용되는 사회가 얼마나 될까요?

반대로 사람은 태어날 때부터 절대로 평등하지 않다는 말도 있습니다. 그래서 동양에서는 '팔자(八字)'라는 말을 많이 씁니다. 운명이라는 말과도 같은 뜻으로 쓰입니다. 따라서 예전엔 자신의 정해진 운명대로 살아야 한다고 믿는 사람들이 많았습니다. 간혹 자신의 처지를 한탄하여 항의라도 할라치면 "네 팔자가 그래서 그렇다"고 달랬습니다. 정말로 사람은 팔자대로 사는 것일까요?

팔자 타령

사람이 일찍 죽거나 오래 살거나 잘살고 못살고 하는 것과 신분이 높아지고 낮아지고 하는 것은, 자신의 노력과 상관없이 운명적으로 정해져 있다고 보는 것이 팔자 소관입니다. 내가 왕족이나 귀족으로 태어난 것도 팔자 때문이고, 천민이나 보잘것없는 신분으로 태어난 것도 팔자 때문이라고 말합니다. 그래서 사람은 자신의 일이 잘 될 때나 잘 안 될 때도 팔자 때문이라고 합니다.

그러면 도대체 팔자란 무엇일까요? 여러분은 '사주팔자(四柱八字)'라는 말을 많이 들어보았을 것입니다. 그냥 '사주(四柱)'라는 말도 많이 들었을 것입니다. 팔자란 사람이 태어난 해(년), 달(월), 날(일), 때(시)의 네 가지를 말하는데, 서양식으로 날짜를 표시하지 않고 전통적인 60갑자, 예컨대 갑자(甲子), 을축(乙丑) 등의 간지(干支)로 표기하면 네 가지가 되므로 사주라 불렀고, 낱글자로 여덟 글자가 되므로 팔자라 불렀습니다.

왜 사람들은 팔자 타령을 했을까요?

신분이 정해져 있는 사회에서는 개인의 노력이 그다지 큰 힘을 발휘하지 못합니다. 관리가 될 수 있는 과거 시험에 아무나 응시할 수 있는 것도 아니고, 또 혼인이나 사랑도 아무에게나 할 수 있는 것은 물론 아닙니다. 사회적으로 자신이 할 수 있는 역할이 조상의 신분에 따라 날 때부터 정해져 있기 때문에, 개인들은 마음대로 직업을 선택할 권리도 없고, 경우에 따라 살고 싶은 데를 마음대로 고를 수 있는 선택권도 없었습니다. 심지어 태어날 때부터 남의 하인(노비)이 되는 경우도 있었습니다.

철학도 신분의 이익에 악용된다면

팔자라는 운명적 사고 방식은 현실 사회에서 민중들의 불만을 잠재우는 유용한 도구가 될 수 있었습니다. 자신의 나쁜 처지나 대우가 잘못된 사회 제도 때문이 아니라 개인의 운명 때문이라고 보기 때문에, 민중들은 지배층에 대한 항의나 불만을 아무래도 적게 드러내게 됩니다. 그러나 이러한 항의가 전혀 없었던 것은 아닙니다. 민중은 팔자를 믿지 않고 사회의 불합리한 제도 때문에 피해를 본다는 것을 바로 보고, '왕이나 귀족의 씨가 원래부터 있었겠는가?' 하고 봉기를 일으킨 적도 있습니다.

팔자 타령을 하는 사람이 늘어나면 지배층의 입장에서 보면 아주 다행한 일이라 하겠습니다. 이러한 현상을 돕는 것이 철학적 이론을 이용하는 것입니다. 원래 철학적 이론은 어떤 현상이나 원리를 설명하기 위해 만들어진 것이지만, 그것을 보는 각도에 따라 다양하게 해석할 수 있기 때문에 누구든 자신의 신분적 입장에 맞게 이해할 수 있습니다.

가령 '윤회설(輪回説)'의 경우를 보면, 현세에서 좋은 일을 하면 내세에 좋은 처지로 태어난다고 하여, 살았을 때 착한 일을 하도록 하는 것이 그 이론을 만든 사람의 뜻이었을 것입니다. 그러나 그것을 거꾸로 생각해보면, 현세에 잘사는 사람은 전생에 좋은 일을 많이 한 사람이고, 반대로 현세에 고통을 당하는 사람은 전생에 나쁜 일을 많이 해서 그렇다는 해석이 가능하니다. 그래서 신분이 높거나 많이 가진 사람들은 그렇지 못한 사람에게 현세에서 좋은 일을 많이 하면 내세에 자기들처럼 좋은 사람으로 태어나기 때문에 착하게 살라고 당부합니다. 그러면 자신들에게 고분고분해지니까요.

더욱 우스운 일은 이러한 윤회 사상이 지배하는 사회에서는 거지들조차도 당당하게 빌어먹는다는 것입니다. 그들이 다른 사람에게 선행할 수 있는 기회를 제공하기 때문에, 자신들의 행동이 선행을 베푼 사람이 죽어서 좋은 지위로 태어나는 데 보탬이 된다고 믿는다는 것입니다. 그래서 거지들이 "한 푼 줍쇼!"라는 말보다 "적선(積善)합쇼!"라는 말을 더 즐겨 썼습니다. 요즘 거지들은 그런 철학적 의미를 알고 있는지 모르겠습니다.

조선 귀족층 다수 선비들의 머리 속을 지배했던 주자학(朱子學)의 경우도 현실을 설명할 때 기(氣)를 가지고 말합니다. 맑고 깨끗한 기를 받아 태어나면 성인이나 군자가 되고, 어둡고 탁한 기를 받아 태어나면 우둔하고 어리석은 사람이 된다고 설명합니다. 이것을 뒤집어 해석하면 사회적으로 대우받는 계층은 좋은 기를 태어나서 그렇다고 할 것이고, 우매한 백성들은 나쁜 기를 받아서 그렇다고 우길 것입니다. 백성이 우매한 데에는 아예 글을 가르치지 않은 원인이 있었음을 무시하고 말입니다.

신 분

이런 일이 가능한 것은 당시 사회가 신분제 사회이기 때문입니다. '신분(身分)'이란 사람이나 가문의 사회적 위치를 말합니다. '신분제 사회'란 한 인간의 출신 신분에 따라 사회적 역할이 정해지는 사회를 말합니다. 왕은 왕족만 될 수 있고, 양반이나 귀족은 그 출신만 되며, 농민은 농민 출신만 그리고 천민의 자손은 영원히 천민만 되는 것입니다.

게다가 그 신분에 해당되는 특권과 의무가 각기 다르게 부과되었기 때문에 신분이 높을수록 특권은 많고 의무는 적으며, 신분이 낮을수록 특권은 거의 없고 의무만 부과됩니다.

신분에 따라 착용하는 옷 모양이나 색깔, 모자(관)가 달랐고, 사람이 타는 수레나 가마 등에도 엄격한 등급이 있었으며, 집의 크기나 하인의 수 등도 마찬가지입니다. 게다가 혼인의 대상, 묘지의 크기 등 인간사 모든 면에서 차이가 존재했습니다. 당시 사람들은 그것을 당연한 것으로 여겼고 국법으로까지 정해놓았습니다.

따라서 지체가 낮은 '쌍놈'이 양반이 쓰는 갓을 쓰고 도포를 입고 거드름을 피우다 발각되면, 당연히 국법과 풍속을 어긴 놈이라고 벌을 받게 됩니다. 조선 숙종 때 장희빈의 어머니가 장희빈의 출산을 돕기 위해 가마를 타고 궁궐에 들어가다가 가마에서 강제로 내려오는 수모를 겪었습니다. 그녀는 어렸을 때 조사석이라는 양반의 여종이었는데, 종은 가마를 탈 수 없기 때문입니다.

신분 해방

우리나라에서 형식적으로나마 신분이 철폐된 계기는 1894년에 일어난 갑오개혁입니다. 겉으로 볼 때 사람 위에 사람 없고 사람 아래 사람 없는 세상이 되었습니다. 오늘날 우리 대한민국에서 양반이니 상놈이니 하는 것은 찾아보기도 힘듭니다. 대통령이나 장관 자리를 어느 집안 사람 출신으로만 독점하지는 않습니다.

그 대신 사람의 처지는 신분이 아니라 '돈'이 만듭니다. 돈이 많으면 과거의 '정승'처럼 삽니다. 아니 옛날의 왕보다 더 잘살 수 있습니다. 무한한 자유를 누립니다. 돈이 없으면 '개'처럼 삽니다. 굶어죽을 자유밖에 없습니다. 지금 이 시각에도 돈 없어 자살을 기도하는 사람이 있을지 모릅니다.

신분 해방이 모든 사람을 자유롭게 한 것 같지만, 사실은 돈 가진 사람들을 자유롭게 한 것뿐입니다. 엄밀히 말해 가진 돈에 비례하여 자유를 누립니다. 그래서 돈이 신분을 대체한 사회를 우리는 '자본주의'라 하고, 인간의 자유로운 경제 활동을 통하여 그것이 실현됩니다. 우리는 자유 민주 국가라고 하여 '자유 민주'라는 수식어를 달지만, 사실은 자본주의를 표방하고 있답니다. 법을 어기지 않고 돈을 많이 벌면 누구나 부자가 될 수 있고 자유롭게 살 수 있습니다. 그러니 돈을 버십시오. 황금 만세!

계 급

신분이 사회적 제도로서 정해져 있는 것이라면, 계급은 같은 사회적 조건을 가진 개인들로 이루어진 집단을 말합니다. 형식적인 신분 차별이 없다고 해서 인간이 모두 평등하다고 말할 수는 없기 때문에 자본주의 사회에서도 계급은 엄연히 존재합니다. 계급은 순전히 경제학에서 출발하여 사회학이나 철학에서 사회 안에서의 계층의 위치나 역할을 설명할 때 쓰이는 용어입니다.

지금의 사회 안에는 여러 계급이 있습니다. 원래 원시 사회에서는 어떠한 계급도 없었습니다. 거기에서는 물질적인 부를 축적하여 개인적으로 소유하거나 소수의 사람이 많이 갖거나 하여 사회적인 계급이 생길 수 없었습니다. 생산해서 먹고 남길 수 있는 물건이 적었기 때문입니다.

그 뒤 생산하는 기술이 발전하고 농기구 등이 발명되어 사람들은 자신들이 소비하는 것보다 더 많은 것을 생산하게 되었습니다. 물질적인 재산을 모을 수 있고 생산할 수 있는 땅이나 도구를 갖는 것이 가능해졌습니다. 노동이 점차 복잡해지고 물물교환이 늘어난 결과 물질을 개인적으로 소유하는 것이 가능해졌습니다. 재물을 공동으로 갖는 것보다 개인적으로 갖는 것이 증가하면서 사람들의 경제적 불평등도 증가했습니다. 이러한 과정을 통해 원시 공동체가 무너지면서 계급이 발생하였습니다.

계급과 신분

예전에는 신분이 상당 정도 계급과 일치하였습니다. 유럽의 경우 자유민과 노예·귀족과 평민·지주와 농노·장인과 직공은 하나의 신분이면서 계급입니다. 그러나 신분과 계급이 일치하지 않는 경우도 있습니다. 대표적인 것이 조선시대 지주(땅주인)와 소작인(또는 전호 : 땅을 빌려 농사짓는 사람)이 그것입니다. 양반뿐만 아니라 평민도 지주가 될 수 있었기 때문에 계급으로 보면 지주와 소작인이지만, 신분으로 보면 양반과 평민, 평민과 평민의 관계가 성립하여 계급과 신분이 꼭 일치하지는 않습니다.

대부분의 계급은 억압하는 자와 억압을 당하는 자로 대립하고 있었습니다. 지주는 토지에 대한 지세(地稅)를 많이 받으려 하고 소작인은 적게 내려고 할 것입니다. 상식 이상으로 많은 지세를 받으면 그것은 착취(搾取)가 됩니다.

계급 투쟁

이 작은 제목을 보는 순간, 나이가 좀 든 독자라면 살벌한 생각이 들지 않습니까? 공산주의자들이 자유민주주의인 우리나라를 전복하기 위하여 젊은 대학생들에게 '계급 투쟁'을 선동한다는 소리를 방송이나 신문을 통해 많이 들었기 때문이 아닌가요? 또 그것을 주장하는 사람을 감옥에 가두었던 모습을 수없이 보아왔기 때문이 아닌가요?

사회주의 철학자들은 계급 투쟁이 없으면 사회 진보도 없다고 봅니다. 계급 사이에는 서로 적대적인 계급이 있기 때문에 투쟁이 생겨난다고 합니다. 적대적인 계급들의 투쟁은 그들이 사회에서 차지하는 경제적 · 정치적 지위가 기본적으로 다르기 때문에 결코 화해될 수 없다고 합니다. 수세기 동안, 특히 서양 사람들은 그들이 노예였건 농민이었건 혹은 산업 노동자였건 지배 계급에 의하여 야만적으로 착취를 당해왔기 때문에, 그 억압에 맞서 투쟁하면서 자유롭고 행복한 삶을 추구했던 것은 너무나 당연하다고 봅니다.

분명한 것은 계급이라 부르든 또 이익 집단이나 뭐라고 하든 상관없이 사회에는 이익을 같이 하는 사람들의 집단이 있고, 한쪽이 손해를 보거나 착취를 당하면 그 반대쪽이 이익을 보장받거나 얻기 위해 싸운다는 사실입니다. 물론 싸우지 않고 대화나 타협으로 문제를 해결하는 경우도 있습니다. 양자 공동의 생존과 발전을 위해 한쪽이 억울하지 않게 지혜로운 해결책을 모색하는 것이 필요합니다.

신분이나 계급에 따른 생각의 차이

사람은 사회적 동물입니다. 아리스토텔레스가 인간을 정치적 동물이라고 말한 데서 유래했다고 알려져 있습니다. 사회의 신분이나 계급이 다양하기 때문에, 다시 말해 사회적 처지가 다양하기 때문에 생각도 다양하고 복잡합니다. 계급이나 신분이 다르면 사람들의 사고 방식도 달라집니다. 이러한 생각의 차이는 정치적 입장·법적인 태도·도덕·예술·철학·종교 등에서 다양한 차이를 보이고 있습니다.

이러한 관점의 차이는 사람들의 사회적 처지에서 비롯된 것이지만, 거꾸로 교육을 통하여 인간의 생각을 만들기도 합니다. 계층에 따라 그들이 향유하거나 지향하는 문화가 달라질 수 있다는 것입니다. 따라서 자신의 출신 배경에 따라 생각이나 태도,

생활 습관이 다름을 인정할 수밖에 없습니다.

나무꾼과 선녀가 조화될 수 없는 한계

이야기를 다시 나무꾼과 선녀로 되돌려봅시다. 두 사람은 신분이나 계급 면에서 엄청난 차이를 나타내고 있습니다. 여기서 선녀가 아닌 양반의 딸이라고 해도 무방합니다. 두 사람 사이에는 넘을 수 없는 신분의 한계를 가지고 있습니다.

장가조차 들 수 없던 나무꾼이 사슴의 도움으로, 어찌 보면 비열한 방법으로 선녀와 혼인을 하여 자식까지 두게 되었습니다. 선녀의 처지에서는 어쩔 수 없는 선택이었지만, 자신의 신분을 끝까지 포기하지는 않았습니다. 왜냐 하면 두 아이를 안고 하늘나라로 떠났기 때문입니다.

나무꾼은 선녀의 신분에 상응하는 신분 상승을 합니다. 여기서는 두레박을 타고 하늘나라로 올라가는 것으로 상징적으로 표현하고 있습니다. 그래서 영원히 선녀와 두 자식과 함께 살 것처럼 보입니다.

그러나 땅에 있는 어머니가 생각나서 천마를 타고 되돌아옵니다. 그리고 하늘나라로 되돌아가려고 했지만 뜻대로 되지 않았습니다. 팥죽 때문이었습니다. 여기서 팥죽은 나무꾼의 신분이나 계급 태도나 생각을 의미합니다. 선녀의 그것과 조화되지 않는 상황을 상징적으로 드러내고 있지요.

결국 두 계급이 형식적인 신분으로 같아질 수는 있어도 계급 의식, 곧 자신의 계급을 대변하는 생각은 그렇게 쉽게 조화되지 않는다는 점을 드러내고 있습니다. 아니면 이전의 그의 처지가 자신의 출세의 발목을 잡는다고 세속적으로 말할 수도 있습니다. 두 계급간의 대립은 단순히 신분에 그치는 것이 아니라 문화나 의식 속에서 들어 있다고 해석한다면 너무 지나친 것일까요?

A라는 검사는 시골 출신입니다. 그는 시골 고등학교에 다닐 때 공부를 잘해서 서울에 있는 명문대에 거뜬히 합격할 수 있었습니다. 그 공부 잘하는 자식을 열심히 뒷바라지하면 나중에 잘 돼서 동생들의 뒷바라지를 잘할 것이라 믿고, 그의 시골 부모는 소도 팔고 논도 팔아 공부를 시켰습니다.

어느 검사 이야기

그가 대학교에 다닐 때 여자 친구를 사귀었는데, 여자 친구는 어느 부잣집의 외동딸이었습니다. 졸업반이 되자 둘은 혼인하려고 마음먹었습니다. 여자 집에서는 펄쩍 뛰며 반대하였습니다. 시골 출신에다가 아무것도 가진 것이 없는 시골 출신 청년에게 자기 딸을 시집보낼 수 없다는 것이었습니다. 청년은 여자 친구를 반 강제로 납치하다시피 하여 동거를 시작했습니다. 그리고 아이를 둘이나 낳았습니다. 청년은 취직하여 조그만 회사에 다니며 가족들을 돌보았습니다.

그런데 아내는 남편이 갖다주는 쥐꼬리만한 봉급에 만족할수 없었습니다. 부유하게 살았던 것이 몸에 배어 쪼들리는 생활을 감당할 수 없었기 때문입니다. 여러 모로 궁리한 끝에 아이둘을 데리고 친정으로 가버렸습니다.

졸지에 아내와 아이를 잃어버린 남편은 그들이 보고 싶어도 허락을 받지 못한 동거 생활과 자신의 처지를 이유로 아내가 사는 집을 찾아갈 수 없었습니다. 그래서 자신이 출세해서 아내와 아이들을 되찾을 것이라 다짐하고 고시 공부를 열심히 한 지 3년 만에 합격한 뒤 검사가 되었습니다.

검사가 되어 아내가 사는 집을 당당히 찾아가자 아내의 아버지는 그제야 그를 맞아주었습니다. 이내 혼인식도 올리고 잘살게 되었습니다.

한편, 아들을 대학까지 보내주었건만 검사까지 된 아들은 동생들의 뒷바라지는커녕 부모님도 돌보지 않았습니다. 사실 검사도 공무원인지라 남들이 생각하는 것만큼 봉급이 그리 많지는 않습니다. 늘 수사하는 데 드는 비용이다 뭐다 하여 처가의 신세를 지고 있는 실정이었습니다. 지금 살고 있는 집도 처가에서 마련해준 것이어서 처가 눈치를 보지 않을 수가 없었습니다.

시골 부모님은 부모님대로 동생들은 동생들대로 그를 원망했고, 며느리인 검사 아내에게도 늘 하소연이나 잔소리를 하였습니다. 동생들의 학비가 필요하다든지 아니면 생활비가 부족하다는 이유로 늘 돈을 요구했습니다.

그의 아내는 이러한 등쌀에 노이로제가 걸릴 지경이었습니다.

검사의 장인도 사위의 수사비와 검사의 품위유지비를 다 대어주고 집과 자동차까지 사주고 했는데, 시골에서 여러 가지 요구를 하는 것이 못내 못마땅하였습니다. 그것도 참을 수 있는데 자신의 딸이 고된 시집살이를 한다는 생각에 참을 수가 없었습니다.

검사는 검사대로 자신의 부모님과 동생들을 잘 대해주지 않는다고 아내에게 잔소리를 하였습니다. 어느 날 그런 문제로 아내와 많이 다투었습니다. 시골 사람들은 무식하고 체면도 염치도 모른다는 아내의 말에 분개하여 자신도 모르게 주먹으로 아내의 얼굴을 한 대 쳤습니다. 아내의 얼굴에 금방 멍이 들고 치아가 두 대나 부러졌습니다.

이 사실은 안 장인 영감은 변호사를 통하여 이혼 소송을 하였습니다. 검사는 자신이 검사인지라 이러한 일로 이혼 소송을 해야 하는 것이 창피하기도 하고, 자신의 가족과 아내의 가족이 다투는 것도 싫고, 그리고 자신을 포함하여 시골 사람들이 무식하다고 은근히 깔보는 처가 식구들의 태도도 싫어서 이혼에 합의를 하고 말았습니다.

어느 조직 폭력배 이야기

조직 폭력배인 김씨는 중학교밖에 못 다녔지만, 주먹도 세고 영리하며 조직에서 의리도 있어 금방 조직 폭력배의 우두머리가 될 수 있었습니다.

어느 날 길을 가다가 어떤 아가씨를 보게 되었는데 너무나 맘에 들었습니다. 그래서 자신이 거느리던 부하들과 짜서, 부하들이 그 여자를 괴롭히면 자기가 나타나 그 여자를 구해주는 것으로 정했습니다. 그렇게 하여 그 여자에게 접근하였습니다. 그리고 그 여자에게 자신은 사업가라고 속였습니다. 그는 원래 키도 크고 얼굴도 잘 생겼기 때문에 여자들의 호감을 많이 샀습니다. 그래서 외모로 보나 하는 일로 보나 꼭 마음에 들었습니다.

둘은 금방 친해지고 혼인도 하였습니다. 여자네 집도 잘 살고 힘있는 집안이었지만, 사업가라고 하자 집에서도 반대하지 않았습니다. 그러나 얼마가지 않아 그 여자는 그가 폭력배 두목이라는 것을 알았습니다. 그러나 무서워서 그 얘기를 집에 하지도 않은 채 살았습니다. 어느덧 아이도 태어났습니다.

그런데 하루는 조직 폭력배끼리 서로 세력 다툼을 하여 싸움을 벌이다 사람이 죽거나 다치는 사고가 생겼습니다. 김씨도 사건에 관련되었기 때문에 체포되어 재판을 받고 3년 동안 감옥에 갇히는 신세가 되었습니다.

그의 아내는 그제야 비로소 그 사실을 집에 알렸고, 집에서는 당장 아이를 데리고 보따리 싸서 집으로 오라고 하였습니다.

3년이 흘러 김씨가 감옥에서 나오자 아내와 아이는 처가에 가고 없었습니다. 처가에서는 그를 발도 못 붙이게 하고 당장 이혼하라고 아우성이었습니다.

김씨는 이를 악물었습니다. 꼭 성공하여 아내와 아이를 되찾겠다고 다짐하면서 말입니다. 김씨는 과거 생활을 청산하고 밑바닥 생활부터 시작하면서 열심히 일해서 돈을 모았습니다. 몇 년이 지나자 큰 가게를 갖게 되었고, 얼마 안 가 작은 회사를 마련하였습니다. 정말로 어엿한 사업가가 된 것입니다. 그리하여 아내와 자식을 되찾아 행복하게 살게 되었습니다.

그런데 모든 사업이 그렇지만 잘 될 때도 있고 안 될 때도 있습니다. 거래하는 회사에서 물건을 사가지고 가서 제때에 물건 값을 안 주는 경우가 빈번했습니다. 또 잘 아는 이웃 회사에서 돈을 빌어다 쓰고 안 갚는 경우도 있었습니다. 게다가 회사의 운영 자금도 부족하고 직원들 월급도 주어야 하는데 이럴 때 참으로 난감하였습니다. 그때마다 돈 많은 장인 영감의 신세를 겼습니다. 그러나 그것도 한두 번이지 또 그런 부탁을 하기도 어려웠습니다.

어느 날 길을 가다가 우연히 '떼인 돈 받아드립니다'라는 광고를 보고 기뻐했습니다. 과거 자기가 거느리고 있던 조직 폭력배들을 불러 '떼인 돈이나 물건값을 받으면 되겠구나' 하고 생각했습니다. 과거 자신의 부하였던 조직 폭력배들이 마침 그 일을 하고 있기 때문에 금방 찾을 수 있었습니다. 그들에게 돈을 받아 달라고 일을 맡겼습니다. 그런데 그들이 돈을 받아내는 과정에서 폭력을 쓰는 바람에 몇 사람이 다치고 한 사람이 죽고 말았습니다. 당장 경찰에서 수사를 하자 그 배후 인물이 김씨라는 것이 밝혀져 다시 감옥에 가게 되었습니다.

"제 버릇 개 못 주었군."

이 사실을 안 장인은 이렇게 비아냥거리고는 당장 이혼하라고 하였습니다.

혼인은 끼리끼리

위의 두 이야기는 본질적인 차이가 없습니다. 그러나 검사가 된 대학생이나 조직 폭력배였던 김씨의 출신 배경과 그 상대가 되는 여자 쪽의 배경에는 큰 차이가 있습니다. 남자 쪽에서 신분을 상승하여 여자와 같은 위치에 올라서긴 하지만, 갈등이 전혀 없는 것은 아닙니다. 이같이 남자 혼자서 출세해서 여자 집에서 모든 비용을 대는 경우에 갈등은 여전히 존재합니다.

그래서 요즘 사람들은 너무나 똑똑하게도 끼리끼리 혼인을 합니다. 재벌가의 자식끼리 하거나 재벌가와 정치인 자식끼리 혼인합니다. 그래서 있는 사람은 있는 사람끼리 없는 사람은 없는 사람끼리 자식을 혼인시키는 일이 허다합니다. 없는 사람이 있는 사람 집에 시집갔을 경우에 혼수품이 적다고 두고두고 신부를 괴롭히다가 끝내 이혼하고야 마는 경우를 무수히 봐왔기 때문에, 사람들은 그런 일을 되풀이하지 않으려고 합니다.

갈등은 계속된다

자본주의 사회에서 계급 또는 신분이란 대개 돈이 대신하기 때문에 돈이 많거나 적음에 따라 사람의 행동이나 태도, 가치의 차이가 드러납니다. 그러한 차이는 필연적으로 사회적 갈등으로 이어집니다.

있는 사람과 없는 사람의 갈등은 여러 곳에서 드러납니다. 심지어 한 학교에 다니는 아이들도 아파트 평수에 따라 편이 갈린다고 합니다. 돈 많은 사람들이 사는 동네는 시설도 좋다고 합니다. 그들은 자기네가 세금을 많이 내므로 혜택을 많이 받는 것을 당연하다고 여깁니다.

부자들은 자신들이 부자가 된 것은 대개 정당하다고 생각합니다. 그래서 가난한 사람들이 자신들이 열심히 노력한 것을 알아주지 않는다고 푸념합니다. 부자가 되기 위해서 공부도 열심히 했고, 남들이 놀고 편안히 쉴 때 자신들은 쉬지 않고 땀흘려 일했다는 것을 강조합니다.

그런 반면에 가난한 사람들은, 그들이 부자가 되기 위해서 사회적 혜택을 더 많이 받았다고 주장합니다. 경우에 따라서는 땅투기나 불법을 동원하여 졸부가 되었다고 주장합니다. 모두는 아니지만 버는 것만큼 세금도 적게 내고, 단지 조상을 잘 만나 상속세를 거의 내지 않고 부자가 되었다고 주장합니다.

정의로운 사회

1980년에 군부 쿠데타로 정권을 장악한 5공화국 정권은 당시 헌법에 따라 체육관에서 대통령을 뽑고, '정의 사회 구현'이라는 국정 지표를 만들어 한동안 국민 위에 군림했습니다. 그런데 그 정권에 참여했던 핵심 인사들 대부분은 권력형 비리나 뇌물 사건으로 감옥에 갔다왔습니다. 이것은 그들이 그토록 입에 침이 마르도록 외치던 '정의 사회'에 맞지 않는, 소가 웃을 일입니다.

그때만 그런 것일까요? 아니죠. 얼마 전까지도 대통령 주변

인물, 고위 공무원, 정치인이 뇌물을 받고 구속되는 일이 많았습니다. 시민 중에는 카드 빚을 갚을 길이 없어 일가족이 자살하는 일도 많은데 말입니다.

공자가 살았던 시대에도 부조리가 많았던 모양입니다. 오죽하면 공자가 '나라에 정의가 살아 있으면 가난하고 천하게 되는 것이 수치가 된다. 그러나 나라에 정의가 살아 있지 않은데 부자가 되거나 귀하게 되는 것이 수치다(邦有道, 貧且賤焉, 恥也, 邦無道, 富且貴焉, 恥也)'고 말했겠습니까? 공자의 말을 오늘날에 적용시켜보면, 나라에 정의가 살아 있다면 부자들의 말이 설득력이 있고, 정의가 살아 있지 않다면 가난한 사람들의 말이 설득력이 있겠습니다.

현재 우리 대한민국은 정의가 살아 있는 나라입니까?

빈부 격차

여하튼 이러한 갈등은 빈부의 격차가 심할수록 커진다는 것입니다. 갈등이 커질수록 사회는 불안하고 사회가 불안하면 부자들도 편하지 않게 됩니다. 전체 국민의 5%도 안 되는 사람들이 우리나라의 재산을 절반 이상 차지하고 있다면 말도 안 되는 소리겠지요?

얼마 전 신문을 보니까, 도시 노동자 가구의 '지니 계수'(1에 가까울수록 불평등이 큰 것을 의미함)가 1997년에는 0.283에서 2001년에는 0.319로 높아졌다고 합니다. 또 2001년 도시 노동자 가구 상위 20%의 소득은 하위 20% 소득의 5.36배에 이르렀다고 합니다. 그런가 하면 신용 불량자 수도 2003년 7월 현재 300만 명을 넘어섰고, 전기료를 내지 못해 단전된 가구 수도 이 해 4월 현재 3만 2675가구로 나타났다고 합니다. 그래서 우리 사회 상위 1.6%의 소비가 국내 소비 전체의 25%를 차지할 정도로 빈부 격차가 커지고 있다고 합니다.

그럼 그런 빈부 격차를 세계적인 안목에서 살펴볼까요? 어느 신문의 칼럼에서 보았는데, 세계 인구의 5%(미국)가 세계 에너지의 25%를 소비하고, 미국·유럽·일본에 사는 16%의 부자가 세계 재화의 80%를 소비한다고 합니다. 나라끼리도 빈부 격차가 매우 심하지요?

'빈부 격차 있는 곳에 사회 갈등 여전하다.' 이 말로 끝을 맺겠습니다.

둘째 마당

콩쥐와 팥쥐
역사는 선한 자의 편인가

"응애, 응애!"

옛날 어떤 집에 귀여운 여자 아기가 태어났습니다. 부모님은 이 아이의 이름을 '콩쥐'라 지었습니다.

그런데 엄마는 콩쥐를 낳은 뒤 얼마 지나지 않아 그만 돌아가고 말았습니다. 불쌍한 콩쥐는 아버지가 정성을 다해 키웠습니다.

콩쥐는 무럭무럭 자랐습니다. 마음씨도 곱고 얼굴도 예뻤습니다.

어느 해 아버지는 새 부인을 맞이하였습니다. 콩쥐에게 새엄마가 생긴 것입니다. 새엄마는 '팥쥐'라는 딸을 데리고 왔는데, 나이는 콩쥐보다 적었습니다. 둘 다 얼굴도 못생겼고 게다가 심술꾸러기며 욕심쟁이였습니다. 그래서 팥쥐와 새엄마는 아버지 몰래 매일 콩쥐를 괴롭혔습니다.

하루는 새엄마가 콩쥐와 팥쥐에게 밭을 매라고 하였습니다. 팥쥐에게는 단단한 쇠 호미를 주고 집 앞에 있는 자그만 기름진

밭을 매라고 했습니다. 그리고 콩쥐에게는 나무 호미를 주면서 산 아래 널따란 돌밭을 매라고 하였습니다.

팥쥐는 기름진 작은 밭을 쇠 호미로 매기 때문에 땅이 푹신푹신하여 점심때도 안 되어 금방 일을 끝냈습니다. 나무 호미로 달그락달그락 돌밭을 일구는 콩쥐는 어둑어둑 해가 저물어가는데도 아직 반도 끝내지 못했습니다.

"흑흑! 어쩌면 좋아 …."

콩쥐는 그만 눈물이 났습니다. 그때 어디선가 검은 소가 나타나더니,

"음머 음머, 콩쥐야, 내가 도와줄게."

하고, 금방 그 넓은 돌밭을 후딱 갈아주었습니다.

콩쥐는 새엄마가 아무리 힘든 일을 시켜도 언제나 "예" 하며 싫은 표정을 짓지 않았습니다. 아무리 힘들어도 잘 대해주시는 아버지가 계시기 때문입니다. 그런데 아버지마저 그만 병이 들어 끙끙 앓다가 돌아가고 말았습니다.

그러자 새엄마는 이제부터 콩쥐를 하녀처럼 부려먹었습니다. 늘 먹다 남은 음식만 먹게 하고 다 떨어진 옷을 입히고 일만 시켰습니다.

어느 날이었습니다. 건넛마을에 있는 콩쥐 외가에 잔치가 있는 날이었습니다. 콩쥐네 식구들도 모두 초대를 받았습니다. 팥쥐와 새엄마는 이 옷 저 옷을 갈아입으며 모양을 내느라 수선을 피웠습니다.

"어머니, 저도 잔칫집에 가고 싶어요."

콩쥐의 말에 새엄마는 눈을 부라렸습니다.

"일을 산더미처럼 쌓아놓고 가긴 어딜 간단 말이냐? 정 가고 싶으면 일을 다 끝내놓고 와!"

콩쥐가 오늘 해야 할 일은 큰 독에 물을 길어 담기와 말린 벼 방아 찧기, 그리고 베 짜기입니다.

콩쥐는 부지런히 물을 길어다 부었습니다. 그러나 밑 빠진 독이라 물이 줄줄 새었습니다. 그러니 아무리 부어도 물이 차지 않았습니다. 그런데 어디선가 두꺼비가 나타나서 밑 빠진 독을 막아주었습니다. 콩쥐는 겨우 물을 가득 채울 수가 있었습니다.

이번에는 마당에 널어놓은 벼를 걷어서 방아를 찧을 참입니다. 그때 참새 떼가 새까맣게 날아와서는 벼를 콕콕 쪼아대지 않겠습니까? 콩쥐는 깜짝 놀라 참새를 쫓으려고 하다가 자세히 보니, 참새들이 벼를 먹는 것이 아니라 벼 껍질을 하나씩 까놓은 것이었습니다.

"참새들아, 정말 고맙다."

그러나 베 짜는 일이야말로 정말 힘든 일이었습니다. 아무리 열심히 짜도 그건 하루에 끝낼 수 있는 일이 아니었습니다. 콩쥐는 베틀 앞에 앉아서 눈물을 흘리고 있었습니다. 그때 어디선가 갑자기 '휘리릭!' 하고 아름다운 선녀가 나타났습니다.

"콩쥐야, 어서 잔칫집에 가보렴. 베는 내가 짜줄게."

하고는 새 신과 새 옷을 주었습니다.

콩쥐가 건넛마을을 향해 가고 있는데, 갑자기 뒤에서 포졸들이 외쳤습니다.

"물렀거라! 원님 행차시다!"

콩쥐는 깜짝 놀라 냇물을 건너뛰었습니다. 그러다가 그만 새

신 한 짝이 홀러덩 벗겨지고 말았습니다. 콩쥐는 무섭고 부끄러워 신을 찾을 생각도 안 하고 얼른 나무 뒤에 숨었습니다.

원님은 콩쥐의 신을 보았습니다.

"이게 누구의 신일까? 참 예쁘기도 하구나."

원님은 포졸들에게 말했습니다.

"여봐라! 이 신의 임자를 찾아보거라!"

포졸들이 콩쥐의 신을 들고 냇물 건너 마을을 돌며 임자를 찾아다녔습니다. 드디어 콩쥐의 집에도 찾아왔습니다. 새엄마는 콩쥐는 거들떠보지도 않고 팥쥐에게 신을 신어보라고 하였습니다. 팥쥐의 발이 커서 신이 도저히 들어가지도 않았습니다. 그런데도 새엄마는 억지로 신발을 잡아당겨 신기려고 하였습니다. 포졸들은 억지 쓰는 것을 알고 신을 빼앗아 콩쥐에게 신겨보았습니다. 꼭 맞았습니다. 콩쥐가 바로 신의 임자였기 때문입니다.

원님은 콩쥐를 보자 한눈에 반했습니다. 원님은 그때까지 총각이었기 때문에 콩쥐를 신부로 맞아들이려고 하였습니다. 그러자 팥쥐는 샘이 나서 어쩔 줄을 몰랐습니다.

"몰라 몰라! 내가 원님 색시가 될 테야. 아잉, 어떻게 좀 해봐요, 엄마!"

드디어 콩쥐는 원님에게 시집을 갔습니다.

어느 날 심술쟁이 팥쥐가 콩쥐를 찾아왔습니다. 콩쥐는 팥쥐를 반갑게 맞아주었습니다.

"언니, 우리 연못에 놀러가자, 응?"

팥쥐는 콩쥐를 졸라 연못으로 데리고 가서는 물 속으로 풍덩 밀어서 빠뜨려버렸습니다. 언니를 죽인 팥쥐는 자기가 콩쥐인양 행세했습니다.

원님은 참 이상하다고 여겼습니다.

"그 곱던 얼굴이 왜 갑자기 콩 멍석에 엎어진 듯 얽어버렸어요?"

"넘어져서 다쳤어요."

"그 곱던 목소리가 왜 갑자기 뚝배기 깨지는 소리 같아요?"

"감기에 걸려서 목이 쉬었어요."

팥쥐의 거짓말에 원님은 깜박 속고 말았습니다.

하루는 원님이 연못가를 거닐다가 탐스럽게 피어난 연꽃을 보게 되었습니다.

'아, 정말 아름다운 꽃이로구나!'

원님은 연꽃을 따서 방으로 가져갔습니다.

'치, 원님은 저 놈의 연꽃만 좋아해.'

심술이 난 팥쥐는 연꽃을 활활 불타는 아궁이에 던져 넣어버렸습니다.

"어디, 불씨 좀 얻어갈까?"

일하던 할머니가 다른 아궁이에 불을 지피려고 부엌으로 들어왔습니다. 그런데 아궁이 속에 작은 구슬 하나가 반짝반짝 빛나고 있었습니다.

"아니, 이렇게 예쁜 구슬을 왜 버렸을까?"

그리고는 방에 들어가서 들여다보는데, 구슬 속에서 콩쥐가 나타났습니다.

"에그머니나! 마님 아니세요?"

할머니는 깜짝 놀랐습니다.

"할머니, 제 소원을 들어주세요."

콩쥐는 억울하게 죽은 사연을 이야기했습니다.

할머니는 콩쥐가 시키는 대로 생일상을 차리고는 원님을 모셔왔습니다. 상 위에 젓가락이 짝짝이로 놓인 것을 보고 원님이 물었습니다.

"허허, 상은 잘 차렸건만 어째서 젓가락은 짝짝이인고?"

이때 구슬 속에서 콩쥐가 나타나 말했습니다.

"젓가락이 제 짝이 아닌 것은 아시면서, 색시가 바뀐 건 모르시나요?"

그때서야 원님은 콩쥐가 팥쥐 때문에 죽었다는 사실을 알게 되었습니다.

원님은 연못의 물을 모두 퍼내게 해서 콩쥐의 시신을 건져냈습니다. 그러자 신기하게도 콩쥐는 다시 살아났습니다.

팥쥐의 나쁜 행동이 탄로나자 원님은 팥쥐를 사형시키고, 그 시신을 상자에 담아 팥쥐 엄마에게 보냈습니다. 팥쥐 엄마는 선물이 온 줄 알고 기뻐서 상자를 열었다가 팥쥐의 시신을 보자마자 기절하여 죽었습니다.

 이 이야기가 펼쳐지는 장소는 어디일까요? 그것을 알려주는 여러 가지 물건이 있습니다. 밭이 있고요, 소도 있고요, 우물도 있네요. 그리고 호미·아궁이·베틀·연못·우물·참새·두꺼비 …. 아, 그렇다면 오늘날 대부분의 사람들이 살고 있는 도시는 아니네요. 그럼 어디입니까?

옛날에 시골에선 더운 여름철이면 동네 개구쟁이들이 냇가에서 멱도 감고, 시원한 원두막에 앉아 수박이나 참외를 먹기도 하지요. 밤이 되면 모깃불을 피워놓고 멍석 위에 앉아 할머니의 옛날 이야기도 듣고 하늘의 별을 세기도 합니다.

개울가에서 물고기를 잡다가 물에 신발을 떠내려보낸 뒤 집에 와서는 부모님께 야단도 맞고, 산딸기를 따먹기 위해 산 속을 누비기도 합니다.

지금의 시골

동화 속에 나오는 그런 시골은 이제 없습니다. 대부분 우물 대신 수도가 생겼고, 물이 깨끗하여 물고기가 많이 사는 개울이 있는 마을은 많지 않습니다. 요즘 시골 아이들은 물고기를 잡으러 다니거나 수박 서리 같은 것은 하지 않습니다. 수박 서리하다가 들키면 모두 물어내야 합니다. 그들도 도시 아이들처럼 학원에 다니거나 집에서 공부를 합니다. 소가 쟁기를 끄는 그런 시골은 거의 없습니다. 대부분 기계로 땅을 갈거나 짐을 나르기 때문입니다.

게다가 초가집은 눈 닦고 보아도 찾을 수 없습니다. 1970년대에 시작한 '새마을운동' 덕택에 초가집을 다 없앴기 때문입니다. 두꺼비도 개구리와 함께 사라지고 있습니다. 농약 때문에 먹을 것도 없고, 또 그 피해를 보기 때문입니다. 참새는 옛날보다 사람을 무서워하지도 않고, 도시에서 볼 수도 있습니다.

연못만이 아니라 비슷한 습지도 없앱니다. 흙으로 메워 아파트
지을 터를 만들어 비싼 값에 팔아야 하니까요. 다 잘살기 위해
서라나요.

민속촌

필자는 경기도 용인에 있는 한국민속촌에 자주 갑니다. 옛날
에 살던 사람들의 모습을 학교 아이들에게 보여주기 위해서도
가지만, 가족과 함께 갈 때도 있습니다. 그 밖에 박물관이나 전
시관에 전시물이나 유물을 보러 가지만, 민속촌만큼 자주 가보
지는 못했습니다. 그리고 민속촌에 가도 이벤트 행사나 공연은
그다지 즐겁게 보지 않습니다.

민속촌에 가면 전래 동화, 그 중에서도 이 「콩쥐와 팥쥐」에
나오는 연못·연꽃·젓가락·아궁이·밥상·베틀·호미를 모
두 볼 수 있습니다. 전래 동화 속의 배경을 이해하기 위해서는
자주 가보는 것이 참 좋습니다.

그 중에서도 필자가 주로 보는 것은 옛날 집입니다. 초가집
도 기와집도 볼 수 있습니다. 볼수록 새롭습니다. 지방마다 약
간씩 다른 구조를 가진 집들도 있고, 방의 크기와 배치, 마루의
위치, 마당과 그 주위, 부엌의 모양 등 볼 것이 많습니다. 그리
고 저자가 어렸을 때 살았던 그런 모양의 집들도 있습니다. 시
원하게 낮잠 자던 대청마루, 안방에서 뒷마당으로 연결된 작은
문, 마당 안에 있는 작은 텃밭에서 자라는 채소, 집을 둘러싼
밤나무며 감나무와 같은 과일 나무들, 집 앞의 논에서 누렇게

익어가는 벼를 보면서 옛 모습을 떠올립니다. 그래서 묘한 향수를 느낍니다. 그런 것이 계속 나의 발길을 이끄는지 모르겠습니다.

연어와 인간

지금이 8월초니까 휴가철입니다. 아침 출근길에 차를 몰고 어딜 좀 다녀왔는데, 평소에 그렇게 많이 막히던 길이 뻥 뚫려 좋았습니다. 대부분의 사람들이 자연 속에서 휴가를 보내러 갔나 봅니다. 산과 바다로 떠나고, 여유 있는 사람들은 외국으로 나갔겠지요.

도시 사람들은 늙으면 대부분 시골에서 살고 싶다고 합니다. 지금 도시 사람들 대다수가 시골 출신이니까 그렇게 생각하는 것이 당연하지요. 그러니까 사람도 연어와 비슷한 데가 있군요.

공부 때문에, 직장 때문에, 자녀 교육 때문에 누리지 못한 전원 생활의 꿈을 실현하기 위해서일까요? 어떤 사람들은 과감히 젊은 나이에 시골로 내려가 사는 사람도 있습니다. 도시보다 한적한 자연이 그리워서겠지요. 어떤 경우든 마음의 준비가 안 되었다면 얼마 안 있어 시골 생활도 지겨울 것입니다. 그러나 전원 주택을 지어 정원을 아름답게 가꾸거나, 자기가 먹고 싶은 것을 직접 농사짓거나, 해외 여행에서 자연의 아름다움에 탐닉하는 것 등도 나름대로 보람이 있을 것입니다.

실향민

지금 나의 고향에 가면 옛날의 그 모습이 아닙니다. 고향을 떠난 지 30년도 훨씬 넘었기 때문에 많이 변했습니다. 현재는 옛날의 그 분위기를 맛보기 어렵습니다. 그때 살던 사람들, 특히 함께 놀던 친구들은 고향에는 없습니다. 아니 지금 친구들을 만난다 해도 만나는 순간엔 반갑지만, 시간이 좀 지나면 할 말이 없습니다. 지나간 세월이 그들과 나를 서로 다른 사람으로 만들었기 때문입니다. 사람만이 아닙니다. 얼마 전 시골길을 가다가 산에서 자란 산딸기를 따먹어 보았습니다. 옛날의 그 달콤한 맛이 아니었습니다. 산딸기가 변한 것일까요? 달콤했던 추억만 손상되었습니다. 순간, 따먹은 걸 후회했습니다.

고향에 대한 아름다운 추억은 우리들의 가슴속에만 존재합니다. 지금의 고향이 가슴속에 아련한 추억을 다 달래주지 못합니다. 고향을 두고 온 실향민들만 고향이 보고 싶은 것은 아닙니다. 사실 현대인들 모두 실향민입니다. 그래도 사람들은 자신들이 태어나고 자란 고향을 억지라도 찾아가지요. 마음속에 무언가를 채우기 위해서 말입니다. 그래서 위안을 삼는지도 모르겠습니다.

그러나 우리가 사는 물리적 공간이 영원히 고정된 모습이 아니므로 고향이 언제나 똑같은 모습으로 존재하는 것은 아니겠지요. 그렇다면 사람마다 느끼는 고향이 다를 수도 있겠습니다. 세상은 변하니까 결국 사람이 커서 느끼는 고향에 대한 이미지는 그들의 머리와 가슴속에만 존재할 것입니다. 그래서 그와 비숫한 공간을 찾아 향수를 달래는지도 모르겠습니다.

텔레비전 사극

이제는 전래 동화 속에 나오는 그런 고향의 모습이 사라진 지 오래입니다. 콩쥐가 건너다 신을 빠뜨린 징검다리며, 해와 달이 된 오누이가 방에서 도망쳐 올라간 우물 옆의 나무며, 흥부와 놀부가 땄던 지붕 위의 박, 도깨비가 나온다는 상여 집 등을 지금은 볼 수 없습니다. 그런 것들은 영화나 텔레비전 사극(史劇)에서나 가끔 볼 수 있을 뿐입니다.

그런데 우리가 즐겨보는 사극이나 영화의 세트가 대부분 민속촌이라는 것을 아시나요? 극은 달라도 언제나 장소와 모양이 비슷하지 않던가요? 이제 우리의 젊은 세대들은 전래 동화의 배경이 되는 공간을 민속촌 정도로만 생각할 수도 있겠습니다. 은연중에 보고들은 것이 그것이니까요. 무서운 일입니다. 이런 것을 두고 세뇌 효과라 합니다. 똑같은 것을 반복해서 보여주거나 들려주면 생각도 그렇게 한다지요? 그래서 문화의 다양성이 필요합니다. 그래서 요즘 각종 전시관이나 소형 박물관이 많이 생기는 것은 매우 바람직하고 다행한 일입니다.

콩쥐와 팥쥐는 성(姓)이 같았을까?

얼마 전 텔레비전 드라마를 보니까 어떤 처녀가 혼인 전에 아이를 낳았는데, 그 아이를 데리고 그 아이의 아버지가 아닌 다른 남자에게 시집가려는 것이었습니다. 처녀가 아이를 데리고 시집을 가더라도 남편이 될 남자와 그 남자 집에서 문제삼지 않는다면, 아무런 문제가 될 것 같지는 않습니다. 다만 그 아이의 성(姓)을 누구의 것으로 해야 하는 문제는 아직 남아 있고요.

이혼한 남자나 여자, 또는 남편이나 아내가 죽은 뒤 자녀를 데리고 딴 여자나 남자와 혼인한 예는 우리 주변에 얼마든지 볼 수 있습니다. 그리고 아버지와 아이의 성이 다르다고 놀려서도 안 되겠지만, 숨기거나 부끄러워할 문제도 아닙니다. 철모르는 아이들에도 그런 현상을 자연스럽게 이해하도록 교육시켜야 할 것입니다.

콩쥐가 살던 시대에도 남편이 없는 여자가 아이를 데리고 아내가 없는 남자에게 시집을 갈 수 있었던 모양입니다. 그래서 새엄마는 팥쥐를 데리고 콩쥐네 아빠에게 시집을 왔던 것입니다. 조선시대의 일반적인 관습은 남편 없는 여자, 즉 과부는 다시 혼인하는 것이 허락되지 않았습니다. 다만 비공식적으로 허용이 되었는데, 예를 들어 일종의 납치 형식을 빌린 '보쌈'이라는 것이 있었고, 아니면 처녀로 위장하여 아주 멀리 사는 홀아비에게 시집을 가는 경우가 있었습니다. 그것도 아이가 없어야 가능했지만, 뼈대가 있거나 이름 있는 집안에서는 있을 수도 있어서도 안 되는 일이었지요. 과부가 공식적으로 재혼할 수 있었던 것은 1894년 갑오개혁에 와서야 가능했습니다.

이렇게 본다면 콩쥐 집안이나 팥쥐 엄마의 집안은 이름 있는 양반이 아닌 것만은 확실합니다. 콩쥐 아빠가 살림이 넉넉한 양반이라면 틀림없이 처녀를 새 아내로 맞아들였을 것입니다. 당시 대다수 양반들이 그랬듯이 말입니다.

팥쥐 엄마와 재혼한 이유

그래서 콩쥐의 아버지는 가난했습니다. 엄마도 일찍 죽고 아빠도 이내 죽는 것을 보면 가난해서 약 한 번 제대로 못쓰고 죽었던 것 같습니다. 그리고 밭이 있고 벼가 있는 것을 보면 농사를 지었다는 것을 알 수 있습니다.

그런 그가 새 부인을 맞이하면서 콩쥐에게 좋을지 나쁠지 생각했을 것입니다. 새엄마를 들이기로 결론지은 것 중에 콩쥐 집에 아들이 없다는 것이 큰 이유가 되었을 것입니다. 결국 아들도 못 낳고 죽었지만 말입니다. 아들은 집안의 대를 잇고 제사를 지낸다는 생각 때문에 지금도 은연중에 아들 갖기를 원하는 부부들이 많습니다. 옛날이니 오죽했겠습니까? 옛날의 불효 가운데 하나가 아들을 낳지 못해 대를 잇지 못하는 것이었습니다. 심지어 아들을 낳는다는 핑계로 부인을 여러 명 두기도 하고, 재산이나 돈을 주고 아이만 낳아주는 여자를 구하기도 했습니다. 친척의 아들을 자기 아들로 삼는 양자 제도는 아주 흔한 일이었지요.

팥쥐 엄마로서는 손해볼 게 없었겠지요. 우선 먹고사는 문제가 해결되고, 콩쥐는 커서 시집가면 그만이니 나머지 재산을 자기가 모두 차지할 수 있으니까요. 우리는 팥쥐 엄마가 시집오기 전에 무엇을 하던 사람이었는지 알 수 없습니다. 다만 심술이 많고 성격이 포악한 것을 보면 좋은 환경 속에서 살았던 것 같지

는 않습니다. 날 때부터 아무런 환경의 영향을 받지 않고 나쁘게
자라는 사람은 없으니까요.

콩쥐팥쥐전

입으로 전해오던 이 「콩쥐와 팥쥐」 이야기가 조선 후기에 오
면 소설 형태로 갖추어집니다. 작자 미상인 이 소설의 필사본이
나 목판본은 현재 발견되지 않고, 활자본은 1919년과 1928년에
나왔습니다.

여기에서는 콩쥐 아빠의 성이 최씨이고 이름은 만춘, 곧 최만
춘이며 직업은 전직 아전(衙前 : 고을 관청에서 일을 보던 낮은
관리로 주로 중인이었음)이었으며, 사는 곳은 전라도 전주 부근
으로 되어 있습니다. 그리고 어머니의 성은 조씨로, 새 엄마의
성은 배씨로 알려져 있습니다. 조선시대의 부인들 이름은 공식
적으로는 없습니다. 성씨만 남아 있지요. 그래서 이름을 알 수
없습니다.

또 새엄마가 아이를 데리고 아빠와 재혼하는 문제도 소설화
되는 그 당시에는 허용이 되었다고 말할 수 있고, 그 이전에는
팥쥐가 엄마만 다른 친동생이 되어 있었을지도 모릅니다.

또한 이 소설에 등장하는 원님(지금의 군수)은 감사(지금의
도지사)로 되어 있고, 베를 짤 때 도와준 사람은 선녀가 아니라
직녀 선녀라고 전하고 있습니다. 그리고 연꽃으로 피어난 콩쥐
가 팥쥐를 계속 괴롭히는 사건도 등장합니다. 그러니까 이야기
가 소설로 되고 나중에 이것들이 서로 섞여서 전래되고 있기 때

문에 내용이 조금씩 다르게 전해지고 있습니다.

콩과 팥

그렇다면 콩쥐의 정식 이름은 최콩쥐가 되겠네요. 그럴 수도 있겠지만, 과거에는 아이들의 이름을 애칭으로 부른 경우가 많았답니다. 정식 이름은 족보나 문서에 많이 등장하지만, 위에서 말했듯이 여자는 어렸을 때 집에서 부르는 이름 외에 공식적인 이름이 없었습니다.

그렇다면 왜 아이들의 이름을 '콩쥐'와 '팥쥐'로 지었을까요? 하필이면 이름 뒤에다 요즘 아이들이 징그럽다고 하는 '쥐'를 붙였을까요? 또 착한 아이는 '콩'을, 나쁜 아이는 '팥'을 이름 뒤에 붙였을까요?

콩은 된장·간장·콩나물·떡·두부·과자·콩기름·콩엿 등을 만드는 데 쓰입니다. 팥은 떡·팥죽·팥밥 등에 쓰입니다. 여기서 알 수 있듯이 콩이 팥의 쓰임새보다 훨씬 많습니다. 그래서 옛날부터 다섯 가지 곡식, 즉 오곡(五穀)에는 콩이 꼭 들어갔습니다. 지방에 따라 농사짓는 방식이 달랐겠지만, 필자가 사는 고향의 경우에는 밭 가운데 이랑을 만들어 콩을 심었고, 팥은 밭 가장자리나 자투리땅에 주로 심었는데, 아마도 이처럼 쓰임새의 중요성에 따라 차별을 두지 않았나 생각합니다.

이렇게 볼 때 팥쥐보다 콩쥐에 더 많은 가치를 두고 있음을 알 수 있습니다. 그래서 콩쥐를 착한 아이로, 팥쥐를 심술 많은 아이로 설정하여, 이름에서부터 차별성을 부여한 것 같습니다.

따라서 왜 착한 아이의 이름 앞에는 콩을 붙이고 나쁜 아이의 이름 앞에는 팥을 붙였는지 조금 이해가 될 것 같습니다.

그런데 왜 하필 '～쥐'를 이름 뒤에 붙였을까요? '쥐'가 붙은 동물에는 생쥐·새앙쥐·다람쥐 등이 있고요, 그냥 '지'가 붙은 동물에는 두더지·돼지·강아지·망아지·미꾸라지 등이 있습니다. '쥐'나 '지'가 소리가 비슷하니까 강아지나 망아지처럼 들에 흔해빠진 콩이나 팥 뒤에다 '쥐'를 붙였는지 모르겠습니다.

옛날에는 아이들의 애칭에 동물 이름을 많이 붙였습니다. 대표적인 것이 '강아지'였습니다. 동물의 새끼는 대개 귀엽습니다. 그래서 어린아이들을 '내 강아지', '예쁜 내 새끼', '똥강아지' 등으로 불렀습니다. 필자가 초등학교 4학년 때 옆 반 선생님께서 입버릇처럼 아이들에게 '똥강아지' 같은 녀석들이라 한 말이 생각나는데, 이제 이해가 됩니다. 요즘에도 어떤 텔레비전 연속극 제목에 '금쪽 같은 내 새끼'가 있던데요. 이런 각도에서 보면 아마 이해가 될 것입니다. 그러니까 콩쥐나 팥쥐도 이렇게 붙인 것이 아닐까요? 쥐를 징그러운 것으로 보지 말고 작고 귀여운 다람쥐나 햄스터처럼 본다면 말입니다. 필자의 상상력이 지나쳤습니까?

3

「콩쥐와 팥쥐」랑 비슷한 이야기 가운데 「신데렐라」라는 서양 동화가 있습니다. 중국의 옛 문헌에도 이와 비슷한 이야기가 있습니다. 모두 다 주인공이 새엄마와 형제들에게 미움을 받지만, 나중에 행복하게 되었다는 것으로 끝을 맺습니다.

「콩쥐와 팥쥐」와 「신데렐라」

그러나 「콩쥐와 팥쥐」가 중국의 설화나 「신데렐라」와 다른 점은, 제목부터가 그러하듯 지역적 배경과 가정적인 사건이 한국적인 특징을 잘 나타내고 있습니다. 특히 외국의 그것이 왕이나 왕자를 등장시킨 것에 비하여 「콩쥐와 팥쥐」는 원님(또는 감사)을 등장시킵니다. 그리고 「신데렐라」는 혼인해서 행복하게 사는 것으로 끝나지만, 「콩쥐와 팥쥐」는 여기서 이야기가 더 이어져 콩쥐가 죽었다가 다시 살아나며 계모와 그 딸이 벌을 받는 데까지 이어집니다.

이야기는 인류 보편적인 삶 표현

그럼 어째서 거의 똑같은 이야기가 동서양에 존재할까요? 어떤 설화든 이야기의 원형(원래 모습)이라는 것이 있습니다. 예를 들어 앞의 「나무꾼과 선녀」의 원형은 몽골 등의 북방 민족 사이에서 이루어진 '조녀설화(鳥女說話)'가 우리 땅에 전해내려와 이같이 변한 것입니다. 『성서』의 「노아의 홍수」 이야기도 그 원형이 당시 메소포타미아 문명권에 있었습니다.

이같이 볼 때 이야기의 원형이 각 지역에 전파되어 그 지역의 문화나 민중들의 삶이 이야기에 덧붙여서 오늘날과 같은 이야기로 전해진 것입니다. 따라서 원형이 같고 줄거리나 내용이 비슷하다고 해서 똑같은 이야기로 이해해서는 안 됩니다.

그럼 왜 비슷한 이야기가 여러 지역에 있을까요? 그것은 인간의 삶이 근본적으로 어느 지역에서건 공통점이 있기 때문입니다. 이 공통점을 '보편성(普遍性)'이라고 합니다. 다시 말해 사람이 커서 혼인하거나 죽거나 성공하거나 실패하는 일은 어느 지역에나 있는 일입니다. 그래서 이야기의 원형을 쉽게 받아들이고 자기들의 이야기로 만들어버립니다. 이처럼 비슷한 이야기가 세계적으로 분포되어 있다는 사실은, 이런 이야기가 인류의 보편적인 삶을 담고 있다는 것을 뜻합니다.

이야기의 보편성과 특수성

설화나 전래 동화 가운데는 세계적으로 비슷한 것이 있다고 말했습니다. 그리고 그것은 인류의 삶의 모습이 서로 비슷하기 때문이라고도 말했습니다. 그러나 줄거리가 전체 또는 부분적으로 비슷하지만, 구체적인 내용에 들어가면 다른 점을 발견할 수 있습니다. 가령 신데렐라는 왕자와 혼인했지만 콩쥐는 원님(또는 감사)과 혼인하고, 신데렐라는 마차를 타고 가서 궁전의 잔치에 참석했지만 콩쥐는 외가로 걸어가는 길이었습니다. 그리고 아주 다른 점은, 신데렐라는 왕자와 혼인하여 행복하게 살았지만, 콩쥐는 팥쥐에게 죽음을 당하고 다시 살아나면서 팥쥐와 새엄마가 벌을 받는 것, 다시 말해 나쁜 사람이 보복이나 응징을 당하는 것으로 끝을 맺습니다.

이같이 공통점과 차이점이 존재합니다. 우리는 이러한 공통점이 모든 지역의 이야기에 두루 있을 때 '보편성'이라 부릅니다. 그런가 하면 서로 다른 차이점을 '특수성(特殊性)'이라고 하지요. 보편성과 특수성을 이해하기 위한 전초 단계로 초등학교 3학년 2학기 국어과 '공통점과 차이점' 찾기 공부에서 콩쥐와 신데렐라를 비교하는 대목이 있습니다. 알고 보면 초등학교 과정부터 철학하는 훈련을 하고 있는 셈입니다.

전래 동화에 녹아 있는 우리의 특수성

이야기가 보편성을 띤다고 해서 주제가 모두 보편적이라는 것은 아닙니다. 이야기의 소재가 보편적일 수도 있고 줄거리가 그럴 수도 있습니다. 똑같은 내용이라도 이야기를 엮은 사람의 문화적 · 지역적 · 민족적 특수성에 따라 주제가 얼마든지 달라질 수 있습니다. 예를 들어 고대 메소포타미아 지역에 분포된 '홍수' 설화를 두고 유태인들은 그것이 야훼에 대한 인간들의 불순종 및 타락의 결과와 선택된 의인(義人)의 구원 사건으로 만들어 자손들에게 전했습니다. 앞의 「나무꾼과 선녀」의 경우에도 다른 지역의 설화에서는 하늘나라에 간 나무꾼이 다시 지상에 천마를 타고 오는 이야기는 없습니다. 그것은 자신의 삶과 어머니의 삶, 곧 자신의 처자에 대한 사랑과 부모님에 대한 효도의 갈등을 나타내고 있지요. 그만큼 우리의 전통에서 효(孝)가 차지하는 비중이 크다는 것을 간접적으로 나타내고 있지요.

그러니까 우리의 전래 동화에도 보편성과 특수성이 있으므로 이것을 함께 이해해야 한다는 것입니다.

착한 사람은 복을 받고 악한 사람은 벌을 받는다

그럼 「콩쥐와 팥쥐」의 주제와 함께 논리를 찾아볼 차례가 되었군요. 이야기를 재미있게 들은 유치원에 다니는 아이도 그 주제를 말할 수 있을 정도로 간단합니다. 콩쥐와 팥쥐 그리고 새엄마가 처음에 한 일과 나중에 한 일을 비교하면 금방 알 수 있습니다.

콩쥐는 착합니다. 새엄마의 말에 불평 없이 잘 따릅니다. 비록 자기가 부당한 대우를 받아도 불평하거나 싫증내지 않습니다. 원님의 부인이 되어서도 팥쥐가 집에 오는 것을 허락합니다. 팥쥐가 자기를 죽인 사실을 원님께 직접 고자질하는 것이 아니라 넌지시 알려 그가 직접 깨닫도록 합니다. 착한 사람은 자신이 억울한 일을 당해도 함부로 까발리지 않습니다. 그렇게 착했기 때문에 소와 두꺼비와 참새와 선녀가 돕습니다. 나중에는 원님의 부인이 되어 비록 죽었지만, 다시 살아나서 행복하게 살게 됩니다.

반면에 팥쥐와 새엄마는 온갖 심술로 콩쥐를 학대합니다. 콩쥐 아빠까지 돌아가자 재산을 독차지하게 됩니다. 콩쥐에게는 고된 일만 시켜놓고 뻔뻔스럽게 자기들만 콩쥐 외가의 잔치에 갑니다. 그리고 콩쥐가 원님의 부인이 된 것을 배 아파한 나머지 콩쥐를 죽이고 자기가 부인인 척합니다. 결국 들통이 나서 죽게 됩니다. 벌을 받은 것이지요.

그러니까 줄거리를 간단히 정리해보면, '착한 사람은 복을 받고 악한 사람은 벌을 받는다'는 이야기입니다.

미인은 정말로 오래 살지 못할까?

'착한 사람은 복을 받고 악한 사람은 벌을 받는다'는 것은 어떤 '사실'을 나타낸 말입니다. 이 문장을 살펴보면 '△△한 사람은 □□을 받는다'는, 아주 간단한 구조로 되어 있으면서 두 개의 문장으로 구성된 중문(重文)입니다. '착한'과 '나쁜'은 주어(主語)인 '사람'을 수식하는 말로서 어떤 가치를 나타내고 있습니다. 따라서 이 문장은 '착한 사람은 복을 받는다'와 '나쁜 사람은 벌을 받는다'는 가치를 포함한 두 개의 문장이 연결된 것으로, 앞뒤 문장의 구조상 성격은 동일합니다.

결국 '착한 사람은 복을 받고 악한 사람은 벌을 받는다'는 문장은 어떤 가치를 포함한 내용을 사실처럼 나타내고 있습니다. '착하다'와 '나쁘다'는 선이나 악을 나타내는 것으로 선악에 대한 가치를 품고 있기 때문입니다.

이와 비슷하게 가치를 포함한 내용을 사실처럼 나타낸 말에는 '미인박명(美人薄命)', 즉 미인은 오래 살지 못한다는 것도 있습니다. '미인'이라고 할 때의 '미', 곧 '아름답다'는 미적(美的) 가치를 나타내는 말입니다. 정말로 미인이 오래 살지 못할까요? 요즘 미인은 부잣집에 시집가서 건강하게 더 오래 사는 것을 많이 봅니다. 정말로 착한 사람이 복을 받고, 미인은 오래 살지 못해서 이런 말이 생겼을까요?

이런 말들은 옛날 사람들이 나름대로 관찰하여 얻어낸 말일 수도 있습니다. 착한 사람이 잘되고 나쁜 사람이 실패하는 경우를 많이 보았겠지요. 요즘에도 나쁜 사람이 감옥에 가는 기사가 없으면, 신문이나 방송은 보도할 내용이 줄어들 것입니다.

그런데 정반대의 사건은 없었을까요? 착한 사람이 비참하게 되고 나쁜 사람이 잘되는 경우 말입니다. 미인이 일찍 죽는 경우도 있지만, 오히려 부잣집이나 권세 있는 집에 시집가서 오래 사는 일이 더 많았을 것입니다. 이렇게 본다면 앞의 '착한 사람은 복을 받고 악한 사람은 벌을 받는다'는 논리는 타당성을 상실하게 됩니다. 그 논리에 적용이 안 되는 예외적 사실이 많이 있기 때문입니다.

이런 사실을 옛 사람들이라고 해서 모를 리도 없었을 겁니다. 그렇다면 왜 그런 사실을 뒤집고 이야기의 결말을 사실에 맞지 않을 수도 있는 것으로 이끄는지 생각해보았습니까?

권선징악

이야기대로라면 착한 사람은 내버려두어도 복을 받고 악한 사람은 가만히 두어도 벌을 받을 터인데, 왜 이런 이야기를 만들었을까요? 아니면 「신데렐라」 이야기처럼 원님과 혼인해서 행복하게 사는 것으로 끝맺었으면 좋았을 텐데, 콩쥐가 죽고 또다시 살아나며 팥쥐와 새엄마가 죽는 이야기까지 더 만들었을까요?

바로 '착한 것(善)을 권(勸)하고 악한 것(惡)을 벌(懲)주어야 한다'는 생각이 들어 있지 않을까요? 앞의 주제처럼 '착한 사람은 복을 받고 악한 사람은 벌을 받는다'면 세상은 참으로 금방 아름답게 되겠지요. 주제처럼 그럴 수도 있지만, 그렇게 안 되는 경우도 있기 때문에 그런 것이 아닐까요?

그래서 '착한 사람은 복을 받아야 하고 나쁜 사람은 벌을 받아야 한다'는 인류의 보편적인 염원을 이야기를 통해서 나타내고자 했던 것입니다. 현실 세계는 착한 사람보다 나쁜 사람이 더 잘 되는 것처럼 보입니다. 또 착한 사람이 나쁜 사람에게 시달림을 많이 받고 있습니다. 과거에는 권세가 있거나 지위가 높거나 가진 것이 많다고 해서 민중들을 억압하고 착취하며 괴롭히는 경우가 참 많았습니다. 민중들의 입장에선 이들이 '새엄마'요 '팥쥐'가 아닐까요?

세상의 나쁜 놈들을 누군가 혼내주었으면 좋으련만, 당시는 그런 것이 불가능했으므로 이야기를 통해서 민중들의 집단적 스트레스를 풀려고 했을 것입니다. 바로 문학적 카타르시스(밖으로 발산하면서 얻게 되는 자기 정화)가 필요했던 것입니다. 그래서 팥쥐와 새엄마를 철저하게 응징하는 것으로 이야기의 끝을 맺고 있습니다.

「콩쥐와 팥쥐」 이야기 속에는 '착한 사람은 복을 받고 나쁜 사람은 벌을 받아야 한다'는 당시 민중들의 강한 염원이 들어 있다고 말했습니다. 당시 민중들의 입장에서 볼 때 콩쥐와 같이 착한 사람, 새엄마나 팥쥐 같은 나쁜 사람들이 분명히 있었을 것입니다.

콩쥐는 누구인가?

그래서 사람이 살아가는 현실 속에는 언제나 착한 자와 나쁜 자가 있기 마련이기 때문에, 그것을 알려면 그 사회에 깊숙이 들어가서 살펴보아야 합니다. 여기서 콩쥐는 당연히 백성들을 상징하고, 새엄마는 폭정을 일삼는 지방 관리나 부당하게 소작료를 올려받는 지주, 팥쥐는 지방 관리를 돕는 아전이나 지주의 마름(지주를 대신해 소작권을 관리하는 사람), 그리고 원님은 임금, 끝으로 콩쥐 부모는 청렴하고 선정(善政)을 베푸는 지방 관리를 나타낸다고 생각해볼 수 있습니다.

매관매직

조선 후기로 올수록 탐관오리들이 백성들을 착취하는 일이 점점 심해졌습니다. 이것은 정치의 판도가 당쟁(黨爭)에서 승리한 서인(西人) 또는 노론(老論)의 일당(一黨) 전제(專制)로 바뀌고, 또 안동 김씨나 풍양 조씨, 여흥 민씨 같은 외척들이 실권을 잡은 후부터 부정 부패가 극에 달했기 때문입니다. 벼슬자리를 돈으로 사고 파는 이른바 '매관매직(賣官賣職)' 현상이 두드러지고, 돈을 주고 벼슬을 산 사람들은 그 본전을 찾기 위하여 백성들의 것을 빼앗지 않을 수 없는 악순환이 이어진 것이지요.

또 과거(科擧)라는 형식을 통하여 벼슬을 얻은 자들도 더 높은 벼슬에 오르기 위하여 서울에 힘있고 실권을 잡은 권신(權臣)들에게 뇌물을 갖다바치지 않을 수 없었습니다. 언제 벼슬자리에서 쫓겨나거나 다른 곳으로 밀려날지 모르기 때문입니다.

그래서 당시 부정한 방법으로 출세하고자 하는 수령들은 어떻게 해서든지 백성들에게서 재물을 뺏으려고 혈안이 되었습니다. 온갖 이름을 붙인 세금이 생기고, 죽은 사람이나 어린아이 몫의 세금이 붙고, 살기 힘들어서 도망간 친척이나 이웃 사람의 몫까지 세금을 내야 했습니다.

아 전

게다가 정부에서 수령들은 그 지방에 오래두지 않기 때문에 그 지방 사정을 잘 모릅니다. 그들을 돕는 아전(衙前), 예를 들면 이방·형방 등의 직책을 두어서 수령을 돕기로 되어 있는데, 이들의 농간이 민중들을 더 어렵게 만들었습니다. 원래 이들에게는 국가에서 주는 봉급이 없었습니다. 어떻게 보면 부정을 저지를 수 있는 여지가 처음부터 있었지요. 이들은 지방 농민들의 집에 숟가락이 몇 개인지 밥그릇이 몇 개인지 훤히 잘 알고 있었기 때문에, 백성들은 재물을 숨기거나 곡식을 몰래 재배할 수 있는 처지도 아니었습니다. 게다가, 황무지를 개간하면 몇 년간 세금을 면제해주겠다고 해놓고, 정작 힘들여 개간해서 곡식을 거두면 약속을 어기고 세금을 받아가는 일까지도 빈번했습니다.

새엄마도 나쁘지만 심술궂게 못된 짓을 하는 팥쥐가 더 미운 것처럼, 지방 사정에 어두운 수령들의 앞잡이 노릇을 한 아전들이 더 얄밉지 않았겠습니까?

선정비

착한 수령이 없었던 것은 아닙니다. 지금도 옛날 관아가 있었던 시골 중심지에 가보면 돌로 된 비석이 있습니다. 앞면에 세로로 '군수(郡守) ○공(公) ○○ 선정비(善政碑)' 등의 글씨가 새겨져 있습니다. 대개는 좋은 정치를 베풀다 간 수령이 떠난 뒤 그 지방 사람들이 비석을 세워주지만, 경우에 따라서는 못된 수령들이 뒤에서 아전들을 조종하여 비석을 억지로 세우도록 합니다. 어떤 수령의 선정비가 있다고 해서 모두 훌륭하다고 생각하면 오산입니다.

그래서 「콩쥐와 팥쥐」 이야기에서 착한 수령을 콩쥐 어머니나 아버지로 표현하지 않았을까요? 어머니가 일찍 돌아갔다는 것은 현실적으로 그런 선한 정치를 하는 관리를 찾기 어렵다는 것을 뜻하고, 그나마 아버지도 얼마 못 가서 죽었다는 점은 착한 수령이 있기는 있는데 백성들을 위해 힘 한 번 못 쓰고 자리에서 쫓겨나는 것을 상징하지 않았을까요?

누굴 의지하고 사나?

이런 상황에서 민중들이 기대할 수 있는 것은 초자연적인 하늘의 도움밖에 기대할 수 없었습니다. 힘들게 농사일을 하는 농부들은 마치 검정 소가 밭을 일구듯 자기들의 고된 노동을 누군 가 덜어주기를 바란 게 아닐까요? 물을 길어오고 방아를 찧고 베를 짜는 데 두꺼비나 참새나 선녀가 도와준 것 또한 고되게 노동을 해야 했던 부녀자들의 하소연을 상징한 게 아닐까요? 당 시 세금을 납부해야 하는 방법에는 주로 쌀이나 옷감으로 대신 하는 게 많았기 때문에, 방아를 찧고 베를 짜는 것은 여자들의 몫이었습니다. 이렇듯 고통을 당하는 민중들이 믿고 기대할 수 있는 것은 결국 이 세상에는 없다고 보아야 할 것입니다.

이런 점은 조선 후기 새로운 종교가 발을 붙일 수 있는 좋은 토양이 되었습니다. 천주교가 전래될 당시는 그 전래를 묵인하 다가 나중에는 극도로 탄압을 하였지만 그래도 교인 수가 증가 하였고, 동학 또한 생긴 지 얼마 안 되어 그 교도가 엄청나게 불어났으며, 기독교가 전래되자 역시 신도수가 늘어난 것도 다 현실 속에서 의지할 곳이 없었기 때문입니다.

구중심처

비록 임금이 있었지만 민중들이 직접 찾아가 하소연할 대상 이 아니었습니다. 임금이 백성을 사랑하는 마음을 가지고 위에 서부터 아래로 찾아와야 언제나 문제가 해결되었습니다. 우연 히 콩쥐의 신발이 벗겨지면서 원님이 그 임자를 찾는 것처럼, 백성의 존재란 임금의 은혜를 기다릴 수밖에 없는 처지였습니 다. 그것이 이 이야기에 잘 묘사되어 있습니다. 또 콩쥐가 죽어 서 연꽃을 통해 구슬로 환생하여 직접 그 억울함을 원님에게 호소하지는 않습니다. 어디까지나 다른 것을 통해 간접적으로 알리려고 합니다. 이 또한 임금과 백성 사이의 간격을 뜻합니다. 콩쥐에 대한 원님의 사랑이 일방적인 것은, 왕조 시대의 민중은 왕의 은혜를 일방적으로 기다려야 하는 처지를 잘 나타냈다고 하겠습니다. 양반들은 '상소'라는 형식으로 글을 써 임금에게 자신의 생각을 알리지만, 민중들에겐 그들의 억울함과 생각을 임금에게 직접 전달하는 방법이나 제도가 없었다는 것을 뜻하기도 합니다.

임금이라고 해서 어찌 이런 것을 몰랐겠습니까? 알아도 어찌할 방도가 없었습니다. 권세 있는 신하들의 위세에 눌려 임금이라도 나랏일을 자기 뜻대로 하지 못했습니다. 우리가 연속극이나 사극에서 보는 것처럼 권세 있는 신하들이 자기 말을 잘 듣는 벼슬아치들을 조정 곳곳에 심어놓고, 임금의 허락을 받기 위하여 상소를 올리거나 연좌 농성을 하는 등 갖가지 방법을 동원해 권력을 유지하고 나랏일을 좌지우지하였던 것입니다.

우리가 조선시대를 이야기할 때 마치 임금 혼자서 독재를 하고 권력을 마음껏 누린 것처럼 이해해서는 안 됩니다. 모두 역대 27명의 왕이 있었지만, 왕권을 휘둘렀던 왕은 채 다섯 명도 안 됩니다. 특히 조선 후기로 올수록 왕권보다 신하의 권력이 강했는데, 당쟁에서 승리한 서인과 그 후예인 노론 그리고 그 뒤를 이은 세도 정권 때는 왕이란 존재는 심하게 말해 꼭두각시에 불과했습니다. 대표적인 사람이 속칭 '강화 도령'으로 알려져 있는 철종 임금이 아닙니까?

나쁜 놈은 씨를 말려야

이 이야기에서는 새엄마와 팥쥐가 철저하게 응징됩니다. 그것은 현실에서 나쁜 사람에 대한 응징이 철저하지 못함을 반증합니다. 대개 전래 동화에서 나쁜 사람에 대한 결말은 이처럼 철저하지는 않습니다. 예를 들어 '놀부'나 「혹부리 영감」에서의 '욕심쟁이 노인'의 경우가 그렇습니다. 마지막에 가서 뉘우치고 착하게 살게 합니다.

그리고 현실 세계에서 이런 나쁜 사람들이 벌을 받거나 응징을 당하는 경우는 거의 없습니다. 오히려 이들의 잘못을 고발하거나 권세 있는 신하의 실정(失政)을 비판할 때 누명을 씌워 가혹하게 처벌했습니다. 설령 어떤 수령이 나쁜 짓을 하여 임금에게 알려지더라도 권력을 움켜쥔 신하가 그 사람의 뒤를 봐주고 있어 큰 벌을 받지 않게 해줍니다. 임금은 대개 그가 신임하는 권신(權臣)의 말을 더 믿기 때문입니다. 또는 조정의 정권을 잡은 신하들과 같은 당(黨)일 때는 모두 그 나쁜 관리를 두둔하게 되어 있습니다. 그런 현상은 지금도 마찬가지입니다. 어떤 사람이 좋지 않은 일을 했을 때 그가 속한 집단이나 조직이 방패가 되어 그를 변호해주는 것을 자주 보지 않습니까?

이렇듯 권력을 쥔 사람들이 나쁜 일을 할 때 응징할 수 있는 기회가 거의 없기 때문에, 동화에서는 이처럼 철저하게 응징하는 것으로 끝을 맺고 있습니다. 현실이 그렇게 되어야 함을 간접적으로 나타내는 것입니다.

민본 정치

 동서고금을 막론하고 현실 세계에서는 착한 사람보다 나쁜 사람이 더 잘살았던 모양입니다. 그래서 그런지 현실의 그 같은 부조리를 개선하려는 노력이 역사적으로 많이 등장했습니다. 우리 역사를 돌이켜보면 이런 점을 많이 발견할 수 있습니다.

 조선은 유교를 국가 통치 이념으로 하여 건국했기 때문에 뜻있는 선비들은 늘 '백성이 나라의 근본'이라는 생각으로 정치에 임했습니다. 그러나 기득권을 거머쥔 권력 있는 신하들은 항상 자신의 권력욕에 눈이 멀어 그런 생각은 안중에도 없었습니다. 예나 지금이나 권력을 한 번 잡으면 그것을 놓지 않으려고 수단과 방법을 가리지 않기 때문이지요. 오죽하면 권력다툼에는 부모와 자식 사이에도 양보가 없다고 합니다.

 이런 사람들을 비판한 명분이 바로 '민본 정치(民本政治)'를 해야 한다는 것이지요. 즉, 백성을 위해서 정치를 바로 해야 한다는 것입니다. 그 이면에는 백성이 잘살아야 나라가 튼튼하다는 것이지요. 이미 『전래 동화 속의 철학』 시리즈 첫 번째 책에서 이 문제를 다루었기 때문에 더 이상 자세하게 말하지는 않겠습니다.

붕당 정치

 조선 중기 이후에는 붕당 정치(朋黨政治), 곧 선비들이 당을 지어 정치를 하는 것이 생기면서 이러한 잘못이 더욱 커졌습니다. 즉, 백성들을 위한 정치라기보다 자신들의 당을 위하여 정치를 했던 것입니다. 예를 들면 인조 반정(反正)을 통해 권력을 잡은 서인들은 '국혼물실(國婚勿失)'과 '숭용산림(崇用山林)'을 다짐하였는데, '국혼물실'은 국왕의 배우자, 즉 중전을 자기네 당에 속한 사람의 가문에서 배출하자는 것으로, 정권을 계속 잡고자 하는 의도가 깔려 있습니다. 자기네들 당에서 중전을 내면 그들 중 누군가 왕의 외척이 되기 때문에 정치적 영향력을 발휘할 수 있다는 속셈이지요.

다음으로 '숭용산림'은 재야 선비 가운데 과거를 거치지 않고 추천에 의해 관직을 줌으로써 정치에 참여시키는 것을 말합니다. 물론 명망이 있다고 아무나 쓰는 것은 아닙니다. 정치적으로 자기들을 지지하거나 자신들의 스승 또는 같은 스승 밑에서 배운 사람들이 추천되는 것은 너무나 당연하겠지요. 이 또한 백성들을 위한 것과는 거리가 멀고, 자기들이 정권을 계속 잡고 유지하겠다는 속셈이겠지요.

서인의 뒤를 이은 노론 정권도 예외는 아닙니다. 자기들과 당색(黨色)이 같지 않으면 철저히 정권에서 배제시킵니다. 당시는 선비들의 정치적 공간 배경이 지방이기 때문에 당색이 다른 지방 사람들은 정치에 참여를 시키지 않습니다. 물론 과거를 못 보게 하거나 벼슬을 전혀 주지 않는 것은 아닙니다. 지위가 낮은 관직이나 지방에 작은 벼슬 정도는 허용했겠지만, 나라의 중요한 정책을 결정하거나 큰일을 할 때는 참여를 시키지 않았다는 것입니다.

세도 정치

노론 정권은 끝에 가서 세도 정치(勢道政治)로 치닫게 됩니다. 다시 말해 왕의 외척들이 정권을 잡고 정치를 마음대로 하는 것을 말합니다. 심지어 왕도 자신들 마음대로 정하기도 합니다. 일례로 우리가 '강화 도령'이라 부르던 철종은, 왕의 먼 친척이 된다는 이유로 강화도에서 농사짓고 나무하던 더벅머리 총각 신세에서 졸지에 왕이 된 사람입니다. 이 같은 사람을 왕으로 앉혀야 정치를 떡 주무르듯 마음대로 할 수 있기 때문입니다.

조선 후기 안동 김씨 가문은 원래 병자호란 때 척화파의 한 사람인 김상헌의 후손으로서, 당파로는 서인에서 노론으로 되었다가 나중에 정권을 잡아 60여 년간 독재를 하게 됩니다. 중간에 풍양 조씨에게 잠시 정권을 내주었지만, 나중에 대원군이 등장할 때까지 계속됩니다. 안동 김씨 정권 아래에서 각종 민란, 예를 들어 1811년의 홍경래 난, 1862년의 진주 민란 같은 민중 봉기가 일어났고, 천주교 탄압 같은 사건도 일어납니다. 이처럼 권력을 가진 사람들이 매관매직과 부정 부패로 자신들의 가문과 개인의 영화를 누리는 사이에 백성들은 날마다 도탄에 빠지고 나라의 힘은 점점 기울어갔습니다.

대원군과 민씨 정권

고종이 즉위하자 대원군이 잠시 정권을 잡았을 때 안동 김씨 세력들은 팥쥐나 새엄마처럼 완전히 응징되지 않았습니다. 정권만 내놓았지 일부는 여전히 벼슬도 하고 잘살았습니다. 대원군은 정치적 기반이 없었기 때문에 노론 계열의 인사들과 안동 김씨 세력을 완전히 버릴 수 없었고, 이들을 견제하기 위해서 자기 처가인 민씨들을 등용하기 시작했습니다. 자기 며느리인 이른바 명성황후도 자신이 골랐지만, 결국에는 믿는 도끼에 발등 찍히듯 대원군 자신도 민씨 일파들에 의해 밀려났습니다.

민씨 일파 또한 예전의 안동 김씨의 전철을 밟지 않을 수 없었습니다. 나라의 힘이 없었기 때문에 돈이 모자라 벼슬을 팔기도 하고, 외국에서 돈을 꾸어오기도 했습니다. 당시는 일본의 침략 야욕이 서서히 진행되던 시기였고, 이에 질세라 청나라의 간섭도 심해졌으며, 세계 여러 열강들이 우리를 넘보고 있던 시기였습니다. 오죽하면 궁궐을 경비할 군대가 없어서 일본 군대에게 부탁을 했겠습니까? 과거 우리에게 비교적 우호적이라고 알려졌던 영국인 언론인 프레더릭 맥켄지(frederick Mackenzie)조차도 "아무런 편견이 없는 관찰자라면, 오늘날 한국이 독립을 상실한 것은 대체로 구왕조의 부패와 취약성에 원인이 있다는 사실을 부인할 수 없다"는 말, 즉 조선은 외국 세력에 의하여 망한 것이 아니라 스스로 망할 수밖에 없었다는 지적을, 불쾌하지만 새겨서 들어볼 만합니다.

친일파와 반공주의자

결국 노론의 후손과 귀족들 중 일부는 나라가 망하자 친일파로 변신합니다. 나라를 팔아먹은 대가로 일본의 귀족 칭호를 받고, 일본 왕이 주는 돈도 받은 고관대작도 있었습니다. 일제 시대에는 이들과 또 새로이 친일파가 된 사람들이 함께 민중을 억압하거나 민중을 일본에 충성하도록 잘못 인도하며 잘살았습니다. 이와 반대로 전 재산을 팔아 해외로 망명하여 독립군을 양성하는 학교를 세운 이회영(李會榮) 가문 같은 집안도 있었음을 아울러 말해두겠습니다.

광복이 되었지만, 친일 행각을 한 사람들이 팥쥐나 새엄마처럼 응징되지도 못했습니다. 오히려 응징하려던 사람들이 공산주의자로 몰려 곤욕을 치르거나 테러를 당하기도 했습니다. 왜냐 하면 친일파들이 살아남기 위해 이승만에게 빌붙어 반공주의자로 변신하고, 친일 청산 의지를 회석시켰기 때문입니다. 당시 이승만 정권은 정치적 기반이 미약하였기 때문에 친일파를 끌어들이지 않을 수 없었습니다. 게다가 좌우 이념 대립이 심하던 때였기에 자신들에게 반대하던 사람들을 공산주의로 몰아 처단하기 용이했습니다. 그래서 모든 반공주의자가 친일파는 아니지만, 친일파는 여기에 섞여 지금까지 살아남았습니다.

역사의 반역자

이들은 나라가 없어도 자기와 가족이 잘살 수 있는 방법을 익히 알고 있습니다. 나라의 주인이 누가 되든 이들에게는 중요하지 않습니다. 그것이 청나라든 일본이든 미국이든 신경 쓰지 않습니다. 아부하거나 뇌물을 주는 식으로 수단과 방법을 가리지 않고 어떻게 해서든 자신들의 이익을 보전하려고 하기 때문입니다.

이렇게 보면 기회주의자, 약삭빠르고 음흉한 팥쥐 같은 자들이 끝없이 잘 되는 것처럼 보입니다. 그래서 대의(大義)나 정의·민족·시민들을 위해서 헌신하는 것은 바보 같은 일로 보입니다. 그런 가운데서도 이들이 응징되어야 한다는 민중의 소리가 들려도 철옹성 같은 그들의 힘 앞에는 여전히 아무런 메아리도 만들지 못하고 있습니다. 그것이 오늘날 어쩔 수 없는 우리의 안타까운 현실입니다.

역사란 무엇인가?

믿기지 않지만, 얼마 전 지하철 속에서 어떤 대학생들의 대화를 엿들은 내용입니다. 한 생이 다른 학생에게, "야, 해방이 먼저야, 6·25전쟁이 먼저야?"라고 물으니, 그 학생이 "글쎄 …"라고 대답했습니다. 꾸며낸 이야기가 아니라 실제로 지하철 안에서 들은 내용입니다.

역사를 모르면 우리는 언제나 당하고만 삽니다. 고구려가 중국 역사라고 우겨도 할 말이 없습니다. 콩쥐처럼 마지막에 원님과 혼인하는 그런 일은 결코 일어나지 않습니다.

역사는 어떤 역사적 사실, 아니 사실을 날조한 것인지도 모르는 그런 것을 달달 외워 시험을 잘 치르기 위하여 있는 것은 아닙니다. 아니면 흥미로운 연속극이나 영화 소재를 위해 존재하는 것도 아닙니다.

'역사(歷史)'라는 말은 임진왜란 때 우리나라에 참전한 적이 있었던 명나라 학자인 원황(袁黃)이 쓴 『역사강감보(歷史綱鑑補)』에 처음 나온다고 합니다. 동양에서는 보통 '사(史)'라는 말을 많이 썼습니다. 주로 '역사기록자'라는 뜻이 지배적입니다. 이들은 대부분 죽음을 무릅쓰고 거짓 없이 바르게 글을 썼습니다. 그것이 왕이나 대신을 욕보이는 것이 될 수 있어도, 왕은 자신이 살았을 때 그 글을 볼 수 없는 것이 불문율이었습니다.

조선시대의 역사 기록 모습을 보면, 왕과 신하의 말은 좌사(左史)가 기록하고 행동은 우사(右史)가 기록하여 사초(史草)를 만들어 두었다가, 왕이 죽으면 이를 바탕으로 춘추관(春秋館)에서 왕조실록을 만들었습니다. 사초는 실록이 완성한 뒤 물에 세탁하여 필적 감정을 못하게 함으로써 올바르게 쓰려는 사관의 신분을 보호하였습니다.

그러나 서인과 노론의 일당이 정권을 잡은 이후 선조·현종·경종의 실록을 수정하여 두 종류를 만든 것은 그 역사적 진실과 역사를 보는 태도에 의문을 제기하지 않을 수 없습니다.

역사를 기록하는 이유

그런데 이렇게까지 하면서 역사를 기록하는 이유는 무엇일까요? 여러 가지가 있겠지만, 동양에서 가장 대표적인 이유는 역사적 사실을 거울삼아 오늘의 문제를 바로 보고자 하는 데 있습니다. 그래서 역사를 사실적으로 기록하려고 노력하였습니다. 오늘날에 와서도 역사의 기록은 역사가의 가치 판단에 의존할 수밖에 없습니다. 이 경우도 여전히 역사를 거울삼아 인간의 행동을 비추어보려고 하는 경향이 강합니다.

그래서 역사는 오늘날의 우리들을 들여다보는 거울의 구실을 하고 있는 것입니다. 다시 말해 역사를 모르면 미래를 대비할 수 없다는 뜻입니다. 미래의 길 안내자가 바로 역사인 셈입니다. 개인이나 사회가 새엄마나 팥쥐같이 살아서는 결국 끝에 가서 망하게 된다는 점을 알려준다고나 할까요?

역사 기록을 어떻게 보아야 하나?

과거의 역사 기록은 대부분 이긴 자의 기록으로 채워져 있습니다. 승리자를 찬양하거나 승리자의 행동이 정당했다고 기술되고 있습니다. 오늘날은 그러한 기록을 액면 그대로 믿는 것은 매우 어리석은 것으로 생각합니다. 오늘날의 역사가들은 그러한 기록들을 비판적으로 보고 새로운 해석을 하려고 시도합니다. 예를 들어 광해군과 장희빈 등은 나쁜 인물로 묘사되어 있고, 또 일반 사람들이나 텔레비전 사극에서도 그렇게 해석하고 있지만, 학자들 모두 다 그렇게 생각하지는 않는다는 것입니다.

어떤 신학자들은 기독교『성서』를 일종의 역사 기록처럼 해석하되 그것을 모두 사실로 보지 않는 사람들도 많습니다. 역사적 기록과 신화, 민담, 각종 시가(詩歌) 등이 섞여 있는 기록으로 봅니다. 우리가 전래 동화를 글자 그대로 사실로 볼 수 없듯이, 거기에도 모두 사실로 인정하기에는 곤란한 기록들이 많다는 것입니다. 정말로 한심한 것은 기독교의 본고장인 유럽에서조차도『성서』를 비판적으로 읽는 것이 일상적인데, 우리나라의 기독교인 중 많은 사람들이 마치 어린아이가 동화와 현실을 구분하지 못 하듯이 그 내용을 모두 사실로 받아들이고 있다는 점입니다.

역사적 기록물을 그대로 믿기보다 그것을 쓴 사람의 의도나 배경, 진실에 대한 왜곡 그리고 같은 사건에 대한 다른 자료 등을 입체적으로 살펴보아야 합니다. 그러고 나서 종합적인 판단을 해야 할 것입니다. 물론 이런 작업은 역사에 대한 전문가가 아니면 할 수 없습니다. 일반인들은 교과서나 텔레비전 사극에만 의존하지 말고, 폭넓은 독서를 통하여 역사에 대한 자신의 안목을 넓혀야 할 것입니다.

이렇게 하여 역사를 핑계삼아 자신의 부도덕한 행동을 선으로 위장하는 간교한 역사의 죄인들을 찾아내야 합니다. 하늘은 속일지언정 후세 인류들의 비판적 눈을 속일 수 없도록 말입니다. 우리 역사 속에서 어떤 독재자가 많은 학자들을 동원하여 자신의 행적을 찬양케 하고 좋은 기록을 남겼어도, 지금에 와서는 그것이 너무나 어리석은 짓이라는 것이 판명되었습니다. 또 어떤 신문은 일제 시대에 민족을 위하여 싸웠다고 떠들었어도 결국 친일한 것이 발각되어 진실을 숨길 수 없게 되었습니다.

그럼 나쁜 사람들은 항상 벌을 받나?

「콩쥐와 팥쥐」 이야기는 나쁜 사람이 결국엔 벌을 받는 것으로 되어 있습니다. 천진난만한 어린아이들은 대부분 그렇게 믿을 것입니다. 어떤 나쁜 사람의 경우 그 자신이 살아서는 물질적으로 잘사는 경우가 더 많을 수도 있습니다. 매국노 이완용 같은 사람이 대표적인 사례입니다. 그럼 나쁘게 살아도 벌을 받지 않을까요?

다음의 인용된 글을 살펴봅시다.

서로에게 자기를 높이는 자는 거만한 것이니, 거만은 가장 흉(凶)하여 형제와 친척이라도 돕지 않거늘 하물며 남이겠는가? 서로에게 자기를 낮추는 것은 겸손이니, 겸손은 순전히 길(吉)한 것이므로 천지와 귀신이라도 복을 주거늘 하물며 동류(同類)인 사람이랴?(박은식의 『왕양명실기』)

착한 일을 하는 사람에게는 하늘이 복으로 이를 갚고, 악한 일을 하는 사람에게는 하늘이 재앙으로 이를 갚느니라(爲善者, 天報之以福, 爲不善者, 天報之以禍)(『명심보감』).

심령이 가난한 자는 복이 있나니 천국이 저희 것임이요. 애통하는 자는 복이 있나니 저희가 위로를 받을 것임이요. 온유한 자는 복이 있나니 저희가 땅을 기업으로 받을 것임이요. 의에 주리고 목마른 자는 복이 있나니 저희가 배부를 것임이요. 긍휼히 여기는 자는 복이 있나니 저희가 긍휼히 여김을 받을 것임이요. 마음이 청결한 자는 복이 있나니 저희가 하나님을 볼 것임이요(『성서』「마태복음」 5 : 3-8).

우리는 위의 글을 읽고 어떻게 해석해야 할까요? 정말 이렇게 살면 하늘의 복을 받을까요? 그럴 수도 있겠습니다. 그러나 이렇게 사는 모든 이들이 한 사람도 빠짐없이 정말로 복을 받을 수 있을까요?

이것을 다르게 질문해보겠습니다. 지금 복을 많이 받은 사람은 위에서 말한 대로 살았기 때문일까요? 지금 가난하게 살아서 복이 없는 사람은 하늘에 죄를 지어서 그럴까요? 더욱이 2003년 여름 태풍 '매미'로 피해를 입은 경상도 사람들은 우리 현대사에 큰 죄를 지어서 그랬을까요?

기록을 뒤집어 읽어보자

앞에 인용한 박은식 선생이 이 같은 글을 쓴 이유는 선생이 살았을 당시에 거만한 자가 많고 겸손한 자가 적었기 때문이 아니었을까요? 『명심보감』의 저자가 살았을 당시에도 착한 일을 하는 사람보다 악한 일을 하는 사람이 많았을 것이고, 예수가 살았을 당시에도 예수의 말과는 반대로 사는 사람이 더 많았을 것이라 짐작하는 것은 어렵지 않겠지요. 온유하지 않아도 땅을 차지하고, 의롭지 않아도 배부르게 사는 사람이 많았다는 것입니다.

「콩쥐와 팥쥐」를 탄생시킨 우리 조상들이 볼 때도 이같이 팥쥐나 새엄마 같은 인간들이 현실에서는 더 잘살았을 것입니다. 그래서 비록 이야기 속에서나마 이들을 벌받게 만든 것입니다.

악한 자들은 언제까지나 잘살까?

착한 사람이 잘살고 악한 사람이 벌을 받는 세상은 영영 오지 않을까요?

사람들 가운데 일부는 그런 시대가 온다고 믿고 있습니다. 대부분의 기독교인들은 최후의 심판이 온다고 믿습니다. 『성서』의 「요한계시록」에 자세히 기록된 대로 말입니다. 그래서 이러한 역사관을 '종말론적 역사관'이라고 하는데, 오늘보다는 내일이 더 좋아진다는 일종의 진보 사관입니다.

진보 사관의 대표적인 것이 마르크스주의 역사관입니다. 물론 이 역사관은 기독교의 영향을 크게 받았습니다. 마르크스주의에서는 개인적인 악이나 부도덕보다 사회적인 악, 곧 사회적인 착취에 시선을 집중합니다. 고대 노예제 사회에서 노예에 대한 노예 주인이나 봉건 시대의 농노에 대한 봉건 영주, 근대의 자본주의 시대에서 노동자에 대한 자본가의 착취가 사회를 긴장하게 만들고 개인의 불행을 자초한다고 분석하고 있습니다.

따라서 현재의 자본주의 국가에서 노동자들이 단결하여 자본가들을 타도하고 노동자가 다스리는 나라를 만들어야 비로소 착취와 억압이 없는 인간 평등이 실현된다고 믿고 있습니다. 노동자의 단결된 힘으로 팥쥐나 새엄마같이, 선량한 노동자를 착취하는 자본가를 추방시킬 수 있다고 보는 것입니다. 그것이 가능할지는 두고봐야겠지만, 지금에는 그런 운동 방식이 많은 설득력을 잃었고 현실적인 사회주의 국가들이 거의 무너졌기 때문에 따르는 사람이 적습니다.

자연으로 돌아가라

인간에게 지혜와 지식이 생김으로써 갈수록 세상이 나빠졌다고 보는 사람들도 있습니다. 춘추전국 시대의 노자(老子)가 대표적인 사람입니다. 인간의 이기적인 탐욕으로 더 많은 것을 차지하기 위하여 문제가 더 나빠졌다고 보는 것입니다.

이러한 현실 문제를 해결하기 위해서는 인간이 모든 탐욕과 욕심을 버리고 순수한 자연의 상태로 돌아가야 한다고 주장합니다. 즉, 인간이 잘살았던 때는 자연에 가까운 소박한 삶을 살았던 시대라는 것입니다. 다시 말해 이상 사회란 자연 상태를 회복한 것인데, 여기서 자연 상태의 인간이란 산과 들에 내버려진 인간을 말하는 것만은 아닙니다. 즉, 인간과 대비되는 '자연(自然)' 속에서의 인간만을 가리키는 것은 아닙니다. 노자가 말하는 자연은 '스스로 그러한' 모습입니다. 인간도 자연인 셈이므로 지혜나 지식이나 도덕의 관점에서 인간적으로 가공되지 않은 인간을 말합니다. 따라서 인간이 지녀야 할 가치는 소박한 것과 참된 곳으로 돌아가는 것과 자연스런 상태로 회귀하는 것과 고요한 것을 좋아하고 욕망을 줄이는 것 등입니다.

어떤 사람들은 역사가 되풀이된다(순환 사관)고 보기도 합니다. 또 어떤 사람은 되풀이되면서 앞으로 나아간다고 보기도 합니다. 서양에서는 진보 사관인 역사발전론이 주류를 이루고 있습니다.

역사적 심판

역사를 어떻게 보든 대다수의 역사관이 현실에 대한 강한 비판 의식을 갖고 있습니다. 비록 사회적으로 악을 저지르면서 벌을 받지 않고 죽을 때까지 잘살더라도, 역사가의 비판의 칼날을 피할 수는 없습니다. 다시 말해 당시 법의 심판은 피할 수 있어도 역사의 심판은 면할 수 없다는 것입니다.

「콩쥐와 팥쥐」가 역사책은 아니지만 우리는 간접적으로 민중의 역사에 대한 생각을 추적할 수 있었습니다. 왕조 시대에 잘살 았던 탐관오리나 권력과 힘을 가졌던 사람들이 결코 역사적 심판에서 자유로울 수 없으며, 더불어 그들의 뒤를 이어 오늘날 한국 사회에서 떵떵거리고 사는 그들의 후손도 역사적 심판 아래에서는 결코 마음 편할 수 없을 것입니다. 비록 우리나라 군사정권 시절 대통령을 지냈던 모씨가 야당 대표를 만난 자리에서 "역사는 (국가의) 심판 대상이 아니다. 학자들이 할 일이다"라고 했다지만, 그 자신을 포함한 역사의 죄인이 후세의 심판에 결코 자유롭지는 못하다는 것을 그도 인정한 셈입니다.

 요즘 아이들 같으면 새엄마나 팥쥐 행동처럼 부당한 대우에 대해 가만히 당하고 있지만은 않겠지요. 먼저 아버지나 친척에게 일러바칠 수도 있습니다. 그러나 아버지나 친척이 안 계시다면 참으로 곤란하겠지요. 너무 어린 나이라면 어쩔 수 없이 부당한 횡포에 당할 수밖에 없겠지만, 나이가 들면 다르겠지요. 그 해결책에는 가출이나 고발, 투쟁 등이 있겠습니다.

가 출

요즘은 가정 내 불화 때문에 가출하는 청소년이 참 많습니다. 그 아이들의 가정이 콩쥐네와 똑같다고 단정지을 수는 없지만, 집에 있기가 고달파서 나오는 청소년도 꽤 있는 것 같습니다. 이 경우 가출이 정당한 방법인지 좀더 따져봐야 하겠지만, 콩쥐가 사는 시대에는 가출은 상상할 수 없는 사건이었습니다. 다수의 사람들은 농사짓는 땅을 중심으로 살았고 또 신분이 정해져 있었기 때문에, 여자아이의 몸으로 고향과 집을 떠난다는 것은 곧 죽음과 다름이 없었습니다. 따라서 콩쥐의 경우 가출을 기대할 수는 없을 것 같습니다.

요즘의 경우도 가출은 긍정적인 것이 못 됩니다. 가출이 가능한 것은 청소년들이 집을 나와서 먹고 자는 문제를 어느 정도 해결할 수 있는 사회적 장치가 있기 때문입니다. 그렇다 하더라도 가출에는 청소년들이 감당하기 힘은 어려운 일들이 도사리고 있습니다. 그래서 가출은 하지 않는 것이 좋습니다.

고 발

그럼 가출 외에 콩쥐가 취할 수 있는 방법에는 어떤 것이 있을까요? 콩쥐의 억울한 사정을 관청에 고발하면 되지 않겠느냐는 의견이 있을 법도 합니다.

요즘 어떤 고등학교에서 어떤 학생이 담임에게 매를 맞자 다른 학생이 휴대폰으로 경찰에 고발한 경우를 보도를 통해 본 적이 있습니다. 얼마 전 초등학생도 그랬지요. 그러나 부모를 고발한 경우는 거의 보지 못했습니다. 마찬가지로 콩쥐가 살던 당시에 관청에 자신의 어머니를 고발하는 것은 있을 수 없는 일입니다. 그 어머니가 친어머니든 아니든 그것이 중요한 것은 아닙니다. 명분상 어머니라고 하는 것이 더 중요합니다.

조선의 15대 임금 광해군은 '폐모살제(廢母殺弟)', 곧 어머니를 폐위시키고 동생을 죽였다는 명문으로 서인들에 의해 왕의 자리에서 쫓겨났습니다. 그 당시 왕이 동생을 죽이는 경우는 매우 흔한 일입니다. 역모 사건에 관여되면 어쩔 수 없이 죽이게 됩니다. 설령 왕의 동생이 직접 관계하지 않았다 하더라도, 주동자의 입에서 이름만 거론되어도 살아남지 못한 경우가 많았기 때문입니다. 게다가 광해군이 폐위시켰다는 어머니 인목대비는 광해군 자신보다 나이가 적었습니다. 그런 어머니가 어떻게 가능하냐고요? 친어머니가 아니면 가능합니다. 광해군은 선조의 후궁 소생인데, 선조의 정비(正妃)가 죽자 새로 열여덟 살 된 중전을 맞이하게 됩니다. 광해군은 자신보다 어린 사람을 어머니로 불러야 했던 것입니다. 그리고 그 어머니가 이복 동생인 영창대군을 낳자 세자인 광해군을 몰아내고 영창대군을 왕위 계승자로 정하려는 움직임도 있었습니다. 이럴 경우 훗날 반드시 피바람을 몰고 오게 됩니다.

어쨌든 부모님을 고발하거나 그 뜻을 저버리는 것은 당시 사회에서는 있을 수 없는 일입니다. 그렇기 때문에 콩쥐는 관청에 새엄마의 부당한 대우를 절대로 고발할 수 없었습니다. 그러나 요즘은 고발할 수 있습니다. 부모가 이유 없이 아이들을 때리거나 학대할 경우 관청에 고발하여 보호를 요청할 수 있습니다. 그러나 이 경우도 정상적인 부모라면 있을 수 없는 일입니다.

투 쟁

투쟁이란 싸움을 뜻합니다. 부모와 투쟁을 한다고요? 물론이지요. 싸움이란 항상 힘이 비슷한 사람끼리 하는 것만은 아닙니다. 미국과 이라크의 싸움처럼, 힘이 강한 자와 약한 자가 싸울 수도 있습니다. 단지 싸움의 방식이 좀 다를 뿐입니다.

싸움이란 상대방의 뜻과 내 생각이 다를 때 문제를 해결하는 방식 가운데 하나입니다. 여러분은 이미 부모와 많이 싸우면서 컸습니다. 너무 어려서 말을 아직 못할 때는 울음으로써 싸웁니다. 그래서 그 울음소리를 듣고 젖을 먹이거나 요구 사항을 들어줍니다. 어떤 부모는 그 울음소리를 듣고도 못 들은 척하기도 합니다. 울 때마다 들어주면 아이의 버릇이 나빠질까봐 그렇게 합니다. 아이가 좀 커서 부모가 자신의 요구 사항을 들어주지 않으면 밥을 먹지 않고 굶는 경우도 있습니다. 이른바 '단식 투쟁'에 들어갑니다. 그래서 싸움에서 승리를 쟁취하기도 하고, 배고픔을 못 참아 항복하기도 합니다. 그리고 앞에서 말한 가출도 경우에 따라서는 투쟁의 한 방법으로 이용되기도 합니다.

콩쥐의 경우 새엄마와 투쟁한다면 어떤 일이 가능할까요? 시키는 일을 안 한다든지 늑장부릴 수도 있습니다. 만약 그렇게 한다면 나쁜 아이라고 소문을 퍼뜨려 콩쥐로서는 더 어렵게 될 것입니다. 그래서 우리도 어설픈 투쟁은 안 하는 것만 못합니다.

새엄마 내 편 만들기

다음 이야기는 중국 명나라 때의 유명한 사상가이자 군사전략가인 왕양명(王陽明) 선생의 어릴 때 있었던 이야기입니다. 콩쥐의 행동과 비교하면 좀 색다른 데가 있습니다.

소년 양명이 열세 살 때 친어머니를 여의게 됩니다. 그 뒤 할머니 잠씨가 어머니 역할을 해주게 됩니다. 아버지에게는 양씨라는 첩이 있었는데, 어머니가 돌아가시자 계모가 되었습니다. 마침 아버지가 북경에서 관리로 있었기 때문에 소년 양명은 거기서 같이 살았는데, 계모의 냉대 속에서 자랐습니다. 그래서 그는 자기를 냉대하는 계모를 골탕먹여 버릇을 고치려는 생각을 하게 되었습니다.

하루는 길거리에서 놀다가 부엉이를 팔고 있는 사람을 보았습니다. 무슨 생각에서였는지 소년 양명은 부엉이를 사가지고 돌아오다가, 집 근처 점쟁이 노파 집에 가서 노파에게 돈을 좀 주고 귀엣말로 뭐라고 수군대더니 집으로 왔습니다. 집에 돌아와서는 아무 일 없는 듯 제 방에 앉아서 글을 읽고 있었습니다.

얼마 뒤 계모 방에서는 찢어질 듯한 비명 소리가 들려왔습니다. 계모가 장롱에서 옷을 꺼내려고 문을 열자 부엉이가 괴물처럼 튀어나와 온 방안을 미친 듯이 푸드덕거리며 날고 있었기 때문입니다. 이에 기겁한 계모는 거의 정신이 나간 사람처럼 소란을 피우며 바들바들 떨었습니다.

당시 중국에서는 날짐승이 방안에 들어오는 것을 매우 좋지 않은 징조로 여기던 터라, 소년 양명은 겁에 질려 불안에 떨고 있는 계모에게 다가가 시치미를 뚝 떼고 점쟁이 노파에게 무슨 일인지 물어보자고 하였습니다.

잠시 후 불려온 노파는 문간에 들어서자마자 계속해서 고개를 잘래잘래 흔들며 중얼거렸습니다.

"이상하다. 이상해 …."

그리고는 계모의 안색을 살핀 뒤,

"마님의 안색이 매우 나쁘옵니다. 무슨 불길한 일이 닥쳐오고 있습니다."

라고 말하며, 어떤 일인지 자신의 신에게 물어보자고 하였습니다.

노파는 계모가 향을 피우고 신 앞에 절을 하도록 하였습니다. 그리고는 무언가 소리 높여 홍얼홍얼 주문을 외더니, 갑자기 죽은 소년의 생모의 혼이 덮인 듯이 무서운 소리로 계모를 꾸짖으며 원망하기 시작하였습니다.

"너는 내 아이를 괴롭히고 있으니, 나는 네 목숨을 빼앗고야 말겠다. 방에 나타난 부엉이는 내가 보낸 줄 알아라!"

계모는 이 소리를 듣고 놀라 두려워하며 무당에게 절을 하더니 용서를 빌면서 잘못을 뉘우쳤습니다. 그러자 무당은 제정신이 돌아온 듯 자연스럽게 말했습니다.

"하마터면 큰일날 뻔하였습니다. 부엉이한테 마님의 생명을 빼앗길 뻔했습니다. 아무튼 이만한 게 다행입니다."

그 뒤 소년 양명은 계모로부터 사랑을 받았다고 합니다.

미신과 과학의 구분이 모호했던 당시에는 이런 해결 방식이 가능할 수도 있었습니다. 콩쥐에 비교하면 남자답고 꾀가 많았던 것으로 보입니다.

할리우드

사실 「콩쥐와 팥쥐」에 대한 이야기를 개인적인 차원에서 바라볼 것이 아니라 사회적인 문제를 보는 것이 원래의 뜻에 적합할 수 있습니다.

세계 영화 시장에서 가장 점유율이 높은 나라는 미국입니다. 특히 미국 할리우드 영화의 대다수가 오락성을 겸해서 선과 악의 투쟁을 그려내고 있습니다만, 모두가 결국 선의 승리로 이끌고 있습니다. 이전의 형사나 마피아 조직 등을 등장시킨 영화나 서부 활극도 모두 마찬가지입니다.

이런 영화도 따지고 보면 미국의 현대판 「콩쥐와 팥쥐」라고 한다면 너무 지나친 것일까요? 둘 다 사회적 악에 대한 보복 심리가 깔려 있습니다. 물론 「콩쥐와 팥쥐」는 한 가정에서 일어난 일이라는 데 차이가 있기는 합니다.

미국 사회가 복잡하고 범죄가 많다는 것은 삼척동자라도 다 아는 사실입니다. 범죄인을 체포하여 법정에 세우는 수와 그렇지 못한 쪽 어느 쪽이 더 많은지는 잘 모르겠지만, 미국인들이 피부로 느끼거나 당하는 악에 대한 피해망상증은 매우 클 것입니다. 아마 9 · 11 테러 직후 가장 심했다는 생각이 들고, 그 악의 대상이 자신들보다 중동이나 북한 등 세계 다른 나라로 확장되어 있다는 데 문제의 심각성이 있습니다.

나는 콩쥐인가?

그럼 오늘날 우리나라에 과거 탐관오리나 팥쥐와 같은 못된 인간이 없을까요? 그렇지 않습니다. 앞에서 말했지만 이 동화 속에는 인간의 보편적인 것이 들어 있기 때문에 지금이라고 해서 나쁜 인간이 없는 것은 아닙니다. 친 엄마가 죽고 새엄마가 들어와 콩쥐처럼 어려움을 겪는 아이들도 어딘가 있을 것입니다. 물론 모든 새엄마가 그렇다는 뜻은 아닙니다.

이와 비슷하게 직장에서 자기를 아껴주던 상관이 퇴직하거나 전출한 후, 자기를 싫어하던 사람이 자신의 상관이 되었을 때 콩쥐와 같은 신세에 놓인 직장인도 있을 것입니다. 옳지 못한 부당한 명령으로 궁지에 몰아넣는 팥쥐 같은 상사는 없을까요? 자신들이 저지른 부조리에 동참하지 않는다고 왕따를 시키는 팥쥐 엄마 같은 상사는 없을까요?

여러분은 부당하게 차별을 당한 적이 없나요? 그것도 어느 한 사람으로부터가 아니라 조직을 통하여 부당한 대우를 받은 적이 없습니까? 여러분의 학교에서, 직장에서, 동네에서 그런 대접을 받지 않았습니까? 여러분의 보호자가 없기 때문에, 아니면 보호자로 자처한 사람으로부터 차별 대우나 부당한 처벌을 받은 적이 없습니까? 있다면 여러분은 현대판 콩쥐입니다.

오늘날의 팥쥐와 팥쥐 엄마는 누구?

오늘날의 사회에서는 과거와 같이 백성들을 노골적으로 괴롭히는 탐관오리는 거의 없습니다. 공무원들이 부조리나 불법을 저지를 수 없게끔 법으로 정해놓았기 때문에 누구도 드러내놓고 절대로 나쁜 짓을 못합니다. 그뿐만 아니라 시민들이 인터넷 게시판이나 해당 관청의 민원실을 통하여 부조리를 고발하거나 폭로하기 때문에, 그런 일은 좀처럼 찾아보기 어렵게 되었습니다. 그리고 부모라 하더라도 옛날과 같이 아이들을 학대하거나 괴롭힐 수 없습니다. 있다면 그 부모는 법을 잘 모르거나 간이 무지 큰 사람일 겁니다. 자기가 부모라 하더라도 자기 자식을 마음대로 때리거나 괴롭힐 수는 없습니다. 그래서 드러내놓고 그렇게 하는 부모는 많지 않습니다.

과거에 백성들 위에 군림하는 못된 사람을 팥쥐 엄마나 팥쥐로 표현했다면, 오늘날 시민들에게 군림하면서 못살게 구는 팥쥐와 팥쥐 엄마는 누구일까요?

고통 받는 사람들

과거에는 콩쥐처럼 일반 백성들이 고통을 받았지만, 오늘날 고통 받는 사람들은 대부분 가난한 사람들입니다. 우리 사회에는 취직을 못 하거나 실직해서, 돈 많이 드는 병에 걸려서, 교육을 제대로 못 받아서, 장애인이라서, 늙었기 때문에, 사업에 실패해서, 사고를 당해서, 외국인이라서 고통을 당하는 사람들이 무척 많습니다.

이런 것들도 따지고 보면 돈이 많을 경우 어느 정도 해결할 수 있는 문제들입니다. 돈으로 해결할 수 있는 장치를 만들어놓았기 때문입니다. 물론 돈이 많아도 고통을 받는 일이 있을 수 있습니다. 사랑하는 사람이 배신해서, 부모를 잃어서, 명성을 잃었기 때문에, 자식이 말을 안 들어서 고통받는 돈 많은 사람들도 있을 것입니다. 그러나 이들이 겪는 고통은 대부분 인간 누구나 겪을 수 있는 것이고 시간이 지나면 해결될 수 있는 것들입니다. 앞의 것과 질적으로 다릅니다.

대다수 고통받는 사람들은 그 이유가 돈이 없기 때문입니다. 그래서 돈을 잘 버느냐 못 버느냐에 따라 그 사람의 모든 것이 달려 있는 것처럼 보이기 때문에, 그 사람이 고통받는 것은 누구의 잘못도 아닌 자신의 무능력 탓이라고 생각하기 쉽습니다. 게다가 개인의 행복과 불행이 개인 자신의 문제인양 교육받고 자랐습니다. 그래서 팥쥐 엄마가 상징하는 현대판 탐관오리는 없는 것처럼 보입니다.

정 의

정말 가난한 사람이 대대로 힘들게 사는 것은 그들 자신의 무능함에서 나온 것일까요?

앞의 동화에서 콩쥐의 억울함을 해결해준 사람은 원님입니다. 그 원님은 당시의 현명한 왕을 상징합니다. 과거의 사회적 정의는 어질고 현명한 왕의 명에 따라 이루어졌습니다. 임금이 덕이 없으면 정치가 올바르지 못하고, 정치가 올바르지 못하면 백성들은 편안할 수 없었기 때문입니다. 오늘날에는 「콩쥐와 팥쥐」 속의 원님은 사회적 정의를 상징합니다.

오늘날 가난한 사람은 더욱 가난해지고 부자는 점점 더 잘살게 되는 현상은 망국의 징조입니다. 사회적 정의가 없기 때문입니다. 어째서 그럴까요? 이른바 대한민국의 많은 부자들이 정당하게 부자가 되었다고 믿는 사람은 많지 않습니다. 이들은 온갖 사회적·경제적·법률적 특혜를 누려서 재산을 늘리거나 상속받았고, 자신의 노력보다 운이 좋아서, 땅 투기나 아파트 투기를 통해 쉽게 돈을 벌었다고 보기 때문입니다. 물론 정당하게 돈을 벌었다고 하더라도 그것을 믿는 사람이 적다고 하는 데 문제가 있습니다. 사회에 정의가 살아 있지 않기 때문에 다수가 느끼는 생각입니다. 앞에서 읽었던 공자가 말한 그대로입니다.

투기는 가난한 사람과 젊은이들의 피를 빨아먹는 것과 같습니다. 집 값이 계속 오르기 때문에 젊은이나 가난한 사람이 취직해서 돈을 벌어 집을 산다는 것은 점점 더 어렵게 되기 때문입니다. 부잣집 아이들은 재산을 물려받기 때문에 그런 걱정은 없습니다. 온갖 과외다 뭐다 해서 원하는 학교에 진학시킵니다. 이미 고등학교만 졸업하면 스포츠카나 외제 승용차를 선물로 받고, 대학을 졸업해도 당장 취직해야 하는 걱정도 없습니다. 그래서 대학원이나 외국 유학을 갑니다. 그리하여 사회적으로 좋은 자리를 차지하게 됩니다. 희망이 없는 사람은 가난한 집 청년들입니다.

월급쟁이는 봉

그런데 이런 부자들이라도 세금을 제대로 내기만 한다면 그래도 좀 나을 것입니다. 우리나라 부자들은 외국의 부자들에 비해 사회에 기부도 거의 안 하지만, 세금을 내는 데 많은 혜택을 받고 있습니다. 자녀에서 재산을 물려줄 때 내는 상속세나 남에게 돈이나 재산을 주고 내는 증여세 비율이 다른 선진국에 비해 턱없이 낮다고 합니다. 이렇게 상대적으로 세금을 적게 내고 자신의 재산을 상속하거나 증여할 수 있는 것은 법이 그렇기 때문입니다. 그 법이란 따지고 보면 부자들을 위한 것입니다.

그러면 누가 그 법을 만들었습니까? 국회의원들이지요. 과거 국회의원들 가운데 이런 부자들도 많았습니다. 이들 스스로 자기 목에 칼이 들어오는 일은 절대로 할 리 없었겠지요. 그런 국회의원들을 뽑은 사람들 역시 부자들을 포함한 국민들이지요. 이렇게 보면 가난한 사람들이 선거에서 누굴 뽑느냐 하는 것은 자신들의 장래와 관계된 아주 중요한 일입니다.

이렇게 법조차 자기들에게 유리한데도, 어떤 부자들 가운데는 그것조차 안 내려고 하는 사람이 간혹 있습니다. 이른바 탈세가 이에 해당됩니다. 직장에서 봉급을 받아 생활하는 사람들은 탈세란 있을 수 없습니다. 원천 징수라 하여 미리 월급에서 세금을 뗍니다. 월급을 많이 받을수록 엄청나게 세금을 냅니다. 1원도 속일 수 없습니다. 이들이야말로 이 나라의 진정한 애국자들입니다.

필자가 여기서 말하는 부자란 겨우 몇 억짜리 아파트 한두 채 (서울에는 대부분 한 채에 몇 억이나 함) 또는 땅이 딸린 주택을 가진 사람을 말하는 것이 아닙니다. 집이나 땅이 조금 있어도 노동을 통한 소득이 없으면, 금방 가난해지는 사람들은 부자가 아닙니다. 놀고먹어도 자신의 재산이 부쩍부쩍 몰래몰래 불어나 그것이 얼마인지 금방 기억하지 못하는 그런 사람을 부자라 말하는 것입니다.

탈세범

그런데 월급쟁이가 아닌 사람들, 이른바 스스로 사업을 하거나 가게를 운영하는 자영업자, 의사나 변호사 등 이른바 고소득 전문직 종사자들 가운데 일부 사람들은 자신이 버는 돈에 비해 내는 세금이 너무 적다는 지적이 있습니다. 이들이 얼마를 벌었는지 남이 직접 알 수 없기 때문에 본인이 정직하게 신고하지 않으면 알기 어렵게 되어 있습니다.

이들 가운데 어떤 이들은 거짓으로 신고하는 경우도 있다고 합니다. 가령 어떤 개업한 의사가 고작 연간 몇 십만 원 정도 신고하는 것 등입니다. 현재 4인 가족에 연봉 5000만 원 정도만 되어도 연간 세금이 300만 원이 넘습니다. 연봉 5000만 원이면 기업의 중간 간부도 되지 못 합니다.

게다가 세금을 아예 내지 않거나 일부만 낸 회사나 신문사도 있었다고 합니다. 신문 기사를 통하여 남에게는 세금을 꼬박꼬박 내라고 하면서도 정작 자신들을 세금을 떼먹는 그런 짓을 했다고 합니다.

미국의 경우 세금을 안 내는 사람이나 기업에게는 국가를 반역하는 죄만큼이나 무겁게 벌을 내리고 있다고 합니다. 과거 우리나라는 독재 정권을 비판하였다고 하여 온갖 죄를 뒤집어씌워서 감옥 생활을 시키거나 죽이기까지 하면서도, 세금을 안 내는 사람에게는 상대적으로 관대하게 대하였습니다.

팔쥐 엄마, 정의로운 사회의 적들

정말이지 이렇게 해서라도 거두어들인 세금이 제대로 쓰이기만 한다면 우리 사회는 훨씬 정의롭게 되었을 것이고, 고통받는 사람의 생활도 상당히 나아졌을 것입니다.

세금으로 거두어들인 돈은 주로 나라 살림에 쓰이고, 나라 살림살이 가운데는 영세민이나 가난하거나 어려운 사람을 위해 쓰이기도 합니다. 그런데 세금으로 거두어들인 돈이 온전히 나라를 위해 쓰이지 않는다는 데 문제가 있습니다. 은행이나 회사가 망하기 직전에 이른바 공적 자금이라는 이름으로 나랏돈을 대줍니다. 다행히 회사나 은행이 잘 운영되어 그 돈을 다 갚는다면 문제는 없겠으나, 갚지 못하면 결국 많은 사람들의 일자리가 없어지고, 국민의 혈세만 낭비되는 것입니다. 그렇다고 그 망한 회사나 은행 간부가 그 돈을 다 물어내는 것도 아닙니다.

게다가 회사를 운영하는 사람들도 할 말이 있을 겁니다. 선거철만 되면 많게는 몇 백억, 적게는 몇 억을 정치인들에게 내놔야 하기 때문입니다. 몇 백억을 전달하기 위해 트럭을 동원했다지요? 결국 그 회사들이 어렵게 되면 정치인들은 나랏돈으로 지원하자고 할 것이고, 그렇게 되면 국민의 세금으로 나갈 수밖에 없는 것입니다. 또 회사는 정치인들에게 바친 돈을 회수하기 위해서는 물건값을 올리거나 인건비를 줄이기 위해서 사람들을 쫓아내야 하겠지요. 이래저래 국민들은 가난해질 수밖에 없는 것입니다.

지금까지 우리나라에서 상대적으로 부자들에게만 유리하게 법을 만드는 것도 과거의 정치인들이고, 세금을 엉뚱한 데 사용하여 국민들을 더 가난하게 만든 사람들도 이전의 정치인들입니다. 물론 모든 정치인들이 다 그런 것은 아닙니다. 가난한 자, 고통받는 사람들의 편에 선 정치인은 소수에 불과합니다. 그래서 이 소수의 정치인들은 다수의 횡포에 언제나 끌려갈 수밖에 없습니다.

이렇게 보면 오늘날의 팥쥐 엄마를 찾기는 어렵고, 또 사회의 제도나 법에 가려져 있기 때문에 꼭 누구라고 말하기는 어렵습니다. 넓게 보면 자신들을 위해 일할 수 있는 사람을 뽑지 못한 국민들 자신이라고 말할 수도 있겠지만, 좁게 보면 자신이 가진 것을 지키거나 더 많이 갖기 위해 온갖 파렴치한 일을 저지르는 사람들이라고 말할 수 있겠지요.

보수와 개혁

이런 현상은 우리나라에만 있는 것은 아닙니다. 역사적인 것입니다. 돈이나 지위나 명예나 권력을 가진 사람들은 그것을 자자손손 누리기 위하여 온힘을 쏟는다는 사실은 동서고금을 막론하고 있어왔던 것입니다. 우리나라 텔레비전의 사극만이 아니라 프랑스혁명이나 미국 남북전쟁 어느 것을 들여다보아도 나타나는 모습입니다.

　문제는 가진 소수가 잘사는 사회냐 아니면 다수가 공평하게 잘사는 사회냐 하는 선택을 해야 한다는 것입니다. 극단적으로 모두가 똑같이 잘살 수 있는 나라를 만들자는 운동도 있었지만, 그렇게까지는 되기 어렵겠지요.

　현재의 모습이 정의롭다고 보고 그것을 지키려고 노력하는 사람을 보수주의자라 말합니다. 반대로 현재의 제도를 불합리한 것으로 보고 고치고자 하는 사람을 개혁주의자라 말할 수 있습니다. 개혁주의자를 다른 말로 진보주의자라고도 하는데, 필자는 진보주의라는 말을 함부로 써서는 안 된다고 생각합니다.

　그리고 보수주의자 중에서도 남과 타협하지 않고 자신의 주장을 극단적으로 몰고 가는 사람들의 집단을 극우파라 하고 그 반대의 개혁파에 속한 사람들을 극좌파라 합니다. 사회가 혼란스러우면 진정한 보수파나 개혁파가 설 땅을 잃고 극단적인 단체가 출현하게 됩니다. 이렇게 되면 부자나 가난한 자 모두 살기 힘들게 됩니다.

역사는 무엇을 말하나

　동화 「콩쥐와 팥쥐」를 상징적인 역사적 기록으로 본다면, 그것이 우리에게 어떤 의미를 던져주었는지 앞에서 살펴보았습니다. 인간 사회에는 권력·재산·지위 등을 가진 자의 없는 자에 대한 억압 내지 착취가 존재한다는 사실입니다. 단지 그것이 얼마나 거칠게 이루어지는지, 아니면 세련되고 합법적으로 이루어지는지에 대한 차이만 존재하는 것입니다.

「콩쥐와 팥쥐」는 없는 자를 착한 사람으로 그려내고 있습니다. 이 이야기를 만든 주체는 없는 사람이기 때문입니다. 그리고 그 역사적 경험은 언제나 없는 사람들이 가진 사람에게 당해왔기 때문에 이런 이야기나 문학 작품을 통하여 집단적인 스트레스를 풀려고 했던 것입니다.

그리고 이런 생각을 실천에 옮기려고 노력한 시도가 있었다는 것을 잊어서도 안 됩니다. 지금도 그런 시도를 하는 사람들이 많이 있습니다. 여러분은 부자들만 잘사는 나라를 원합니까? 아니면 운동 게임처럼 공정한 규칙이 적용되는 사회에서 살고 싶습니까? 그리고 여러분이 원하는 나라를 만들기 위해서 노력하고 있습니까? 그렇지 않다면 여러분의 꿈은 참으로 이루기 어렵겠습니다.

셋째 마당

머리 아홉 달린 도둑

민족 해방과 반역자의 심판

옛날 어느 산 속에 머리가 아홉 달린 괴상한 사람이 살고 있었습니다. 머리가 아홉이므로 코도 아홉이요 입도 아홉, 눈은 열여덟 개, 귀도 열여덟 개나 되는 사람입니다.

그래서 남보다 먼 데 있는 것을 잘 보고 먼 데서 들려오는 소리도 잘 들을 뿐 아니라 냄새까지도 잘 맡았습니다. 그러나 그보다도 기운이 보통 사람의 아홉 곱절이나 세서 아무도 이 사람을 당해내지 못했습니다.

이 머리 아홉 달린 사나이는 가끔 마을에 내려와서 양식이나 귀한 물건을 뺏어가는 건 말할 것도 없고 때때로 사람까지 잡아가는 바람에 온 동네 사람들은 늘 걱정과 두려움에 떨며 살았습니다.

동네 사람들은 서로 만날 때마다 그 무서운 도둑을 어떻게 해야 피할 수 있을까 하고 걱정만 했습니다. 그러나 아주 먼 곳으로 이사를 가지 않는 이상 별다른 방도가 없었습니다.

마을 사람들은 산에서 사람이 내려오는 것만 보아도 가슴이 덜컥 내려앉았습니다. 혹시 머리 아홉 달린 괴상한 도둑이 아닐까 해서입니다. 아이들은 머리 아홉 달린 도둑의 말만 들어도 울던 울음을 뚝 그쳤습니다.

이 마을에는 한 젊은이가 있었습니다. 이 젊은이에게는 예쁘기로는 동네에서 제일이라고 소문난 색시가 있었습니다.

그런데 어느 날 그 예쁜 색시가 종 아이를 데리고 우물에 물을 길러 나왔다가, 때마침 나타난 머리 아홉 달린 도둑에게 종 아이와 함께 붙들려갔습니다. 도둑이 마을에서도 제일 예쁜 색시를 훔쳐갔다고 하여 온 동네가 발칵 뒤집혔습니다. 아내를 잃은 젊은이는 가슴을 쥐어뜯으며 미칠 듯이 분을 삭이지 못했습니다.

그러나 어떻게 할 도리가 없었습니다. 동네 사람들은 진작 먼 곳으로 떠나 살지 않은 것만 한탄할 뿐, 도둑을 잡는다거나 하는 것은 엄두도 낼 수 없는 일로 생각했습니다.

젊은이는 아내를 생각하니 세상에 무서운 것도 없었습니다. 머리 아홉의 도둑에게 죽는 한이 있더라도 그 놈을 찾아가서 색시를 구해내야겠다고 결심했습니다. 젊은이는 드디어 그 괴상한 도둑이 산다는 산으로 들어가보려고 집을 나섰습니다.

젊은이가 산골짝 어귀에 들어서려니까 길가에 오막살이 초가집이 하나 있고, 그 집에는 백발의 노파 한 분이 있었습니다. 노파는 산골로 들어가는 젊은이를 보더니 어디를 가느냐고 물었습니다. 머리 아홉 달린 도둑이 있는 데를 찾아간다고 젊은이가 대답하자, 노파는 걱정스런 듯 머리를 좌우로 저으며 그냥 갔다가는 무슨 일을 당할지 모르니, 이 길로 좀더 들어가다가 오막살이집이 또 하나 나오면 그 집 할머니한테 물어보고 가라고 일러 주었습니다.

산길을 얼마 동안 들어가니 노파의 말대로 과연 초가집 하나가 있었습니다. 그 젊은이는 그 집 노파에게 도둑을 찾아가는 까닭을 자세히 이야기하고 어떻게 하면 색시를 도로 구해올 수 있겠느냐고 물어보았습니다. 노파는 머리를 좌우로 저으면서, "그 도둑은 기운이 장사라서 당신 같은 사람이 갔다가는 목숨이 위험하니, 이걸 먹고 뒷산에 있는 바윗돌을 한 번 들어보시오" 하며 무 하나를 주었습니다.

젊은이가 무인 줄 안 것은 실상은 무가 아니라 동삼이었습니다. 젊은이는 노파에게 절을 하고 그 커다란 동삼을 먹었습니다. 온몸이 얼얼해지면서 꼭 술에 취한 것 같았습니다.

젊은이는 노파가 시키는 대로 뒷산에 있는 바위를 들어보았습니다. 그러나 그 바위는 너무나 무거워 약간 움직여졌을 뿐 들어올릴 수가 없었습니다.

"아직 그 힘으로는 도둑을 찾아갈 수 없으니 하나 더 먹어보구려."

노파는 동삼 하나를 더 내주었습니다. 젊은이는 노파가 주는 동삼을 먹고 다시 뒷산에 올라가 바위를 들어보았습니다. 이번에는 간신히 무릎에까지 들어올릴 수가 있었습니다.

"아직도 못 가오. 기운을 더 내가지고 가야지 큰일나오."

노파는 젊은이에게 여러 차례 동삼을 먹이고는 바위를 들게 하고 또 동삼을 먹게 했습니다.

젊은이는 점점 힘이 세져서 나중에는 그 바위를 번쩍 들고 맘대로 놀릴 수 있게 되었습니다. 그제야 노파가 젊은이에게 말했습니다.

"이 만하면 그 도둑과 마주 싸울 수 있을 것이니 용기를 내어 찾아가보시오. 그래도 맨손으로는 어려울 테니 이 칼을 가지고 가야 하오" 하고 기다란 칼 한 자루를 내주었습니다.

"할머니, 고맙습니다. 이 은혜를 무엇으로 갚아야 합니까?" 젊은이는 칼을 받아들고 공손히 절을 했습니다.

"은혜랄 게 있소? 그저 나쁜 도둑을 쳐 없애주기만 하면 그만이오. 저기 저 길로 한참 들어가면 발길에 돌이 채일 것이니 그 돌을 들어보시오. 그러면 그 밑에 구멍이 있고, 그 구멍을 파고 들어가면 그 도둑의 집이 있는 데로 갈 수 있을 것이오. 젊은이의 힘은 이제 그 도둑을 없앨 만하니 어서 가보시오."

젊은이는 산길을 혼자 뚜벅뚜벅 걸어갔습니다. 나무가 우거진 길을 한참 가니 과연 발끝에 돌이 채였습니다.

'이크! 여긴가보군.'

젊은이가 돌멩이를 들어보았습니다. 그러자 돌멩이 밑에 조그만 구멍이 뚫려 있었습니다. 그 구멍의 흙을 파내자, 그 속에 커다란 길이 나타났습니다. 굴 속에 들어갈수록 길은 점점 넓어지더니 딴 세상이 나타났습니다.

대궐같이 큰 기와집이 있었습니다. 그것이 머리 아홉 달린 도둑의 집이었습니다. 용기를 내어 가까이 다가가 보니, 대문 안에 또 대문이 있고 그 안에 또 대문이 있어, 아홉 대문을 거쳐서 들어가니 그 안에 큰집이 나왔습니다. 바로 그 큰집에 도둑이 살고 있었습니다.

젊은이는 그 집 문 밖에 있는 우물가 커다란 버드나무 위에 올라가서 도둑의 집을 넘겨다보았습니다. 그러고 있는데, 마침 한 여자가 우물에 물을 길러 나왔습니다. 자세히 내려다보니 그건 젊은이의 색시와 함께 붙들려 간 자기 집 종이었습니다.

젊은이는 그 종을 부르지도 못했습니다. 말소리를 내면 곧 발각되어 붙들릴지도 모르기 때문이었습니다.

잠시 후 종이 동이에 물을 길어가지고 이고 가려고 했습니다. 이때 젊은이는 나무 위에서 버들잎을 한 줌 따서 물동이에다 떨어뜨렸습니다.

길어놓은 물에 버들잎이 떨어지는 걸 보고, 종은 물동이에서 버들잎을 건져내었습니다. 그러자 젊은이가 또 버들잎을 따서 떨어뜨렸습니다.

"웬 버들잎이 이렇게 많이 떨어질까?" 하며 종은 물을 엎질러 버리고 다시 새 물을 길었습니다. 말을 하고 싶었으나 입을 뗄 수가 없어, 또 버들잎을 죽 훑어 먼저보다도 더 많이 떨어뜨렸습니다.

"바람이 장난을 하는 거야?" 하며 종은 나무 위를 흘깃 쳐다보았습니다.

"앗!"

종은 자지러질 듯이 놀랐습니다. 그러나 나무 위에 올라앉은 사람이 주인인 걸 알자 사방을 둘러보고는 가만히 말했습니다.

"서방님이 어떻게 예까지?"

"오냐, 오긴 왔다마는 대체 어떻게 된 거냐?"

"머리 아홉 달린 도둑이 마님과 저를 끌고 와서 여기 가둬놓지 않았겠어요? 거기 계시다가 들키기라도 하면 큰일나오니 어서 내려오셔요."

"그래, 내려가마. 그런데 그 머리 아홉 달린 도둑놈은 대체 어디 있느냐?"

"도둑은 지금 밖에 나가고 없지만 곧 돌아올 거예요. 어서 집에 들어가서 숨으셔야 해요."

"그래, 어디 나를 좀 숨겼다가 그 놈이 오거든 알려다오."

"예, 어서 이리 들어오세요. 마님께도 서방님이 오셨다고 일러드리겠어요."

"마님은 어디 있느냐?"

"안채 큰방에 계셔요 …. 그렇지만 도둑은 기운이 보통 사람과 달리 세서 잘못하시면 목숨이 위험하실 텐데 …."

"괜찮다. 염려 마라. 그 놈을 내가 쳐 없애놓고 말 테니!"

"서방님, 꼭 그 도둑놈을 없애주세요. 참, 도둑이 올 때가 되었으니 어서 이 광 속에 숨어 계세요."

종이 시키는 대로 젊은이는 컴컴한 광 속에 들어가 숨어 있었습니다.

종은 젊은이를 숨겨놓고는 곧 색시에게 달려가서 서방님이 찾아왔다고 알려주었습니다.

색시는 뜻밖에도 혼잣말로 "오늘은 가만히 앉아 있어도 제 발로 죽으러 온 사람이 다 있으니 재수가 좋군!" 하고 찾아온 남편을 만나보려고 하지도 않았습니다.

종은 젊은이에게 가서 색시의 거동을 말해주었습니다. 색시는 그동안에 벌써 도둑의 아내가 되어 젊은이에게로 돌아갈 생각은 이미 없어진 것이었습니다. 젊은이는 분한 마음에 온몸을 떨면서 도둑이 돌아오기만을 기다렸습니다. 한참 기다리고 있노라니까 먼데서 쿵! 하는 소리가 들렸습니다.

"저게 무슨 소리냐?"

젊은이가 종에게 물었습니다.

"예, 저건 도둑이 지금 십 리 밖에까지 왔다는 신호랍니다."

잠시 후에 또 쿵! 하는 소리가 났습니다. 그 소리는 먼젓번 소리보다 훨씬 더 컸습니다.

"저건 오 리 밖에 왔다는 신호예요."

종이 와서 또 알려주었습니다.

이윽고 와르르 …! 하고 뇌성 같은 소리가 나면서 아홉 대문을 열어젖히며 도둑이 들어왔습니다. 아홉 개의 머리를 두리번거리며 안마당에 들어선 도둑은 열여덟 개의 눈알을 불같이 번뜩였습니다.

그러자 젊은이의 색시가 웃는 얼굴로 반가이 도둑을 맞이하며 말했습니다.

"나는 앉아서 한 사람 잡아놓았답니다."

"응? 어떤 놈을 잡았어?"

"대단치 않은 사람이니 어서 저녁 진지나 먼저 드세요."

종이 이 말을 듣고 젊은이에게로 달려가서 속삭였습니다.

"큰일났어요. 마님이 도둑에게 서방님이 와 계신 걸 알려주었으니 어서 도망가셔야지, 여기 있다가는 큰일나겠어요."

젊은이가 용감하게 말했습니다.

"오냐, 염려 마라. 내가 그 놈을 죽이고야 이곳을 떠날 테니,

너는 모른 체하고만 있거라."

그러고는 칼은 뽑아들고 마당으로 나왔습니다.

"머리 아홉 달린 도둑아! 너는 아홉 번 죽여도 시원치 않을 놈이다. 네 놈의 죄를 알려줄 테니, 어서 내 앞에 썩 나오너라!"

보잘것없는 젊은이가 칼을 들고 선 걸 본 도둑은 "조까짓 게 하룻강아지 범 무서운 줄 모르고 누구 앞에서 감히 큰소리를 하누!" 하며 대뜸 젊은이를 치려고 칼을 들고나섰습니다.

두 사람은 칼을 번뜩이며 한데 엉켜 싸우기 시작했습니다. 날쌔게 오가는 칼날이 공중에서 번갯불처럼 번뜩였습니다. 도둑이 한쪽으로 몰려가는가 하면 젊은이가 몰리기도 했습니다. 색시와 종은 와들와들 떨면서 그 싸움을 보고 있었습니다.

색시는 세상에 아무도 당할 사람이 없다고 생각한 머리 아홉 달린 도둑을 상대로 자기 남편이었던 젊은이가 저렇게도 잘 싸울 줄은 생각도 못했습니다. 도둑이 젊은이의 칼에 밀리어 몸을 피할 때마다 색시는 가슴이 떨렸습니다. 종은 젊은이가 만일 도둑에게 죽으면 어떻게 하나 하고 가엾은 생각을 하며 손에 땀을 쥐었습니다.

두 사나이는 점점 공중으로 뛰어오르며 싸웠습니다. 높다라니 공중에서 싸우게 되자 몸뚱이가 잘 보이지도 않았습니다. 그때 도둑의 머리 하나가 땅바닥에 떨어지는 것을 보고 종은 옳다구나 하고 생각했습니다.

이내 또 하나가 떨어졌습니다. 그것도 도둑의 머리였습니다. 다시 세 개, 네 개, 다섯 개 …, 도둑의 머리가 넓은 뜰 안에 가득하게 떨어져 굴렀습니다.

이윽고 아홉 개가 다 떨어지자 도둑의 몸뚱이가 마당에 쿵 하고 떨어졌습니다.

젊은이가 이마의 땀을 씻으며 마당 한가운데 우뚝 내려섰습니다. 그러고는 새파랗게 질린 색시에게로 다가갔습니다.

사랑하는 아내를 찾으려고 얼마나 애를 쓰고 왔는지 모릅니다. 아내를 잃고 얼마나 분해하고 슬퍼했는지 모릅니다. 그 사랑하는 아내를 도둑질해간 머리 아홉 달린 도둑을 쳐 없앤 자리에서, 젊은이는 떨고 있는 아내를 말없이 노려보고 있었습니다.

그 얼마 동안에 도둑의 아내가 되어 자기를 반겨주지 않은 색시를 노려보던 젊은이는, 도둑을 친 칼로 미친 듯이 울며 색시의 목숨을 끊어버렸습니다.

종이 두 손으로 얼굴을 싸고 울었습니다. 젊은이도 비오듯 눈물을 흘렸습니다. 그러다가 종의 어깨를 잡고 흔들며 "울지 마라, 이미 간 사람을 다시 볼 순 없는 거다" 하고 위로를 해주었습니다.

젊은이는 도둑의 집안을 샅샅이 뒤져보았습니다. 어떤 광에는 곡식이 산더미같이 쌓여 있고, 어떤 광에는 금은보화가 가득 들어 있었습니다. 또 다른 광을 열어보니 사람의 해골이 무더기로 쌓여 있었습니다. 또 다른 광에는 거의 다 죽어가는 사람들이 갇혀 있었습니다.

젊은이는 종과 함께 미음을 끓여 그 죽어가는 사람들에게 먹여 기운을 차리게 했습니다. 그런 다음 젊은이는 종의 손을 잡고 말했습니다.

"이제부터는 너를 내 아내로 삼고 싶으니, 나와 같이 살아다오. 너는 내 은인이요, 내 아내보다 착한 사람이다."

종은 부끄러운 듯 고개를 숙였으나, 이미 아내를 잃은 젊은이의 마음을 잘 알아주었습니다.

"황송해요."

겨우 한마디 말하고 종은 이내 젊은이의 품에 안겼습니다.

젊은이는 광 속에 가득 들어 있는 보물을 꺼내어 말과 소에다 실어놓고, 남은 것들은 갇혀 있던 사람들에게 골고루 나누어준 다음 그곳을 떠나 집으로 돌아왔습니다. 그리고 돌아오는 길에 산골짜기 두 노인에게도 보물을 선물로 드리고 감사의 인사를 했습니다.

그 후 젊은이와 종은 부부가 되어 정답게 잘살았습니다.

(이원수·손동인 엮음, 『한국전래동화집 1』, 창작과비평사, 1993에서 인용)

대부분의 전래 동화가 그렇듯이 이 이야기의 시간적 배경은 옛날입니다. 그 근거를 이야기 속에서 찾으면 종·마님·서방님·칼(싸움)·아홉 대문 등입니다.

종은 흔히 하인이라 부르는 사람을 말합니다. 고려나 조선시대에는 노비(奴婢)라 불렀습니다. '노(奴)'는 남자 종이고, '비(婢)'는 여자 종이었습니다. 노비가 있었다는 것은 사람이 신분에 의하여 차별되는 신분제 사회였음을 말해줍니다. 대개의 신분은 양반(귀족)·양인(평민)·천인으로 이루어져 있기 때문에 천인 가운데 대표적인 사람들이 바로 노비였습니다.

우리나라에 노비가 언제부터 있었는지 정확히 알 수는 없지만, 고조선의 법률에 '남의 물건을 훔친 자는 그 집의 노비로 삼는다'고 하였고, 부여의 법률에 '살인자의 가족은 노비로 삼는다'고 한 것으로 보아 아주 오래 전부터 있었던 것 같습니다. 삼국시대에는 전쟁 포로 · 특정 범죄자 · 채무자 · 극빈자 등이 노비가 되었습니다.

노비에는 관청에 속한 사람도 있고 개인이 거느린 노비도 있었습니다. 관청에 속한 노비는 대부분 반역, 적진 투항, 이적 행위를 한 중대 범죄자나 그 가족으로 이루어졌습니다. 그들은 국가로부터 일정한 급료도 받고 혼인도 하고 가정도 꾸미며 독자적인 생활을 할 수 있었습니다. 서양의 노예보다 훨씬 인간적인 대우를 받았다고 하겠습니다.

그 가운데 정말로 역모에 가담한 죄로 그 가족이 노비가 된 경우도 있었지만, 억울하게 남의 모함에 의하여 노비가 된 경우도 있었습니다. 물론 나중에 누명이 밝혀져 원래의 신분으로 되돌아온 경우도 있었지요. 그래서 노비 가운데는 학식이나 교양이 많은 사람도 있었습니다.

개인이 거느린 노비는 주인의 농사일을 돌보며 독립적인 생활을 하는 노비와 주인집에서 생활하는 노비로 나누어지는데, 모두 중요한 재산으로 간주되어 상속하거나 사고 팔며 남에게 줄 수도 있었습니다. 이들은 부모 중 어느 한쪽이라도 노비면 노비의 신분을 벗어날 수 없었습니다. 노비를 부리는 사람들은 왕족 · 관리 · 권세가 · 지방 관리 · 양민 등 신분이 다양하였으며, 천 명이 넘는 노비를 소유한 가문도 있었습니다.

주인과 노비의 관계에서도 주인이 노비를 죽이지만 않는다면 어떻게 다루든 큰 문제가 되지 않았고, 주인이 국가에 반역을 하지 않는 한 노비는 주인을 배반할 수 없었습니다. 이와 같이 주인에 대한 노비의 복종은 절대적이었습니다. 그러나 주인에 대해 특별히 충성하였을 경우 노비 신분에서 해방시켜주었습니다. 즉, 노비가 주인 대신 전쟁에 참가하여 공을 세웠거나 삼년 려묘(三年廬墓 : 부모가 돌아가시면 무덤가에 움막을 짓고 3년을 사는 일)를 대신하여 공을 인정받으면 주인의 보고에 따라 40세 이후에 노비에서 면제되기도 하였습니다.

이 전래 동화에서 등장하는 여자 종은 바로 주인 집에 사는 노비며, 이들은 남자 주인을 서방님, 여자 주인을 마님이라 불렀습니다. 그리고 이러한 노비와 남자 주인공인 노비의 주인이 혼인한다는 것은 혁명적인 일이라 하겠습니다.

아홉 대문

이 이야기에서 도둑은 아홉 대문 속에 있는 집에 산다고 하였습니다. 그뿐만 아니라 머리도 아홉이라고 했습니다. 당연히 코도 아홉, 입도 아홉이겠지요.

아홉, 즉 9는 많다는 뜻을 가지고 있습니다. 『주역』이라는 책에 보면 2 · 4 · 6 · 8 · 10은 음수(陰數), 곧 땅의 수라 하고, 1 · 3 · 5 · 7 · 9를 양수(陽數), 곧 하늘의 수라 하는데, 9는 하늘의 수 가운데 가장 큰 수입니다. 그래서 임금이 사는 집을 구중궁궐(九重宮闕) 또는 구중심처(九重深處)라고 하는데, 많은 대문으로 둘러싸여 있는 집이라는 뜻입니다. 도둑이 아홉 대문 속에 살았다는 것은 지하 나라에서 임금처럼 살았다는 것을 말합니다. 머리가 아홉이라는 것도 머리가 많다는 뜻과도 통합니다.

그리스 신화에 나오는 '히드라'라는 괴물도 머리가 아홉이고, 『성서』의 「요한계시록」에 보면 머리가 일곱 달린 용과 짐승이 나옵니다. 모두 상서롭지 못한 불길한, 즉 재수 없는 것(악마)을 상징합니다.

이렇게 머리가 아홉 개나 달렸으므로 힘과 능력이 보통 사람의 그것과 다름을 표현하고자 했던 것입니다. 그래서 이 전래 동화가 생성될 당시 민중들에게 감당하기 어려운 힘을 소유한 외적을 이렇게 표현했을 것입니다. 고려 때의 몽골 군이나 조선의 병자호란 때의 청나라 군대, 아니면 조선말의 서양 군대나 일본 군대가 아닐까 쉽게 상상할 수 있습니다.

젊은이

이 동화에서처럼 보통 이야기나 신화 속의 영웅이나 민족의 메시아는 '젊은이'입니다. 왜 그럴까요?

대부분의 젊은이는 힘과 용기가 있습니다. 용기가 없다면 젊은이로서의 가치가 줄어들겠지요. 미국 영화를 보면 미국의 젊은이들 가운데 가장 듣기 싫은 소리 가운데 하나가 '겁쟁이'라는 말입니다. 조선시대 남자들이 듣기 싫은 소리도 졸장부(拙丈

夫)나 소인배(小人輩)라는 말이었습니다.

어떤 때는 용기가 넘쳐서 무모할 때도 있습니다. 술을 마시고 강을 헤엄쳐 건너는 시합을 한다든지, 아니면 기찻길에서 열차가 올 때 누가 더 오랫동안 누워 있는지 경주하는 것 등입니다. 이런 것은 용기가 아니고 만용(蠻勇)이라고 부르지요. 그래서 젊은이들은 간혹 용기와 만용을 혼동하기도 합니다.

젊은이에게는 무한한 가능성이 있기 때문에 그들에게 거는 기대가 많습니다. 힘도 있고 두려움도 적습니다. 사실 두려움의 실상을 모르기 때문에 주저하지 않고 행동하는 경향이 있습니다. 그 이유는 그들에게 경험이 적기 때문입니다. 그래서 무례한 행동을 잘하고, 실수도 곧잘 저지릅니다.

많은 어른들 가운데는 이런 젊은이들을 성급하게 꾸짖거나 비난하는 분들이 있습니다. 젊은이들이 버릇이 없거나 경망스러울 때 점잖게 타이르고 지도하는 것이 어른들의 몫이긴 하지만, 무조건 비난하거나 야단치는 것만이 좋은 방법은 아니겠지요. 필자도 젊은 시절에 때로는 어른들에게 비난과 꾸짖음을 들은 적이 있었습니다만, 그 가운데에는 내가 정말로 잘못했구나 하는 것도 있고, 사고 방식이나 가치관이 나이든 어른들과 달라서 그런 소리를 들은 경우도 있었습니다.

그러나 젊은이들에게 꼭 하고 싶은 말은 실수를 겁내지 말라는 것입니다. 젊을 때의 많은 실수는 장년이나 노년이 되었을 때 신중하고 합리적인 태도를 보장합니다.

노 인

그러나 용기와 힘만 있다고 해서 모든 문제가 척척 해결되는 것은 아닙니다. 노인들은 인생을 오랫동안 살아왔기 때문에 경험이 많습니다. 그래서 지혜를 가지고 있습니다. 그러나 육체적인 힘은 약합니다. 반드시 젊은이의 힘과 용기와 합쳐질 때 큰 힘을 발휘할 수 있는 것입니다.

우리가 노인을 공경해야 하고 무시해서는 안 되는 이유가 바로 여기에 있습니다. 노인을 다른 식으로 표현하면 그 나라의 전통 문화 또는 역사와 같은 것입니다. 그 민족의 전통 문화에 그들이 나아가야 할 길이 들어 있습니다. 우리가 지금 전래 동화를 읽는 것도 바로 그런 이유입니다. 그리고 젊은이는 바로 이 땅에 살아가는 우리들입니다. 오늘날 살아가는 데 어려운 문제가 생기면, 그 답을 우리의 전통 문화에서 찾을 수도 있다는 뜻입니다.

요즘처럼 노인이 천대받는 세상이 없었다고 합니다. 물론 대부분 노인들의 입에서 나온 말이기 하지만, 노인이 아닌 필자의 입장에서 볼 때도 어느 정도 설득력이 있어보입니다. 그 이유는 간단합니다. 극단적으로 말하면 상품의 주된 소비층이 젊은이들이기 때문입니다. 노인들은 근검과 절약을 미덕으로 알고 있기 때문에 꼭 필요한 것이 아니면 소비하지 않습니다. 그러나 대다수 젊은이들은 물건의 모양이나 기능이 조금만 향상되어도 새것을 사지 않고는 못 배깁니다. 게다가 노인들은 대개 순발력 있게 새로운 상품을 만드는 아이디어를 제공하지 못합니다. 대부분 인생의 기준이 살아온 과거에 있기 때문에 다가오지 않은 미래에는 관심이 적습니다.

젊은이들은 순간 순간 반짝이는 아이디어로 새로운 물건을 만들 수 있게 합니다. 결국 돈을 잘 버는 일에 젊은이가 더 유용하다는 말이 됩니다.

과거에는 농사짓는 일이 주요 산업이었기 때문에 노인들의 경험이 절대적이었고, 토지를 상속하기 때문에 토지 소유주인 노인의 권위란 막강하였습니다. 게다가 유학(儒學)의 근본 정신도 효제(孝悌 : 어버이를 공경하고 형을 잘 섬기는 것)를 중심으로 발전해왔으므로, 노인을 공경하는 것은 너무나 당연한 일로 여겼습니다. 물론 아랫사람을 사랑하는 미덕이 없었던 것은 아닙니다.

사실 우리 사회에서 노인이 천대받는 이유는 따로 있습니다. 과거의 노인들은 땅을 무기(?)로 아랫사람을 잘 따르게 할 수 있었지만, 오늘날 땅을 가진 노인들은 많지 않습니다.

아주 큰 부자 노인들은 옛날의 임금보다 더 잘살고 있고, 보통 부자 노인들도 겉으로는 자식들을 거느리고 그들의 효도를 누리며 살고 있습니다. 문제는 가난한 노인들입니다. 현재 우리 남한 땅에 돌봐줄 사람 없이 노인만 사는 가정이 몇 십만이 된다고 합니다. 이들 중에는 젊을 때 일해서 번 재산이 없거나 자식이 없어서 그렇다고 생각해볼 수 있습니다. 그러나 자식이 있어도 그들을 공부시키고 껍데기만 남은 노인들도 있습니다. 대학을 나와도 취직하여 먹고살기도 어려운 실정에 부모를 모시고 넉넉하게 살 수 있는 사람은 많지 않기 때문입니다. 가난한 노인이 늘어나는 것, 열심히 일해서 벌어도 늙어서 편안히 살 수 없다는 것, 그것은 우리 사회가 건전하지 못하다는 것을 증명합니다.

노 파

노파(老婆)는 늙은 여인, 곧 할머니를 말합니다. 서양 동화 속의 노파는 온통 마녀들입니다. 그러나 우리 전통에서는 노파가 그렇게 표현되고 있지는 않습니다. 언제나 남이 어려운 처지를 만났을 때 도와주는 역할을 합니다. 특히 어린이들에게 친근하고 포근한 느낌을 주는 사람입니다. 여름밤 모깃불 옆에서나 추운 겨울밤 화롯가에서 할머니의 무릎을 베고 누워 옛날 이야기를 듣는 것은 그리 낯설지 않은 장면입니다. 서양 동화에서는 숲 속을 방황하다가 할머니를 만난다는 것은 무서운 일이지만, 반대로 우리는 사막에서 오아시스를 만난 것처럼 구원과 안식이 됩니다. 어린이들이 좋아하는 귀신 이야기에서도 주로 처녀 귀신이 많이 등장하지 할머니 귀신은 거의 등장하지 않습니다. 어떤 영화에서 '홍콩 할매 귀신'이라는 것이 있었지만, 이런 것은 최근에 만든 것이지 옛날부터 있었던 것은 아닙니다.

지금도 시골 장터나 음식점 같은 데서 인정 많고 편안한 할머니들을 자주 볼 수 있습니다. 어떤 음식점들은 아예 '◇◇할매보쌈', '△△할머니순대' 등으로 할머니를 캐릭터로 체인점을 만들어 사업을 하고 있습니다.

이 이야기 속에서 노파는 젊은이의 힘이 왕성해져서 머리 아홉 달린 도적과 싸워 이길 수 있도록 도와줍니다. 아무 대가 없이 말입니다. 그저 젊은이가 딱해서 도와준 것뿐입니다. 그런데 노파는 예사 사람이 아닌 것 같습니다. 비싼 동삼을 아무 대가 없이 선뜻 먹으라고 내주는 것 등이 그것입니다. 산삼이 오래 되면 동삼이 된다고 하므로 얼마나 비싸겠습니까? 그런데도 노파는 그것을 팔아 좋은 집에서 살지도 않습니다. 그저 길가에 있는 오막살이 초가집에 살고 있습니다. 그렇게 비싼 것을 자기 개인의 행복을 위해 사용하지 않았습니다. 노파 역시 우리의 전통을 상징하고 있습니다. 전통은 개인이 소유하는 것이 아닙니다. 모두가 같이 나누어 가지는 것입니다. 마치 동삼을 노파 혼자서 차지하지 않듯이 말입니다.

　노파의 이런 행동에 이 이야기를 만든 사람의 생각이 들어 있지 않을까요?

동삼과 칼

　동삼(童蔘)을 다른 말로 동자삼(童子蔘)이라고 합니다. 동자는 어린아이이므로 산삼이 자라서 어린아이 모습처럼 자란 것을 동삼이라고 합니다. 인삼 가게 앞을 지나가면 커다란 인삼을 볼 수 있는데 마치 사람처럼 생겼지요?

　원래 산삼은 아무리 자라도 우리가 흔히 보는 인삼처럼 크게 자라지 않습니다. 그만큼 산 속에서 크게 자라는 데는 시간이 많이 걸린답니다. 그런데 이 이야기에서는 무와 크기가 같다고 했으니 무지 큰 것입니다. 그것도 세 개를 먹었고, 그냥 젊은이에게 주었습니다. 그 동삼을 먹으니까 큰 바위를 들 수 있는 힘이 생겼다고 했습니다. 그러니까 동삼은 힘의 원천, 곧 에너지원이라 말할 수 있습니다. 게임을 하다가 주인공의 힘이 모자라면 에너지를 보충하는 것과 같이, 동삼은 젊은이에게 큰 힘을 내게 하였습니다.

여기서 동삼은 무엇을 상징할까요? 물론 직접적으로는 젊은이의 힘을 얻는 에너지이지요. 여기에 노파와 함께 이 이야기의 비밀이 숨어 있는 것입니다. 칼 역시 마찬가지입니다. 칼이란 현실의 문제를 직접 해결할 수 있는 도구입니다. 자신의 생명을 보호하고 원수를 없앨 수 있는, 또 배신자를 심판할 수 있는 무기입니다. 현실적 권력이라고 해도 좋습니다. 그것도 누가 주었습니까? 노파가 주었지요. 그래서 이 이야기를 이해하기 위해선 동삼·칼·노파·젊은이가 상징하는 의미를 파악하는 것이 매우 중요합니다.

아 내

여러분들은 아내가 있습니까? 만약 아내가 있다면 사랑합니까? 그렇다고 하겠지요. 만약 자기 아내를 사랑하지 않는 남자가 있다면, 남편이나 아내 모두 참으로 불행하겠지요.

대부분의 아내들은 남편의 사랑을 받기를 원합니다. 어떤 남편들은 자기의 아내를 사랑하지 않는 것은 아니지만, 자신의 일을 아내 못지 않게 사랑하는 자들도 있습니다. 그렇다고 일이나 아내 중에서 누가 중요한지 양자택일하라고 남편들에게 따져서는 안 됩니다.

꼭 일이나 아내를 그런 식으로 나누어볼 필요는 없습니다만, 혹 지나치게 일을 중요시한 나머지 아내를 돌아보지 않는 남자들에게는 필요한 말이 될 수도 있겠네요.

옛날에는 남편은 밖의 일, 여자는 집안 일이라는 역할로 나누었기 때문에, 남자들의 관심은 온통 집 밖의 일에 있었습니다. 대다수 집안 일은 아내가 알아서 했습니다. 물론 이런 것은 사대부, 곧 양반이나 부자들에게 해당되는 일이었습니다. 가난한 농부의 일이야 논밭에서 같이 일하고 경우에 따라서 집안 일도 남자가 도울 수밖에 없었습니다.

그런데 이 글에 나오는 젊은이는 아내를 맞이한 지 얼마 되지 않은 모양입니다. 그리고 종이 있는 것을 보면 살림도 넉넉한 양반인 모양입니다.

이렇게 남들이 부러워하는 색시가 괴물에게 붙들려가서 결국 그의 아내가 됩니다. 무엇보다 여성의 정조를 생명보다 귀하게 여기던 당시에 젊은이의 아내는 그의 사랑을 쉽게 배반합니다. 그래서 나중에 젊은이는 울면서 아내를 죽입니다. 이런 비극적인 모습이 상징하는 것은 매우 큽니다.

우리는 눈물을 머금고 자신이 사랑하던 사람에게 조그마한 인정도 베풀지 않고 가차없이 죽이는 것은 너무 냉정하다고 몰아붙일 수 있습니다. 그러나 이것이 이 이야기의 백미(白眉 : 뛰어난 부분)입니다. 깊은 뜻이 있지요.

줄거리 간추리기는 독서 활동에서 매우 중요합니다. 요즘 책을 많이 읽자고 캠페인을 벌이기도 하고, 학교에서 책 읽는 분위기를 조성하기 위해 교육인적자원부나 교육청 등에서 도서관을 새로 짓거나 새롭게 고치는 일에 돈을 대어주기도 하고, 학교 전체 예산의 일정 비율을 도서 구입에 쓰도록 지시하기도 합니다. 세상이 이전에 비해 많이 변했지요. 이전처럼 책 많이 읽는 학생들이 학교에 책이 없다고 빈정거릴 필요는 없습니다.

무조건 읽으면 된다?

문제는 어떻게 책을 읽느냐는 것입니다. 대부분의 부모들은 어릴 때는 책을 읽어주다가, 아이가 어느 정도 자라면 읽으라고 책을 사주기만 하고 내버려두는 경우가 많습니다. 다행히 아이가 책을 좋아해서 계속 읽으면 좋겠지만, 학년이 올라갈수록 책과는 거리가 멀어지고 게임이나 오락 같은 데 빠져버리지요. 이런 현상은 독서하는 방법에 대한 적절한 안내가 없어서 지적인 호기심이나 흥미가 사라졌기 때문에 생기는 것입니다.

제7차 교육 과정에서 초등학교 6학년 국어과 읽기 교육 과정 내용을 보면, '글을 읽고 전체의 내용을 요약한다'는 것이 있습니다. 독서를 한 후 읽은 내용을 요약하는 것은 매우 중요합니다. 특히 중·고등학교나 대학에 진학해서도 이러한 활동은 매우 필요합니다. 공부를 많이 시키는 대학, 특히 외국 대학에서는 일주일이나 몇 주 안에 책 몇 권을 읽고 요약하게 합니다. 그래서 밤잠 자지 않고 책과 씨름합니다. 어떤 학생들은 체력이 딸려서 도저히 따라가지 못한답니다. 그래서 유학생 가운데는 한국에서 공부만 열심히 하고 운동하지 않은 것을 후회하는 학생들도 많답니다. 국내의 어느 대학에서도 그런 모습을 가끔 보았습니다. 사실 대학생들은 리포트 많이 내주는 교수를 싫어합니다. 강의 신청을 안 하지요. 그러나 제대로 공부하고 싶은 학생은 다릅니다. 필자의 딸도 고3 때보다 대학가서 공부를 더 많이 하는데, 체력이 딸려 맨날 지쳐서 헤매는 모습을 봅니다. 공부만 하는 학생 여러분! 운동도 중요합니다.

어쨌든 공자님 말씀에도 '박문약례(博文約禮)'라는 것이 있습니다. 널리 글을 배워 예로써 요약한다는 것인데, 요약한다는 것은 자기 것으로 만드는 과정입니다. 매우 중요합니다.

줄거리 간추리기

이 이야기와 같이 짧은 동화도 간단히 요약할 필요가 있습니다. 초등학교 저학년이나 중간 학년쯤이면 동화 같은 것은 육하원칙에 의하여 요약하게 하면 좋습니다. 그렇게 이 이야기를 요약하면 아래와 같습니다.

옛날 평화롭던 마을에 머리 아홉 달린 괴물 도적이 나타나 젊은이의 아름다운 아내와 몸종을 붙잡아가는 것으로 사건이 시작됩니다. 물론 다른 사람도 납치하고 재물도 빼앗았습니다. 젊은이는 아내를 찾기 위해 헤매다가 노파를 만나 동삼을 먹고나서 힘도 세어지고 칼을 얻어 괴물이 있는 곳으로 찾아갑니다. 거기서 몸종의 안내로 괴물 도적과 맞서 그를 처치하고 배신한 아내도 죽입니다. 그러고는 아내의 몸종을 아내로 삼아 사람들을 구출한다는 이야기로 끝을 맺습니다.

이야기의 줄거리는 이렇게 간단합니다. 사실 전래 동화의 모든 줄거리는 복잡하지 않습니다. 복잡한 줄거리는 입에서 입으로 전해지기 어렵고 쉽게 이해되지도 않겠지요. 그렇지만 이 이야기가 담고 있는 주제는 엄청납니다.

사랑이 크면 배신감도 크다

셰익스피어의 4대 비극 가운데 하나인 「오델로(Othello)」에서는 오델로가 이아고의 간계에 의해 아내 데즈데모나가 다른 남자와 몰래 사랑을 나누었다고 믿고 사랑하는 아내를 살해합니다. 여기서 셰익스피어는 사랑의 배신에 대한 인간적 질투가 얼마나 큰가를 선명하게 보여줍니다.

「머리 아홉 달린 도둑」에도 이런 부분이 분명 있습니다. 남들이 부러워할 만큼 아리따운 부인이 자신을 배신했다는 점 때문에 살려두지 않았습니다. 만약 책을 읽는 여러분이 성인이라면 이 상황을 충분히 이해할 것입니다. 성인인 당신이 그렇지 않다면 지독한 사랑을 해보십시오. 사랑하는 사람이 다른 남자나 여자와 같이 있는 것만 봐도 불쾌하고, 또 한동안 소식이 없으면 나를 배신하고 다른 남자나 여자를 사귈 것이라고 상상하게 되고, 그래서 죽이고 싶도록 미워지기도 합니다. 신문에 자주 등장하는 '치정에 의한 살인 사건'의 본질 가운데에도 질투에 의한 것이 상당수 있는 것도 이 때문입니다.

그렇다면 우리는 이 이야기가 한 젊은이의 아내 구출 작전과 그 배신을 다룬 것으로 보아야겠네요? 그래서 그 주제를 '사랑이 크면 미움도 크다', 아니면 '사랑과 배신자의 말로(末路)'로 보면 될까요?

상징과 해석

이렇게만 본다면 이 전래 동화를 만든 사람들의 의도를 이해하기 쉽지 않습니다. 당시 민중들은 개인적인 사랑 이야기와 그 배신자의 말로를 한가하게 이야기할 여유가 있었을까요? 대부분의 전래 동화가 그렇듯이 자신들의 삶을 이야기에 빗대어, 어려운 말로 말하면 이야기 속에 그들의 희망을 투영시킨 것이 아닐까요?

그래서 이 이야기의 주제나 논리가 무엇이냐를 당장에 말하기는 쉽지 않습니다. 이 이야기를 만든 민중들의 의도를 간파하지 않는다면, 단순한 사랑과 배신에 관한 이야기가 될 뿐입니다.

대다수 신화나 전설 그리고 민담(民譚)이 그렇지만, 그 이야기를 액면 그래도 믿기에는 사리에 맞지 않는 경우가 많습니다. 어떤 때는 과장되기도 하고, 신비한 사건이나 초월적인 힘이나 기적이 등장하기도 하며, 보통 인간과 다른 주인공의 영웅적 행동이 나타나기도 합니다.

이런 것들은 그 행동이나 그것을 표현한 말, 곧 언어가 나타내고 있는 것을 해석해보아야 합니다. 다시 말해 그 이야기가 고도의 상징성을 지니고 있다는 뜻입니다.

예를 들어 하느님의 아들인 환웅이 하늘에서 내려와서 마늘과 쑥을 먹고 여자로 변신한 곰과 혼인하여 단군을 낳았다는 단군 신화의 경우도, 하늘나라에 신이 살았는지, 곰이 마늘과 쑥만 먹고 100일 동안 햇빛을 피하면 사람으로 변하는가 하는 문제는 도저히 현대 과학으로 이해가 되지 않는 일입니다. 그렇다고 단군 신화가 거짓이라고 말하는 것은 아닙니다. 그러한 사건이 없었다면 단군 신화는 생기지도 않았겠죠.

문제는 해석입니다. 이 이야기는 처음부터 누군가 기록하여 전한 것은 아닙니다. 그러한 사건이 있었고 그 사건을 입에서 입으로 전하다가 나중에 기록된 것입니다. 이야기가 대대로 전해지면서 전하는 사람의 신비롭거나 과장된 표현이 첨가되었을 것입니다. 우리는 그러한 점을 이해하고 상징적으로 표현된 것을 잘 해석해야 합니다.

그리스 로마 신화도 예외는 아닙니다. 각 민족마다 그러한 신화를 대부분 가지고 있습니다. 그리고 그러한 신화를 가지고 종교를 만든 민족도 있으며, 그 민족 종교가 발전하여 세계 종교가 된 것도 있습니다. 그 세계 종교를 믿는 일부 사람들 가운데는 일부 상징적으로 표현된 그 민족의 신화를 실제 사건으로 믿고 따르는 종교인들도 있습니다. 심지어 그러한 신화에서 나오는 방식대로 살아야 한다고 떠드는 사람들도 상당수 있습니다. 안타까운 일이지요.

머리 아홉 달린 도둑과 땅 속 나라

머리가 아홉 달렸다는 것은 괴물입니다. 괴물이지만 보통 괴물이 아닙니다. 여태껏 보지 못한 괴물입니다. 힘도 무척 셉니다. 누구도 당해낼 수 없는 힘을 상징하고 있습니다. 그 괴물은 숲에서 나와 마을 사람들의 재산을 빼앗아가기도 하고 사람을 잡아가기도 하였습니다. 그 괴물을 도둑이라고 표현하였네요. 정확히 말한다면 강도입니다.

그가 땅 속에 살았으므로 사람이 사는 마을과 떨어진 세계에 살았습니다. 원래 땅은 어머니를 상징하는데, 땅 속은 어머니의 뱃속을 뜻합니다. 그러나 이 이야기 속에서의 땅은 우리가 사는 곳과 다른 세계를 나타냅니다.

마을이 사람들이 함께 살아가는 장소라면 이 도둑이 사는 곳은 이들과 다른 곳입니다. 곧 어둠의 세계에서 살고 있으므로 함께 어울려 살 수 있는 존재가 아닙니다. 마을 사람들에게는 초대하지 않은 불청객입니다. 조선시대의 배경으로 보면 왜구(일본의 해적)나 여진족 같은 오랑캐 아니면 병자호란을 일으킨 청나라 군대나 임진왜란을 일으킨 왜군이겠지요. 조선말이 되면 서양인이나 일본인 그리고 청나라 사람들이 이에 해당될 것입니다.

같은 문화와 풍속을 가졌던 화적이나 산적은 결코 아니었을 겁니다. 왜냐 하면 당시 민중들의 입장에선 이들은 땅 속 나라에 산다고 할 만큼, 머리가 아홉 달렸다고 할 만큼, 엄청난 위력과 두려움의 대상이 아니기 때문입니다.

머리가 아홉 달렸다고 표현할 만큼 이질적인 존재는 힘과 능력에서 지금까지 본 적이 없는 것이어야 합니다. 예를 들면 활과 칼을 압도하는 신식 무기인 총이나 대포, 돛단배나 노 젓는 배의 성능을 능가하는 철선에 대포로 무장한 군함(조선말에는 '이양선'이라 불렀음) 등이 그것입니다. 조선말에 조선 민중들이 서양의 이양선(異樣船)이나 일본 신식 무기의 위력 앞에 당연히 이렇게 느낄 수밖에 없었을 것이라 생각됩니다.

그래서 필자는 '머리 아홉 달린 도둑'은 당시의 '제국주의 국가'라 봅니다. 그것도 이제껏 듣지도 보지도 못한 무기로 무장한 외국인입니다. 그리고 그들은 단지 우리를 방문한 그런 자들이 아니라 우리의 재산과 인명을 약탈하는 그런 자들이었습니다.

노파와 동삼 그리고 칼

보통 어느 문화권에서든 노인은 지혜를 상징합니다. 문제 해결의 실마리를 제공해줍니다. 특히 우리 문화에서는 더 그렇습니다. 이야기 속에서 남을 해치거나 사람을 괴롭히는 그런 노인은 자주 등장하지 않습니다. 그러한 악역은 대개 젊은 여자로 표현됩니다. 예를 들면 꼬리 아홉 달린 '구미호'는 대개 젊은 여자로 변신하고, 귀신도 주로 처녀나 젊은 여자로 등장합니다. 그런 이야기 속의 귀신들도 아무 까닭 없이 등장하지는 않습니다. 억울하게 죽었기 때문에 원수를 갚기 위해서 나타납니다.

노파도 오래 산 사람입니다. 그래서 그 민족이나 나라의 전통을 상징합니다. 전통은 문화를 포함합니다. 그러니까 노파는 전통 문화를 상징하고, 문화는 상당히 포괄적인 개념이므로 쉽게 말해 어떤 민족이나 국가가 예부터 지켜온 사상이나 예술·관습·예법 등을 말합니다.

동삼은 앞에서 말했습니다만, 문제를 해결할 수 있는 힘 또는 힘을 배양하는 노력을 말합니다. 에너지의 근원입니다. 그리고 한꺼번에 세 개를 먹지 않았습니다. 힘이 커지는 순서에 따라 하나씩 먹었습니다. 이것은 문제 해결을 위한 단계적 노력을 뜻합니다. 그리고 칼은 문제를 해결할 수 있는 현실적인 힘이나 방법을 상징합니다.

그런데 문제를 해결할 수 있는 힘이나 방법은 바로 노파를 통해서 일어납니다. 다시 말해 지금까지 없었던 그렇게 큰 위기의 해결은 바로 그 민족 자신의 전통에서 찾아야 함을 말해주고 있다는 것입니다. 그 머리 아홉 달린 도둑을 잡기 위하여 다른 괴물을 찾아간다든가 하늘에 빌어서 해결하려는 것이 아니라, 노파가 건네주는 동삼을 하나 먹고 또 하나 먹고 그리고 마지막으로 세 개까지 먹고나서야 대적할 수 있는 힘을 키웠습니다. 이것은 민족의 어려운 문제를 해결하기 위하여 외국 세력에 빌붙거나 종교를 이용하는 것이 아니라, 민족의 주체적인 힘을 모아 단계적으로 발전시켜 해결하고자 했던 것입니다.

아내를 죽이고 종을 아내로 맞이함

그런데 젊은이가 도적을 이길 수 있었던 것은 노파가 건네준 동삼을 먹고 칼을 잘 사용한 것도 있었지만, 몸종의 역할도 컸습니다.

몸종은 대개 주인 처녀가 시집가기 전부터 거느리고 있던 노
비입니다. 조선시대의 노비는 재산처럼 생각되어 사고 팔기도
하였습니다. 단지 마음대로 죽일 수 있는 권리는 없었지만, 주인
이 마음껏 부렸습니다. 그러니까 가장 낮은 신분에 속한 사람들
이었습니다. 스스로 재산을 가질 수도 없고 가정을 꾸려 살기도
힘들었습니다. 단지 주인의 배려에 따라서만 가능했습니다. 물
론 관청에 소속된 노비들은 사정이 좀 나았지만 말입니다.

젊은이는 아내의 몸종의 안내에 따라 도둑인 괴물을 처치합
니다. 그런데 정작 자기가 사랑하고 있는 아내는 이미 자신을
배신하고 도둑의 아내가 되어 있었습니다. 자기가 사랑하는 사
람이니까 용서할 수도 있었습니다. 아니 용서는 안 하더라도 죽
이지는 않을 수 있었습니다. 우리의 전래 동화나 민담 가운데
배신한 아내를 죽이는 경우는 이 동화 말고는 거의 없습니다.
잘못을 저지른 죄인을 가차없이 죽이는 것은 우리 민족의 정서
에 맞지 않습니다. 대개 스스로 뉘우치고 반성할 수 있는 기회를
줄지언정 가혹하게 처벌하지는 않았습니다. 인간이라면 누구나
'차마 하지 못하는 마음'이 있다고 믿었기 때문입니다. 그런데
이 경우는 달랐습니다.

왜 그럴까요? 필자는 여기서 이 이야기의 주제가 개인적인 사
랑과 배신에 대한 것이 아니라고 확신했습니다. 개인적인 잘못
은 용서할 수 있지만, 공동체(고장·국가·민족)에 대한 원수는
결코 용서하기 어려웠기 때문입니다.

또 하나, 이 이야기가 개인적인 사건이 아니라는 점은 젊은이

가 아내의 몸종을 아내로 맞이했다는 점입니다. 노비를 거느렸으므로 젊은이의 신분은 양반입니다. 그런데 아무리 은혜를 입었다 하더라도 양반은 노비와 혼인해서는 안 됩니다. 아니 할 수도 없었습니다. '노비종모법(奴婢從母法)'이라는 것이 있어 노비가 낳은 자식은 어머니의 신분을 따른다고 하여, 어머니가 노비면 아버지가 양반이더라도 그 자식은 자동적으로 노비가 되는 것입니다. 그러니까 그 젊은이와 몸종이 혼인해서 낳을 자식들은 모두 노비가 되는 것입니다. 그런 위험을 감수하고 젊은이가 아내의 몸종과 혼인한다는 것은 그 당시의 상식으로는 납득이 가지 않는 부분입니다. 그래서 이 이야기가 단지 개인의 사랑과 복수의 이야기가 아니라는 것입니다.

여기서 아내는 국왕의 은혜를 입은 신하나 귀족 또는 지배층을 상징합니다. 이들은 나라가 위급한 처지에 놓였을 때 나라를 구할 생각은 않고 저 자신만 살기 위해 적에게 빌붙은 자들입니다. 곧 나라를 배신한 자들을 상징합니다. 반면에 아내의 몸종은 나라가 위급할 때 나라를 구하기 위하여 돕거나 노력한 민중들을 나타냅니다. 결국 나라를 되찾았을 때 국가(당시는 국왕)의 영원한 파트너는 민중이라는 점을 강조하고 있는 것입니다. 게다가 이야기의 끝에서 갇혔던 사람들을 풀어주고 재물을 나누어준 것을 보면 더욱 분명합니다.

민족 해방

이 야기의 처음을 보면 머리 아홉 달린 도둑이 마을에 내려와서 양식이나 귀한 물건을 뺏어가는 건 말할 것도 없고 때때로 사람까지 잡아가, 온 동네 사람들은 늘 걱정과 두려움에 떨며 살았다고 했습니다. 이때까지만 해도 이 도둑을 잡으려고 하는 사람은 아무도 없었습니다. 그러다가 자기 아내를 납치 당한 젊은이가 노파의 도움으로 결국 도둑을 죽인 뒤 갇힌 사람들을 구출하고 빼앗겼던 재물도 도로 찾아 나눠주었습니다.

여기서 젊은이는 민족을 구한 영웅, 구세주로 상징됩니다. 애초의 의도는 아내를 구출하려고 했으나 결과적으로 볼 때 마을 사람과 아내의 몸종을 구출하고 재물을 되찾게 된 것입니다. 젊은이가 이렇게 사람들을 구한 것은 순전히 자신의 힘과 노력에 의한 것은 아니었습니다. 노파가 준 동삼과 칼, 즉 민족 전통에서 문제를 해결할 수 있는 에너지와 방법을 찾아낸 것입니다. 열쇠는 자신의 전통에 있었습니다.

문제 해결의 열쇠가 전통 속에 있었다는 것은 이 이야기를 만든 당시 상황에서 볼 때 외국 세력을 등에 업거나 외국 세력을 믿고 설쳐대는 사람들이 있었다는 것과, 외국 세력에 빌붙어 민족을 억압하는 세력이 있었다는 것을 상징합니다. 또 외국의 힘을 빌려 우리의 문제를 해결하는 데는 찬성하지 않는다는 의미도 함축되어 있습니다. 개화기 때 개화파들이 일본이나 서양 세력에 의존하여 개화하는 것에 반대했던 민중들의 태도와 일맥 상통합니다. 여기서 머리 아홉 달린 도둑은 외국 세력이요, 젊은이의 아내는 외국 세력이 앞잡이라고 말할 수 있습니다.

이와 비슷한 이야기는『구약성서』의 모세 이야기에 나옵니다.「이집트의 왕자」나「십계(十戒)」라는 영화에도 등장하고 있는

데, 노예 상태에 있었던 이스라엘 민족을 해방시키는 과정을 그리고 있습니다. 즉, 모세는 40년 동안 광야에서 양치기 생활을 하면서 자신을 단련시킨 뒤, 자신의 부족신인 야훼의 부름을 받고 그의 권능을 에너지로 삼고 야훼의 말씀을 무기로 삼아 지팡이 하나에 의지한 채 이집트에서 자신의 백성을 구출하였습니다.

우리의 젊은이도 모세의 야훼에 해당하는 노파로부터 동삼을 한 뿌리, 두 뿌리, 세 뿌리를 단계적으로 먹으면서 능력을 키우고 칼을 받아 백성들을 구해냈습니다. 이야기의 규모(스케일)에는 차이가 있지만, 이야기의 구성 방식과 백성들을 구해낸다는 점에서는 큰 차이가 없습니다. 참으로 우연한 일치라고 할까요?

반역자의 심판

앞에서 젊은이의 아내는 국가의 은혜를 입고 배신한 귀족이나 지배층을 상징한다고 말했습니다. 사실 어느 시대를 막론하고 국가의 혜택을 가장 많이 받는 계층은 귀족이나 잘사는 사람들입니다.

그런데도 어느 나라 어느 시대를 막론하고 외국 세력이 쳐들어와 국가나 민족에 위기가 닥치면 제일 먼저 배신한 사람들도 대부분 귀족 지배층입니다. 물론 그 반대도 있습니다. 왜 그럴까요? 이유는 간단합니다. 가진 것이 많기 때문입니다. 국가가 위태롭거나 위기가 닥치면 가진 자는 그것을 빼앗길까봐 불안에 떨기 마련입니다. 특히 외세가 침략할 때는 더 그렇습니다. 그래서 그들은 새로운 세력과 손을 잡고 자신이 가진 것을 보호하려고 합니다. 그 때문에 쉽게 항복하고 그들의 앞잡이 노릇을 하지요. 이들은 변신의 명수입니다. 힘있는 세력이 바뀌면 그들도 얼른 변신하여 새로운 세력에게 달라붙습니다. 돈으로 매수하면서 말입니다. 이런 모습을 우리는 역사에서 얼마든지 찾아볼 수 있습니다. 다음 장에서 그런 점을 이야기해보겠습니다.

　새 세상에서는 이런 자들을 살려두어서는 안 됩니다. 그들을 살려두면 그 같은 자들이 또 생겨납니다. 나라나 민족이 위태로울 때 또 배신합니다. 배신자들을 심판해야 합니다. 그것이 이 이야기에 담긴 당시 민중들의 생각이었습니다. 반면에 비록 하찮은 신분이긴 하지만, 나라를 위해 노력한 사람들은 새 시대의 주인이 되어야 한다는 생각도 놓치지 않고 있습니다. 새 시대에는 신분이 중요한 것이 아닙니다. 양반이나 노비가 하나가 되는 세상을 말합니다. 적어도 겉으로 볼 때는 지금처럼 말입니다.

이야기 속의 논리

　지금까지 이 이야기의 주제를 '민족 해방과 반역자의 심판'이라는 각도에서 살펴보았습니다. 여기서는 이 이야기가 던져주는 논리를 살펴볼 차례입니다. 논리는 보편적인 것, 곧 어디서나 누구에게나 타당한 원리여야 합니다.

　우선 이 주제를 몇 가지 말(명제)로 분석해보겠습니다.

　먼저, 다른 민족의 침략이나 노예 상태에 벗어나려면 자신의 전통을 무기로 삼아 스스로 노력해야 한다는 점입니다. 남의 힘을 빌거나 의지해서는 안 된다는 것입니다.

둘째, 반역자는 꼭 심판을 받아야 한다는 것입니다.

셋째, 민족 해방을 위해 노력하거나 협력한 사람은 그 사람이 어떤 신분이든 상관없이 새 나라의 주인이라는 점입니다.

넷째, 그렇게 하기 위해서는 단계적이고도 구체적인 노력이 필요하다는 것입니다.

이 외에도 더 발견할 수 있는 것이 있지만, 이 정도로 살펴보고 종합해보겠습니다. 국가나 민족은 다 운명을 같이하는 공동체입니다. 노예 상태에 놓여 있거나 외세가 침략하는 경우는 구성원들이 위기에 처한 상태입니다. 단계적 노력은 위기를 극복할 역량을 키우는 것이고, 협력한 사람이 새 나라의 주인이 된다는 것은 새 공동체에 그를 참여시키는 것이고, 반역자의 심판은 거기에 제외시킨다는 것입니다.

이것을 정리하면 아래와 같습니다. 어떻습니까?

공동체의 위기는 자신들의 역량을 키워 극복하되, 협력자는 새 공동체에 참여시키지만 배반자는 심판한다.

 어떤 이야기든지 원형, 즉 원래의 이야기가 있습니다. 각 민족마다 설화나 신화가 다른 듯해도 그 원래의 모습을 살펴보면 동일한 것이 상당히 많습니다. 그러다가 시간이 흐르면서 원래의 이야기에 새로운 것이 첨가되고 하고 그림에서 덧칠을 하듯 이야기가 보태지기도 합니다. 그래서 원래의 이야기는 이야기의 구조 속에 들어 있긴 하지만, 보태진 이야기는 당시의 시대적 문제를 포함하고 있습니다.

이야기는 첨가되면서 전승

탈춤 놀이의 하나인 오광대를 예로 들어보겠습니다. 경남 지방에는 현재 15군데에서 오광대놀이를 했던 것으로 알려져 있습니다. 필자가 태어나 열여섯 살까지 자란 곳은 현재의 경상남도 사천시 서포면 외구리에 있는 남구(南鳩)라는 마을이고, 다른 이름으로 '미역골'이라고도 부릅니다. 아마 간척 사업을 하기 이전에 마을 앞까지 바닷물이 들어왔던 모양입니다. 그곳은 지금까지 오광대탈춤이 보존되어 있는 '가산오광대'의 발생지와 멀지 않습니다. 같은 사천시에 있는 이웃하는 면입니다. 학계에서는 '남구오광대'(정상박 저, 『오광대와 들놀음 연구』, 집문당, 1990 참고)라고 부릅니다.

등장 인물에는 오방신장·말뚝이·사자(영노)·양반·중·문둥이·순사·할미·마당쇠·각시 등이었습니다. 필자의 아버지는 필자가 태어나기 이전부터 오광대에 등장하는 인물의 하나인 '말뚝이'로 논 적이 있었고, 그 이후 필자가 초등학교 다닐 때도 마을 사람들이 노는 것을 관리하였습니다.

상당히 생생하게 기억하는 이유는 매일 밤(주로 겨울밤)에 동네 분들이 우리 집 마당에 모여 연습하는 것을 보았고, 우리 집 사랑채에 여러 가기 탈을 보관하던 것을 기억하기 때문입니다.

낮에 친구들과 몰래 방에 들어가 탈을 써보고 서로 마주보고 장난을 치기도 하였습니다. 그리고 연습이 끝나면 이웃하는 마을에 가서 공연을 하고 돌아오곤 하였습니다. 그리고 정월 대보름을 전후하여 놀이를 끝냈습니다.

그런데 그 오광대 내용 가운데 '순사'(일제 시대의 경찰관)가 등장하여 화투 놀이하는 문둥이들을 체포하는 장면이 나옵니다. 원래 오광대놀이는 일본이 침략하기 이전부터 있었고, 그 원래 모습에는 순사나 화투가 등장하지 않았을 것입니다. 순사나 화투가 등장했다는 것은 그 시대에 일어난 사건을 극 가운데 반영했다는 증거가 됩니다.

이렇듯 장황하게 설명했지만, 전래 동화도 예외는 아니라는 것입니다. 그러니까 「머리 아홉 달린 도둑」 이야기의 원형은 고려 시대 몽골의 침략 이후나 조선 시대의 임진왜란과 병자호란 직후에 생겼을지도 모르는 일입니다. 그런 것이 조선말까지 전해지면서 더욱 구체적인 동화로 꾸며지며 전해졌다고 보는 것입니다. 그래서 필자는 조선말에서부터 일제 시대를 거치면서 이 이야기가 지금과 같은 형태로 만들어졌다고 믿는 것입니다. 나름대로 이야기를 분석하면서 증명해보도록 하겠습니다.

왜양 일체

조선 후기 서양 세력에 대한 두려움은 멀리 1840~1842년에 일어났던 영국과 청나라의 아편전쟁에서 청나라가 패배하면서 그 위력을 실감하게 되면서부터 시작됩니다. 물론 이것은 당시 정보에 밝은 청나라에 다녀온 사신이나 지배층 관리들이 먼저 감지하게 됩니다.

이후 조선의 해안에 '이양선'으로 불리던 서양의 배가 자주 나타났습니다. 그러다가 1868년에 프랑스 군대가 강화도를 점령하면서 발발한 병인양요(丙寅洋擾)나, 1871년에 미국 함대가 강화도를 침범하면서 발생한 신미양요(辛未洋擾)를 통하여 조선 사람들은 서양 제국의 침략적 모습과 실체를 실감하게 됩니다.

그 후 명치유신을 통하여 서양 식 문물을 받아들인 일본은 1875년에 고의적으로 운요호 사건을 일으켜 1876년에 강화도 조약을 강요하였습니다. 이때 조약 체결과 일본과의 수교를 반대한 사람이 많았는데, 대표적인 사람이 유생 최익현(崔益鉉)이었습니다. 그는 나중에 명성황후가 시해된 이후 의병을 일으켜 활동하다가 일본군에 체포되어 대마도 감옥에 투옥되었으나, 끝내 일본이 주는 음식을 먹지 않고 순국하였습니다.

일본과 수교할 당시 그가 내세웠던 반대 논리가 바로 '왜양일체(倭洋一體)'입니다. 이 말의 뜻은 '서양과 일본이 한 몸', 곧 일본도 병인양요나 신미양요 때의 서양 오랑캐와 전혀 다르지 않다는 말입니다.

그럼에도 불구하고 민씨 일파가 권력을 주도하던 조선 정부는 일본에 이어 미국이나 영국·프랑스·독일·러시아 등과도 수교를 하게 됩니다. 그런데 일본을 포함한 서양의 여러 나라들이 조선과 수교를 맺은 속셈은 각기 자신들의 이득을 챙기기 위해서였습니다.

조선은 이권 다툼의 각축장

이 당시 우리와 수교를 맺은 나라들을 통틀어 제국주의 열강이라고 부릅니다. '제국주의'란 용어의 해설은 이 책 시리즈의 제1권에서 이미 자세하게 말했기 때문에 더 설명하지는 않겠습니다. 이러한 열강들 가운데서 애초 가장 많은 이권을 챙긴 나라는 미국과 러시아였습니다. 공교롭게도 이 두 나라는 8·15광복 직후에도 남한(미군)과 북한(소련군)을 점령하게 됩니다.

미국은 황실과 가까운 선교사나 외교관을 통해 광산 채굴권을 비롯하여 철도·전기·전차·수도 등 많은 이권을 독차지하였습니다. 미국이 차지한 평안북도 운산 금광은 조선 전체 금 생산량 가운데 약 4분의 1을 생산하는 노다지 금광이었습니다. 이 회사에서 1902년에 일본에 수출한 금괴만 해도 130여 만 원에 이르렀고, 1915년까지 생산된 금을 돈으로 환산하면 약 4950만 원인데, 이 돈은 당시 조선이 일본에게 빚진 1300여 만 원에 견주어볼 때 엄청난 액수였습니다.

미국이 이렇듯 운산 금광 채굴권을 얻자, 영국·프랑스·독일·러시아 등도 저마다 기회 균등을 앞세우며 광산 탈취에 열을 올렸습니다.

다른 나라가 획득한 모든 이권은 지면 관계상 생략하고 이후 일본이 얻은 이권만 보면, 항로 개설권, 경부 철도 부설권, 평양 탄광 석탄 전매권, 경인 철도 부설권(미국으로부터 사들임), 직산 금광 채굴권, 인삼 독점 수출권, 경기·충청·황해·평안도 연해 어업권 등이었습니다. 일본의 금 수출액은 1904~1905년에는 1억 2000만 원에 이르게 되는데, 이는 모두 미국이나 유럽에서 수입한 기계·기구를 사들이는 데 사용했으므로, 우리 민족의 피와 기름이 일본이 서양식 제국주의로 발전하는 데 밑거름이 된 셈입니다.

게다가 일본은 값비싼 공산품을 조선 시장에 팔고, 값싼 농산품을 조선으로부터 수입하였습니다. 그러자 조선의 지주들은 곡식을 수출하여 번 돈으로 계속 토지를 사서 대지주가 되는 반면, 일반 민중들의 삶은 더욱 가난해질 수밖에 없는 상태로 내몰리지 않을 수 없었습니다. 결국 일본이 그렇게 성장할 수 있었던 원인은 조선을 식민지로 만듦으로써 가능했던 것입니다.

머리 아홉 달린 도둑

머리가 아홉인 사람이 어디 있겠습니까? 이것은 어디까지나 비유 또는 상징적으로 나타낸 것뿐입니다.

이 당시 상황을 보면 앞의 최익현이 말한 '왜양 일체'가 바로 머리 아홉 달린 도둑의 다른 표현입니다. 즉, 일본을 비롯한 미국·러시아·영국·프랑스·독일 등은 각각 아홉 머리에 비유됩니다. 그렇지만 당시 민중들의 눈에는 모두가 우리의 이권과 재산을 탐내는 나라들이었으므로 '도둑'이라는 표현이 가능했습니다.

그러니까 나라만 달랐지 모두 도둑이라는 뜻이므로, 같은 몸에 머리만 다른 도둑으로 나타냈던 것입니다.

자강론

이러한 어려운 위기를 당해서 그것을 해결하는 길은 '스스로 강해지는 길'밖에 없다는 것을 주장하는 사람들이 등장했습니다. 이들은 옛날 학문인 유학을 공부했지만, 중도에 새로운 학문을 받아들여 공부한 사람들이었습니다. 일본이나 중국을 통하여 들어온 서적이나 잡지를 보고 새롭게 변해야 한다는 생각을 굳혔습니다.

당시 이들이 주로 접한 사상은 서양의 '사회진화론(社會進化論)'인데 이 책 시리즈 제2권에 자세히 말한 적이 있습니다. 즉, 인간 사회도 생존 경쟁에 의하여 발전하므로 우수한 민족이나 집단은 살아남아 진보하고 열등한 민족은 퇴보하면서 사라지게 된다는 것입니다.

얼핏 보면 지금에도 맞는 것처럼 보입니다. 최강자만 살아남고, 1등이 언제나 기억되는 것처럼 떠들기 때문입니다. 경쟁에서 항상 이겨야 한다고 오나가나 말하는 사람들이 많기 때문이기도 합니다.

그래서 당시 선각자들 가운데 일부는 우리도 일본이나 서양처럼 부강하려면 스스로 강해야 한다는 생각을 하게 되었습니다. 물론 사회진화론의 영향이었습니다. 우리가 일본이나 서양여러 나라에 당하는 것은 우리가 힘이 없기 때문에 우리 스스로 힘을 키워야 한다는 생각이었습니다.

'스스로 강해지는 것'을 한자로 쓰면 '자강(自强)' 또는 '자강(自彊)'입니다. 이 말은 원래 『주역』이라는 책에 나오는 말입니다. "하늘의 운행은 굳건하니 군자가 그것(굳건함)을 사용하여 '스스로(自) 강건하기(彊)'를 그치지 않는다"는 말에서 따온 것입니다.

그래서 당시 사회적 분위기에 이러한 자강론(自強論)을 바탕으로 국권을 회복하고자 하였습니다.

실력양성론

자강론과 비슷한 것에는 '실력양성론'이라는 것이 있습니다. 힘이 없기 때문에 힘을 키우자는 뜻에는 자강론이나 실력양성론은 모두 같습니다. 자강론이 조선말, 즉 대한제국이 탄생할 즈음에 등장하여 일제 초기까지 영향을 미쳤다면, 실력양성론은 일제 시대 때 본격적으로 등장한 말입니다.

원래 실력양성론은 1909년에 미국으로 이주한 한인 사회의 대한인국민회(大韓人國民會)에서 안창호가 주장한 것입니다. 안창호의 실력양성론은 당시 박용만의 독립전쟁론과 이승만의 외교를 통한 청원 등 독립 방법의 노선 가운데 하나였습니다.

국내에서는 3·1운동이 성과를 거두지 못하자 실력양성론은 "독립 운동은 일본이 허용하는 자치 운동으로 전환하자"(『동아일보』 1924년 1월 2일~6일자 신년 사설)고 하면서, 일본의 주권 아래 법률이 허용하는 범위 안에서 산업 진흥과 교육 개발로 민족의 실력을 기르는 방향으로 운동의 방식을 바꾸었습니다. 이들은 타락한 민족성 때문에 독립을 이룩할 수 없다고 보고 '민족개조론'을 주장하였는데, 이것은 실제로 민족 독립을 포기한 친일 타협 노선이었습니다.

자강론이든 실력양성론이든 민족개조론이든 우리가 일본의 식민지가 된 것은 제국주의의 침략에 원인이 있다고 보기보다, 우리가 못나고 힘이 없기 때문에 비롯한 것이라고 봅니다. 어찌 보면 그럴 듯합니다. 그러나 이러한 생각은 저들의 침략 행위를 당연한 것으로 보려는 잘못을 저지르고 말았습니다.

이 같은 태도와 같은 좀 극단적인 예를 든다면, 집에서 강도에게 물건을 빼앗기고도 하는 말이 "내가 도둑을 막을 힘이 없었기 때문에 어쩔 수 없다"고 하는 것과 같은 논리입니다. 문제의 원인이 강도의 침범에 있다는 것을 지적하지 않은 채 말입니다.

이것이 바로 사회진화론의 약점이자 허구입니다. 이러한 사상을 만들거나 전파한 제국주의자들은 바로 이런 점을 노렸습니다. 사실 민중이 나태하고 어리석은 것이 아니라, 이러한 사상을 신사상이네 뭐네 하고 받아들여 그것이 옳다고 그대로 따르고, 사상도 외세가 사용하는 침략적 도구가 된다는 점을 이해하지 못한, '배운 사람들'의 잘못이 더 크다고 하겠습니다. 지금도 사회적 강자들은 말합니다. 약자가 저들의 횡포에 맞서 항의하면, "억울하면 출세하라"고 말입니다.

그러니까 우리의 전래 동화도 자강론이든 실력양성론이든 이러한 사상의 영향을 받은 흔적이 뚜렷합니다. 동삼을 차례로 세 뿌리나 먹으면서 바위를 들어보는 과정이 그것을 말해주는 것입니다.

슬기롭고, 바르고, 튼튼하게

'슬기롭고, 바르고, 튼튼하게.' 어디서 많이 들어본 말이지요. 다른 말로는 '지혜롭고, 참되고, 건강하게' 등으로 표현되는데, 어느 것이든 따지고 보면 위의 말에서 벗어나지 않습니다. 이것들은 대부분 학교의 교훈입니다. 이 말은 한자의 '지(智) · 덕(德) · 체(體)'를 번역한 말입니다.

우리가 제국주의 국가와 대항하여 독립을 쟁취하려면 스스로 강해져야 하는데, 그러기 위해서는 국민들의 지육(智育) · 덕육(德育) · 체력(體力)을 배양해야 가능하다고 보았습니다. 원래 이 말들은 중국의 엄복이나 양계초 같은 사람들의 주장이었고, 구한말에 신채호 · 박은식 · 장지연 선생 등이 이 영향을 받아 국내에 퍼뜨렸지요. 그래서 이들은 나라를 구하기 위하여 신문이나 잡지, 책을 통하여 국민의 지육과 덕육과 체력을 향상시켜야 한다고 외쳤습니다. 그래서 많은 선각자들은 당시에 수많은 학교를 세웠는데, 한결같이 교훈이 위와 같았습니다.

그래서 지금까지도 그 전통이 고스란히 전해온 것입니다. 아니 그 말의 역사가 어떤지 상관없이, 좋아보이니까 그대로 쓰고 있는 것입니다. 무엇이 지혜로운지, 참된 것이 무엇인지, 어떻게 사는 것이 바른 것인지, 튼튼하다는 것이 무얼 의미하는지에 대한 철저한 분석도 없이, 현재의 학생들에게 가장 절실한 내용이 무엇인지 조사하거나 생각해보지도 않고, 그냥 말이 그럴 듯하게 좋아보이니까 교훈으로 정했다면 정말로 큰일입니다. 지금도 많은 학교가 생기기도 하고 없어지기도 하는데, 아직도 이런 교훈을 만드는 사람들이 있다면 딱한 노릇이지요. 이름만 '국민학교'에서 '초등학교'로 바꾸면 뭘 합니까? 우리가 쓰고 있는 언어나 생각의 뿌리가 공허하고 낡은 것이고 근거가 불순한 것이라면 말입니다.

일제 잔재 청산은 어렵다

여기서 당시 지육(智育)을 향상시키기 위해서는 서양 과학을 공부해야 한다는 생각에는 대부분 같은 의견을 가지고 있었습니다. 그런데 체력은 운동을 통해서 가능하다고 보았는데, 이 당시 사람들은 문(文)보다 무(武)를 더 강조하여 체력의 중요성을 중시했습니다.

무(武)를 강조한 것은 일본도 마찬가지였습니다. 일본 역시 이러한 사회진화론을 금과옥조로 받들었기 때문입니다. 그래서 일제 하에서는 학생들까지 군사 훈련에 동원시켰고, 그 일제 시대에 일본 육군사관학교를 졸업한 후 일본군 장교를 지낸 적이 있는 박정희(高木正雄 : 다카키 마사오) 전 대통령도 유신헌법으로 정권을 강화하면서 학생들에게 군사 훈련을 시켰습니다. 필자도 1970년대에 고등학교를 다녔으므로 '교련'이라는 교과를 통하여 군사 훈련을 받았습니다. 대학 때는 '학도호국단'이라 하여 훈련을 받았고요. 물론 명분은 북한의 침략에 대비하자는 것이지요. 북한도 학생들에게 군사 훈련을 시키니 우리도 못 할일이 없다는 대결 의식에서 나온 것 외에도, 무(武)를 숭상하는 일본 식(사회진화론적 태도) 교육의 영향 때문에 학생들에게도 군사 훈련을 시키자는 발상이 나왔을 것입니다. 물론 일제 말기에도 남녀 학생들에게 군사 훈련을 시켰습니다.

이렇듯 역사적 유산은 무서운 것입니다. 이러한 유산은 한 번 만들어지면 잘 안 고쳐집니다. 이른바 '친일 청산이다' 하여 고치고자 하면, 이들에게 교육을 받은 인사들은 그것이 가치관으로 머리에 박혀 있는지라 고치지 않으려고 안간힘을 씁니다. 친일 청산을 하더라도 전혀 손해볼 일이 없는 사람조차도 그렇다는 것입니다. 한 술 더 떠 그런 것들에 대하여 묘한 향수까지 느끼는 사람들도 있습니다. 심지어 사회가 군대처럼 명령 하나에 일사불란하게 움직이는 것을 좋아하기도 합니다. 그리고는 국론 통일이라는 명분 아래 구성원들의 다양한 생각이나 행동을 무질서하고 혼란한 것으로 보는 사람들도 있습니다.

그리고 개화기 당시 덕육(德育), 곧 도덕적인 정신은 서양의 것으로는 안 되고 민족 고유의 것에서 찾으려고 했습니다. 그래서 당시의 선각자, 예를 들면 박은식·장지연·신채호 선생 같은 분들은 이순신이나 연개소문·을지문덕 등 민족의 영웅을 발굴하여 전기를 써서 알리려고 노력하였습니다. 이 또한 사회 진화론의 영향을 완전히 탈피한 것은 아닙니다만, 민족의 에너지를 전통에서 찾으려고 한 의도에서 나온 것입니다. 당시로서는 그것이 최선의 방법이었지요. 그래서 이 「머리 아홉 달린 도둑」 이야기의 사상적 배경이 되는 '민족자강론'을 전파하였던 것입니다.

재미있는 일은 그 박정희 전 대통령이 통치하던 유신 시절에도 이와 같이 민족 문화와 무력을 무척 강조하였습니다. 우리나라의 고전을 번역하여 학생들에게 읽게 하였는데, 이른바 고전 읽기 '자유 교양' 대회를 열어 학생들에게 상을 주고 칭찬을 아끼지 않았습니다. 필자도 당시 중·고등학생 시절 학교 대표로 대회에 자주 출전하였는데, 지금 한국철학을 공부하여 철학자가 된 것도 그 박정희 전 대통령의 영향도 한 몫 했다고 생각됩니다.

그뿐만 아니라 유신 정권 시절에는 이순신을 무척 높이고 받들었습니다. 사실 이순신만 아니라 권율·강감찬 등 모두 그 당시 높이 받든 인물들이었습니다. 그래서 지금도 행주산성에 있는 권율 장군의 사당에 가면 한옥 지붕에 시멘트 기둥으로 된 집을 발견할 수 있습니다. 당시 그런 국가적인 사업 속에서 지은 건물이 무척 많았기 때문입니다. 아산 '현충사'나 서울 어린이대공원의 '어린이회관'의 기둥도 그런 것으로 알고 있습니다.

일제가 적극 이용한 사회진화론이라는 철학이 그 일제 시대를 산 인간들을 그렇게 교육시켰고, 그런 인간들이 결국 후대에 미치는 영향은 실로 엄청나다는 점을 역사적 사실로 한 번 이야기해본 것뿐입니다. 그것도 모르고 그러한 문화에 대하여 향수를 느끼는 못난 사람들에 대해서는 더 말할 가치조차도 느끼지 않습니다. 제 생각의 뿌리가 어디에 있는지도 모르니 말입니다.

박정희 전 대통령이 추구했던 나라

아직도 일부 사람들 가운데는 박정희 전 대통령의 업적을 찬양하는 사람들이 있습니다. 그가 경제 개발로 기아와 빈곤에서 해방시켰기 때문이라고 말입니다. 심지어 그가 아니면 이렇게 잘사는 나라를 만들 수도 없었다는 사람들도 있습니다. 어쨌든 이들의 주장, 즉 '박정희 전 대통령이 아니면 누구도 경제 개발을 이루어내는 게 불가능했을 것'이라는 명제가 정당하다고 인정받으려면, 박정희 정권이 아닌 다른 정권이 정치를 했을 때 그들은 도저히 경제를 발전시킬 수 없다는 사실을 논리적으로 입증해야 합니다. 역사에는 가정법이 없다지만, 다른 누군가 대통령이 되었어도 경제 개발에 힘쓰지 않았을까요? 경제 개발의 설계는 이미 4·19혁명 직후 민주당 정권에서 만들었다고 합니다. 물론 민주당이 강력하게 추진할 수 있었느냐가 문제였겠지만요.

그렇다 하더라도 경제 성장에 대한 그의 노력을 무시해서는 안 되겠지요. 다만 동전의 양면처럼 정권 연장을 위한 어두운 면과 국민들에게 지지를 끌어내려고 배고픔의 문제를 해결한 밝은 면이 공존한다는 사실을 이해해야 하겠습니다.

그러면서도 그를 지금의 역사 현장으로 끌어내는 것은 밝은 미래를 위하여 어두웠던 과거의 역사를 되풀이하지 말자는 반성의 자료로 삼기 위한 것입니다. 다시 말해 훌륭한 점이 있다고 해서 좋지 못한 점도 용서받을 수 있다는 것은 아니라는 것입니다. 이런 논리라면 친일파의 대다수가 용서받게 됩니다. 친일을 했더라도 나중에 좋은 일 많이 했으니까 그 죄가 상쇄되었다고 주장할 것이기 때문입니다.

박정희 전 대통령이 추구했던 나라의 모델은 어떤 나라였을까요? 군사적으로 힘있고 경제적으로 잘사는 나라라고 생각합니다. 얼마 전 뉴스에서 박 대통령이 핵무기를 개발하기 위해서 만든 설계도를 공개한 적이 있었습니다. 박 대통령은 군사적으로 미국에 의존하지 않고 독자적인 국가가 되면 외국의 간섭을 받지 않을 것이라고 생각했을지도 모릅니다. 이렇게 경제적으로 부유하고 군사력이 강한 나라를 위해 힘쓰는 방법을 부국강병책이라고 합니다.

일제 시대 일본이 지향하던 국가도 다름아닌 부국강병의 국가였습니다. 이는 1866년의 명치유신 이래로 일본이 유지해온 국가 목표였습니다.

아직도 일본의 우파 성향을 가진 사람들 가운데에는 그런 국가관을 가진 인사가 상당수 있습니다. 부국강병을 지향하는 국가는 사회진화론적 시각에서 한 발치도 넘어서지 못합니다. 당시 서양 제국도 물론 부국강병을 최우선의 지상 목표로 선택하여 제국주의에 열을 올렸으니까요. 부국강병을 외치는 나라에서는 개인이 국가주의의 하나의 부속에 불과합니다. 나라의 발전이 나의 발전에 연결되지 않을 때 부국강병의 허구가 드러납니다.

인권과 경제 개발

박정희 전 대통령에 대한 평가에서 잘한 점과 잘못한 점을 동시에 말하는 사람들이 많습니다. 여기서는 그 잘잘못을 다 말하지는 않겠습니다. 다만 '부국강병'이라는 당시의 국가관에서는 개인의 인권이나 자유가 설 땅이 없다는 것입니다. 박 대통령이

유년 시절 배운 국가관이란 바로 그런 것이 아닐까요? 생활 양식으로서의 민주주의, 민주적 절차나 인권 존중에 대한 교육을 받았을까요? 이것은 비단 박정희 한 사람을 두고 말하는 것은 아닙니다. 그런 민주적 절차나 생활 양식으로서의 민주주의를 경험해보지도 않은 사람들이 사회의 지도층이나 한 가정의 가장이 되었을 때, 그 구성원들을 어떻게 지도할지는 뻔한 일이 아니겠습니까?

사회적 갈등이 분출하고, 그 해소를 위해 다소 시끄러운 절차가 진행되고, 자신들의 의견을 공개적으로 드러내놓는 것조차도 국가적 '혼란'으로 인식하는 사람들이 지금도 많이 있다면 이상한 일일까요?

목소리 큰놈이 이긴다

민주 사회에서 목소리만 크면 문제가 해결된다고 믿는 사람들이 많습니다. 특히 우리나라에서 더 그렇습니다. 이 또한 민주적 절차를 제대로 경험해보지 못한 사람들의 모습입니다. 언제 우리가 학교에서나 집에서나 사회에서 제대로 된 민주 교육을 해보았습니까? 최근 몇 년 사이 가능한 것이 아닙니까? 민주화를 위해 투쟁했지만, 자기 자식이나 후배들에게 민주적으로 대하는 사람은 정말로 얼마나 될까요? 민주화를 위한 정치 투쟁 못지않게 민주적 생활을 위해 노력한 사람들의 공(功)은 누가 인정해줍니까?

국난 극복은 민족 전통에서

이야기가 곁길로 새고 말았습니다. 박정희 전 대통령의 국가관이야 어찌되었던간에 문제 해결을 민족 스스로의 역량에서 찾으려 했다는 방향은 제대로 잡은 것 같습니다. 그러나 동반자 (북한)와의 대결을 통해서 해결하려고 했던 점은, 북한의 남침 위기라는 점도 작용했겠지만, 내부 단속을 위한 외부의 적 정도로 북한을 이용하지 않았나 하는 의구심을 지울 수는 없습니다.

우리의 전래 동화도 문제 해결을 스스로의 힘에서 찾습니다. 바로 「머리 아홉 달린 도둑」 이야기에서 젊은이가 노파를 만나 동삼을 먹고 바위를 드는 과정이 그것입니다. 노파는 우리의 전통을 상징한다고 했습니다. 노파가 준 동삼이란 우리의 전통 가운데서 얻어내는 에너지를 말합니다. 민족 영웅들의 정신을 본받는 것입니다. 동삼을 하나씩 차례로 먹는 것은 스스로 강해지는 과정을 상징적으로 나타낸 것이고, 칼이란 이러한 영웅들에게서 얻는 나라를 구하는 방법입니다.

이와 같이 구한말 당시나 일제 초기에 나라에 위기를 당했을 때 우리가 할 수 있는 일이란 스스로 힘을 길러서 외세와 싸워 이기는 방법, 곧 민족자강론밖에 없다는 점을 민중들은 간파하고 있었습니다. 이미 이전에 일본의 영향으로 나라를 구해보자는 개화파들의 운동이나, 러시아의 힘을 빌어보자는 왕실이나 친러파들의 소행은 외국 세력에게 힘을 기대했기 때문에 실패했습니다. 또 일본군의 신식 무기 앞에서 맥없이 무너진 동학 운동과 의병 투쟁 등을 겪으면서 우리에게 힘이 없음을 보았습니다. 그리고 당시 지식인들의 애국 계몽 운동의 영향으로 민중들이 나름대로 내린 결론은 자강이었습니다. 바로 이 이야기의 문제 해결 방식이라고 생각합니다.

8·15는 정말로 해방의 날인가?

"북한은 소련의 식민지가 되었고, 남한은 미국의 식민지가 되었다." 이런 말을 했다고 함석헌 선생이 국가 기관에 의하여 박해를 받았다는 일화를 들은 적이 있습니다만, 스스로의 힘이 아닌 남의 힘에 의지하여 얻은 해방이란 진정한 해방이 아닙니다. 힘을 빌려준 그 나라의 영향에 종속되기 때문입니다. '세상에는 공짜가 없다'는 속담이 이를 가장 잘 나타내고 있습니다.

우리는 1945년 8월 15일에 일제로부터 해방을 맞이하였다고 알고 있고, 또 그렇게 믿고 있습니다. 아니 그렇게 교육시켰습니다. 겉으로 보기에는 일본이 물러갔으니까 일제로부터 해방되었습니다. 미국과 소련, 특히 미국은 우리나라에 신탁 통치를 하면서 과거 일본처럼 혹독하게 우리 민중들 혹사시키지 않았기 때문에, 우리를 해방시키기 위하여 온 하느님의 군대쯤으로 알았을 것입니다.

그러나 광복군이 나름대로 열심히 일본과 싸웠으나, 일본의 무조건 항복을 받아낼 수 있었던 것은 미국의 원자탄 투하 때문에 가능했습니다. 그래서 우리가 일본과 싸운 것은 미국이나 소련의 인정을 받지 못했습니다. 다시 말해 연합군의 전승국 대열에 들지 못했습니다. 결국 해방과 동시에 민족이 분단되었습니다. 민족의 분단 때문에 많은 사람들이 죽고 고통을 받았고, 지금도 그런 상태에 있습니다. 그 분단 때문에 민주화가 늦었습니다. 그리고 민족의 반역자들도 살아남았습니다. 그래서 그 반쪽 땅에서 뱃살이 나오게 잘 먹고, 하고 싶은 일 제 맘대로(실은 하고 싶은 일을 제 맘대로 못하는 사람들이 더 많음) 할 수 있어서, '웰빙'을 지껄이며 추구한다고 해서, 우리가 해방된 민족이라고 착각하는 사람들이 얼마나 많습니까?

해방 이전에 외세에 빌붙거나 아부하여 이 땅의 민중보다 더 잘 먹고 잘 살았던 사람들이나 그 후손들이, 해방 후에도 여전히 보통 시민보다 잘 먹고 사회적으로 유리한 위치에 있다면, 그것은 참으로 해방된 나라가 아닙니다.

민주화 열매는 친일파 후손들이 먼저 따먹어

'새 길 닦아놓으니 문둥이가 먼저 지나간다'(나병 환자를 폄하할 의도는 전혀 없음)는 경상도 지방의 속담처럼, 민주화는커녕 친일파 후손이면서 또는 독재 정권에서 아부하던 사람들이, 민주 인사들의 희생과 투쟁으로 쟁취한 민주화의 열매를 오히려 먼저 따먹습니다. 일례로 친일파 이완용·송병준 후손들의 '땅 되찾기 소송'이 그렇습니다. 또 과거 군사 독재 정권에 빌붙어 아부하던 사람들은, 민주화된 정권이 등장하자 자신들의 입지가 축소될까봐 독재 정권 타도를 부르짖으며 시위하는 모습 등이 그것입니다. 그들이 그렇게 시위하거나 소송할 수 있는 것도 따지고 보면 그들이 빨갱이라고 몰아붙이던, 민주화를 위해

희생된 분들의 혜택인 줄 알고 있는지 모르겠습니다. 세상 참으로 많이 좋아졌습니다.

세상이 이렇게 되다보니 반역자의 개인 재산도 보호의 가치가 있는지, 그것이 민주인지 묻고 싶습니다. 게다가 다 죽고 얼마 남지 않은 친일 활동을 한 본인들과 그 후손들, 그리고 그 정신적 후계자들은 재계·정치계·언론계·법조계·교육계·문화계 등 사회 각계 각층에 똬리를 틀고 앉아 단물을 빨아먹었습니다. 이들은 '친일 청산'이라는 사회적 운동이 나올 때마다 언론이나 학문적·정치적 영향력을 이용하여 방해하거나 무산시키려 합니다. 정부에 대하여 거침없이 용감하게 그들의 주장을 말합니다. 독재 정권 밑에서는 눈치만 보던 그들의 그런 행동은 상상도 못했던 일입니다. 그러나 참 다행인 것은, 민주화된 세상이기 때문에 그런 행동에 대하여 책임을 묻지 않습니다.

누가 해방되었다고 말하나?

친일파와 그 후손들은 이처럼 시퍼렇게 살아 있습니다. 누가 해방되었다고 말합니까? 김구 선생을 암살한 안두희가 진상을 소상하게 털어놓지 못한 것도 암살을 배후에서 지령한 자들의 위협 때문이라는 소문도 있습니다. 조선 사람에게 악명 높게 친일 활동을 한 사람이 나중에 군인으로서 6·25전쟁에 참전하고 살아남았기 때문에 죽어서 국립 묘지에 묻힌(장군은 전사하지 않아도 죽으면 국립묘지에 묻힘) 사람도 있습니다. 부정 선거 자금 수수·공직자 뇌물 수수·공금 횡령·부동산 투기·재산

해외 도피·이중 국적·병역 비리·해외 원정 출산 등 각종 부조리가, 공동체보다 나만 잘 되면 그만이라는 비뚤어진 가치관과 전혀 무관하다고 하겠습니까? 바로 진정한 해방을 이루지 못한, 비뚤어진 역사적 경험에서 나온 현상이 아닐까요?

진정한 해방은 배신한 아내 목을 베는 일

그럼 우리들의 진정한 해방의 날은 언제일까요? 또 그때가 오면 어떻게 해야 할까요? 이 이야기에서는 배신한 아내를 용서하지 않고 죽입니다. 이것은 해방된 세상에서의 과거 청산입니다. 우리가 진정으로 해방을 맞이하지 못한 것도 바로 잘못된 과거를 청산하지 못했기 때문입니다.

과거 이승만 정권이나 군사 정권에서는 어쩔 수 없었다고 치더라도, '문민 정부'나 '국민의 정부'라고 부르던 시대 이후 그 어떠한 정권도 이러한 일을 해내지 못했습니다. 시간이 너무 오래 되었기 때문에 과거의 일을 들추어보았자 국론만 분열되지 나라에 별 도움이 안 된다는 이야기겠지요. 아니면 경제가 어려우니 그런 것에 힘을 쏟을 때냐고 말하겠지요. 비유컨대 가난한 집의 사람들은 먹고살기 위해 가족의 잘못을 가장이 덮어주어야 하는지 묻고 싶습니다. 자기가 무능하여 가족들을 제대로 먹여 살리지 못해 가족들의 잘못을 벌할 수 없다면, 그런 가정은 더 이상 가정이라 말할 수 없겠지요.

그랬기 때문에 8·15 이후 새 나라의 파트너는 국민이 아니라 친일분자였습니다. 이 이야기에 적용시켜보면 배신한 아내의 과거를 묻지 않고 다시 살려주었다고 해야겠지요. 그럼 그를 도운 여종이나 옥에 갇혔던 백성들은 역시 젊은이와 무관한 위치에 있겠지요.

그러나 이야기는 달랐습니다. 이 이야기를 만들 당시에는 국가(당시는 대한제국의 황제)의 사랑을 받았던 귀족이나 신하들 가운데서 나라를 팔아먹는 데 앞장섰고, 일반 민중보다 좀 배웠거나 가진 게 있던 사람들 중 친일에 앞장선 사람들을 민중들은 해방 후에 가차없이 처단하기를 바랐습니다. 그러나 불행하게도 현실은 이야기와 정반대로 흐르고 말았습니다. 그래서 우리 현대사의 비극은 여기서 시작된 것입니다.

진정한 해방은 통일의 날에

이제 우리의 참다운 해방은 통일을 통해서 가능합니다. 통일은 참으로 어렵습니다. 머리 아홉 달린 도둑이 아직도 살아서 그것을 방해하기 때문입니다. 그 머리 아홉 달린 도둑은 우리가 잘 되기를 바라지 않는 우리 주변의 외국 세력입니다.

그렇기 때문에 이 전래 동화는 아직도 유효하며 가치가 있습니다. 미국이 북한을 쳐서 김정일 정권을 무너뜨리면 통일이 될 것이라고 생각하는 얼빠진 사람들이 이 땅에 상당수 있습니다. 무서운 생각입니다. 미국이 북한을 치는 날 남북한 모두 치명타를 입게 됩니다. 인구의 절반 이상은 죽을지도 모릅니다. 폭격에 죽는 것보다 화재나 굶주림 · 질병 · 피난 · 불안한 치안 상태 하의 범죄 때문에 죽을 것입니다.

우리의 힘이 아닌 누구의 힘으로 통일이 되기를 바라는 것을 이 이야기는 경계합니다. 우리 스스로 통일하게 되는 날 우리는 배신한 아내의 목을 치듯 민족의 반역자들을 심판해야 합니다. 그래야만 나라가 어려울 때 제 한 몸 살고자 배신하는 사람들을 막을 수 있습니다.

필자는 현대를 일컬어 총성 없는 전쟁 시기라는 말을 학교 다닐 때부터 들었습니다. 졸업한 지 이미 오래되었지만, '경제 전쟁'이라는 말을 꽤 오래 전부터 사용해왔습니다. 특히 1990년대부터 일게 된 국제화 또는 세계화의 흐름 속에서 경제적 경쟁은 이전에 사람들이 생각했던 것보다 훨씬 능가하는 것이었습니다. 다시 말해 이런 현상은 국가간 무역의 조건을 이전과 다르게 판을 짰기 때문에 가능해졌습니다.

경제 전쟁

물론 그러한 경쟁을 촉진시킨 당사자들은 미국을 위시한 유럽 등 선진 국가들이었는데, 이들 나라는 산업 정보나 경제 구조가 가난한 나라나 개발도상국보다 유리한 입장에 있었기 때문에, 경쟁이 자신들의 돈벌이에 유리하다고 판단했을 것입니다. 지금 이들은 주식 시장이나 금융 시장을 통한 시장의 개방 덕택에 쉽게 떼돈을 벌고 있습니다. 물론 공장을 짓거나 물건을 운송

하는 어려움 없이 말입니다. 얼마 전 우리나라가 아이엠에프 (IMF)의 구제 금융을 받는 신세로 전락했던 것도 이들 나라 사람들이 주도권을 행사하고 있는 국제 금융 자본의 농간이라는 설도 있습니다.

머리 아홉 달린 도둑의 규칙

이제 어떤 나라든 과거의 제국주의 시대처럼 대포나 군함을 앞세워 다른 나라에 쳐들어가 식민지로 만들거나 그 나라의 재산을 약탈하는 나라는 거의 없습니다. 최근 미국이 이라크를 침공한 일은 예외가 될지 모르겠습니다. 미국이 이라크의 석유를 탐내서 그렇다는 설도 있고, 이라크에 대량 살상 무기가 없는 것을 알고도 침공했다는 뉴스도 있기 때문입니다. 어쨌든 이득 없는 전쟁을 좀처럼 안 하는 나라니까요. 최소한 무기 만드는 회사의 이익은 확실히 보장됩니다.

대다수의 나라들은 경제적으로, 이른바 정당한 상품 거래로 무역 흑자를 이끌어냅니다. 여기서 선진국들은 금융 거래나 비싼 고가의 상품이나 정보, 상표, 무기 판매로 수입을 올리고, 후진국들은 노동력이 많이 드는 공산품, 공해를 많이 유발하는 공업 제품(이른바 굴뚝 산업의 공산품), 값싼 농산품이나 수산물을 수출하여 돈을 법니다. 그것도 못하는 나라의 민중들은 현대판 노예가 되어 떠돌이처럼 이 나라 저 나라로 유랑하며 국제 노동자 신세로 전락하였습니다.

그래서 지금은 제국주의 시대처럼 군함을 타고 다니며 약한 나라를 약탈하던 시대는 지났습니다. 그 대신에 자신의 정보와 상품을 팔아 이득을 챙기려고 혈안이 되어 있습니다. 다만 유리한 위치에 있는 나라와 그렇지 못한 나라가 있을 뿐입니다. 불리한 위치에 있는 나라들은 억울하지만 어쩔 수 없이 그러한 규칙을 따를 수밖에 없습니다. 그렇지 않다간 국제 사회에서 집단 따돌림을 당할 수밖에 없으니까요. 그것이 현대판 '머리 아홉 달린 도둑'이 만든 규칙입니다.

옛 것과 새 것

그렇다고 해서 앞에서 읽은 동화가 의미가 없다는 뜻은 아닙니다. 머리 아홉 달린 도둑이 변신했기 때문에 그것에 대항하는 방식도 달리 생각해보아야 한다는 것입니다. 즉, 우리의 전통 속에서 해결 방식을 찾자는 동화를 상기할 필요가 있다는 점을 말하고자 하는 것입니다.

우리 것을 깔보거나 비하하는 말 가운데 '엽전'이나 '바지저고리'라는 말이 있습니다. 이런 풍조는 주로 일제 시대나 개화기 때 등장합니다. 이른바 신학문·신여성·신문화 등을 외치면서 '신(新)' 자를 붙여 '구(舊)'에 반대되는 뜻으로 사용했습니다. '신'은 일본이나 서양에서 들여온 새로운 문화를 말한다면 '구'는 이전부터 우리가 가지고 있던 옛 문화나 전통을 가리킵니다. 앞의 엽전이 새 지폐나 동전에 비하여 구식이고 낡고, 바지저고리가 양복에 비하여 불편하고 거추장스럽다고 하여 시대에 뒤떨어진 낡은 유물로 여기던 사람들이 일컫은 말입니다. 그래서 새 것은 좋은 것이고 옛 것은 촌스럽고 버려야 할 것으로 여기게 되었습니다. 아니 그렇게 교육시켰습니다.

엽전 의식

이와 같이 자기 것을 비하하는 생각을 흔히 '엽전 의식'이라 불렀습니다. 이것은 특히 일제가 교육을 통하여 우리 역사를 비하시키면서 더욱 정신적 치명타를 주었습니다. 다시 말해 조선 사람들은 민족성이 게으르고 남에게 잘 의지한다는 것, 서로 당파를 지어 잘 싸운다는 것을 부각시켜 역사를 왜곡하였습니다.
그래서 교육받은 조선 사람들 가운데 일부 인사들도 '조선 사람은 어쩔 수 없다'는 표현을 쓰며 민족을 개조해야 한다는 주장을 펴기도 했습니다. 필자가 어렸을 때 들은 어른들 말씀 가운데 가장 듣기 싫은 소리는 은연중에 '조선 놈들은 어쩔 수 없어. 모두가 도둑놈들이야!' '조선 놈들은 맞아야 돼!' 심지어 학교에서도 '애들은 어쩔 수 없어. 맞아야 공부도 하고 일도 해!'라는 말이었습니다. 그래서 단체 기합(체벌)도 수없이 받고, 내 자신도 처음 교사가 되었을 때 이른바 단체 기합을 준 적이 있었습니다. 부끄러운 일입니다. 지금은 때리기 위하여 회초리를 들지도 않습니다.

우리 것을 부끄럽게 여기는 풍조

이렇다 보니 우리 것을 부끄럽게 여기는 풍조가 생겼습니다.

당시 외국에 이민을 가거나 거기서 출생하지도 않은 사람이 이름도 외국식으로 바꾼 분들이 더러 있었습니다. 우리 것은 촌스럽고 세련되지 않았다고 생각했겠지요. 지금도 회사 이름·상표 이름·가수 이름, 심지어 국가 기관의 이름을 외국어로 바꾼 것이 너무 많아 머리가 돌 지경입니다.

한때 교육받은 사람들이 외국어와 우리말을 섞어 쓰는 것을 부끄럽게 여긴 적도 있었습니다만, 지금은 그것조차 보기 힘들게 되었습니다. 옷차림과 자신의 외모는 물론 생각과 생활 방식도 외국 것을 모방합니다. 어찌 보면 너무나 당연한 현상이지요. 세계 사람들에게 물건을 팔아먹으려면 그렇게 해야 한다고 하니까요. 세계화라나요. 아니면 어릴 때부터 텔레비전이나 영화 같은 각종 매체들을 통해 그렇게 세뇌를 당해왔으니까요. 그러니까 사람이 사는 환경, 즉 문화가 얼마나 중요한지 알 것 같습니다.

다시 자강론으로

총성 없는 전쟁의 시대에 우리는 어떻게 살아야 할까요? 우리나라는 어떤 나라로 발전했으면 좋겠습니까? 선조들이 그랬던 것처럼 힘을 길러야 하겠지요. 그렇다면 그 힘을 어떻게 길러야 할까요? 도대체 힘이란 무엇입니까?

힘이란 종류가 많습니다. 경제적인 힘이나 군사적인 힘, 정치적인 힘, 도덕적인 힘, 문화적인 힘 등이 있겠습니다. 그러나 모든 것의 근간이 되는 것은 경제적인 힘입니다. 그래서 열심히 노력해서 나라가 부유해지면 나머지는 해결된다고 믿는 사람들이 많습니다.

정말로 그럴까요? 우리나라의 경제력은 그 어느 때보다 강해졌지만, 사람들의 삶이 나아졌다고 말할 수 있나요? 수출이 늘어 외국에서 돈은 많이 벌어오는데 실업자나 가난한 사람이 더 많이 생긴다면, 분명 수출은 그런 사람들과 상관이 없겠지요. 또 언제 회사에서 쫓겨날지 모르는 불안한 고용 상태는 사람들에게 정상적인 삶을 살 수 있도록 보장될까요? 단순히 외국에서 벌어온 돈만 가지고 경제력을 따질 수는 없는 것이고, 돈 많은 사람과 없는 사람의 소득 평균치가 올라갔다고 해서 국민소득 1만 달러 따위를 운운하는 것은 속임수일 뿐입니다. 국민의 5%에 해당하는 가진 자들이 국내 재산의 50% 이상을 차지한다면 그러한 경제력은 의미가 없습니다. 한 국가에서 구성원 다수의 가계(가정 경제)가 튼튼하지 못하면 그 나라 국민은 하나의 노예에 불과한 것입니다. 과거 서양의 어떤 나라처럼 소수의 귀족과 다수의 노예를 거느린 국가는 강한 나라가 될지는 모르겠습니다만, 살기 좋은 나라는 분명 아닙니다.

기업과 국가 경쟁력

우리나라 기업가들끼리 모이는 단체가 있습니다. 이들 단체에서는 심심찮게 노동조합이나 노동자들의 파업 때문에 기업하기 힘들다고 하고, 정부 규제가 많아 투자가 힘들며, 외국 기업들과 경쟁해서 살아남기에 힘들다고 말합니다. 그래서 수도권에도 쉽게 공장을 짓고, 노사 문제도 정부가 적극 개입해서 파업을 막아달라는 눈치입니다. 심지어 어떤 정치가는 대통령의 정체성(본래 모습. 그 주장의 이면에는 좌익인지 우익인지, 곧 공산주의자냐 자본주의자냐 아니면 사회주의자냐, 자유민주주의와 시장경제를 옹호하는 자냐를 밝히라는 의도인 것 같음)이 모호해서 경제가 어렵고, 기업이 투자를 안 한다고 떠듭니다.

이제껏 기업가들이 살아남기 위해서 선거철이 되면 정치가들에게 불법 선거 자금을 많게는 수백 억씩 제공했습니다. 그리고는 자신들의 기업 활동에 유리하도록 각종 특혜를 받고, 그 피해는 고스란히 국민들이 지는 악순환을 되풀이하였습니다. 특혜를 얻으려는 뇌물성 정치 자금을 상품 연구 개발비나 사회 복지 기금에 돌렸더라면 지금보다 더 기업 환경이 좋아졌을지도 모르고, 경쟁력도 향상되었을 것입니다. 그리고 솔직히 말해서 외국의 기업만큼 기업의 이익을 생색내기 활동 외에 좋은 일에 쓴다는 소리를 거의 들어본 적이 없습니다.

분명 기업이 잘 돼야 국가 경쟁력도 살아납니다. 그러나 하청 기업이나 비정규직 노동자들의 고혈(膏血)을 팔아 수출에서 흑자를 누리는 대기업이 있다면, 이는 망하는 지름길임을 알아야 합니다. 하청업자나 재하청업자가 납품 가격을 낮추기 위하여 값싼 외국 노동력을 이용할 수밖에 없고, 그것마저 경쟁 업체에 밀려 도산하는 상태에서 대기업만 우뚝 서 있다면, 지금과 같은 경제 불황은 절대로 회복할 수 없습니다. 그런데도 열심히 번 돈의 일부는 가만히 앉아서 챙기는 외국 투자자들에게 고스란히 바치면서 기업 환경이 나쁘다고 운운하겠지요.

정신적인 힘

기업도 사람이 하는 것이고, 국가의 경쟁력을 향상시키는 것
도 사람이 하는 일입니다. 왜, 우리의 동화에서 젊은이가 동삼을
세 개나 차례로 먹었는지 아십니까? 이는 우리의 전통에서 정신
적 자산을 찾아 에너지로 활용한 것을 말합니다. 이제는 시대가
조선 말기가 아니기 때문에 정신적 에너지를 꼭 전통에서만 찾
으려는 것은 무모한 짓입니다. 그러나 자신의 전통에서 정신적
자산을 찾지 않으면 자신의 참모습을 잃고 맙니다. 다시 말해
자신이 누구인지를 잃고 만다는 뜻입니다.

정치를 해도, 기업을 해도, 교육을 시켜도 무엇을 위해 하는가
를 분명히 해야겠지요. 그런 일을 하는 원대한 정신이 없다면,
한갓 모리배에 불과할 것입니다. 우리 사회에 신뢰가 무너지고
어른들을 존경하지 않는 풍조가 만연한 이유는 지금까지 이른
바 지도자란 인물들이 겉으로는 공익(公益)을 부르짖으면서도
속으로는 사익(私益)을 추구해왔고, 그러면서 원로(元老)랍시고
대우받으며 행동해오다가, 언제부터인가 그 위선이 탄로났기
때문입니다. 그렇기 때문에, 한 나라의 정신적인 힘이야말로 국
력의 가장 밑바탕이 되는 것이 아닐까요?

도덕적 것의 상품 가치

도덕적인 힘의 상품 가치로 연결되는 것 가운데 신용(信用)이
라는 것이 있습니다. 지금도 시장이나 상인들 사이에서 신용이

확실한 사람에게는 담보물 없이 돈이나 물건을 꾸어주는 사람들이 있습니다. 그 사람을 믿기 때문입니다. 남이 그 사람을 믿는다는 것은 그가 지금까지 남의 돈을 떼먹었거나 약속을 어긴 적이 없기 때문에 가능한 일입니다.

이러한 신용은 기업으로 확대됩니다. 곧 신뢰할 수 있는 기업의 상품은 소비자들이 삽니다. 신뢰할 수 있는 기업은 국민들이 사랑합니다. 신뢰할 수 있는 상품은 세계 시장에서도 당당히 팔릴 수 있습니다.

개인과 개인, 기업과 소비자, 기업과 기업, 국가와 국가 사이에서도 신뢰가 없으면 올바른 관계를 유지할 수 없습니다. 공자도 일찍이 국가가 성립하는 데 필요한 군대·경제·신뢰 가운데서도 가장 중요한 것으로 신뢰(믿음)를 꼽았습니다.

민주적 절차

나라가 강하게 되려면 구성원인 국민들의 지지를 이끌어내야 합니다. 어떤 작은 조직체든 거기에 속한 조직원들의 힘을 모으려면, 이들이 자발적으로 참여하도록 해야 합니다. 강제로 동원하는 힘은 겉으로는 강하게 보여도 외부적 영향에 쉽게 무너집니다.

자발적인 힘을 이끌어내는 데는 종교적인 집회나 민주적 절차에 의하여 가능합니다. 종교적 집회 형식은 순간의 열정을 끌어낼 수는 있지만, 회의(懷疑)가 생기면 쉽게 식어버리는 경향이 많습니다. 다만 민주적 절차에 의하여 이끌어낸 힘이 가장 지속

적이며 크다고 할 수 있습니다.

민주적 절차의 대표적인 형식이 대화와 토론을 통한 설득입니다. 어떤 사람은 다수결의 원칙을 섣불리 적용합니다만, 위험한 발상입니다. 대화와 토론은 가장 합리적이고 적합한 방법을 찾기 위하여 서로의 논리와 합리성을 검증하거나 논의해보는 과정입니다. 논리가 미약하거나 합리성이 결여되면 다른 사람의 의견에 따르고 자신의 의견을 양보해야 합니다. 괜한 똥고집을 피워서는 안 됩니다. 그런 사람은 민주적 교육을 받지 못한 사람이거나 사적인 이익이나 감정 때문에 남의 의견을 받아들이지 않는 것입니다.

그래서 논의 과정이 길거나 토론이 어려워지면 사람들은 빨리 결단하려는 유혹에 쉽게 빠지게 됩니다. 그 폐해 가운데 하나가 추진력이 있다는 미명 아래 독재자의 기질이 있는 대표를 뽑아 그에게 책임을 맡겨버리는 것입니다. 우리나라 어떤 조직의 대표 가운데 이런 사람들이 있어서 좌충우돌하는 모습을 보이고 있지 않습니까?

민주화가 되었건만

우리 한국은 유럽 사람들이 몇 백 년에 걸쳐 이룩한 민주화 과정을 불과 몇 십 년 만에 도달했다고 부러워하는 나라들이 많습니다. 정말로 그렇다고 생각합니다. 물론 수많은 사람들의 피의 대가로 이룩한 것입니다. 민주화를 위해 투쟁하다 희생당하신 고인들의 영전에 삼가 명복을 빕니다.

지금까지도 참을 수 없는 것은 과거에 민주 인사들을 이른바 국가보안법에 적용시켜 '간첩'이나 '좌익 분자'로 규정하여 투옥시켰다는 것입니다. 더 참을 수 없는 노릇은 비록 법적인 잘못은 없다 하더라도 그때 그 일에 가담한 인사들 가운데 일부는 여전히 정치인이 되거나 사회에 영향력 있는 사람으로 활동하고 있다는 사실입니다. 더 분통을 터뜨릴 수밖에 없는 일은 독재 정권 아래 그런 식으로 세뇌를 당한 많은 사람들이 아직도 그 시대적 가치로 세상을 보고 있다는 사실입니다. 그래서 민주화를 위해 투쟁한 사람의 일부를 아직도 간첩으로 여기는 사람들이 있다는 점입니다. 정치가들은 그런 사람들의 의식을 겨냥해 자신의 반대 입장에 있는 사람들을 사상이 이상한 사람으로 몰아부칩니다.

생활로서의 민주주의

이전에 교육의 낙후성을 비판하는 말 가운데 '20세기 교사가 19세기 교실에서 21세기 아이들을 가르친다'는 말이 있었습니다. 마찬가지로 지금 혹시 우리는 민주화된 세상에서 민주화되지 못한 사람이 미래의 민주 시민을 가르치는 것이 아닙니까? 정치적 민주화를 바라고 성취했지만, 자신은 정작 생활로서의 민주주의 교육을 제대로 받았는지 한 번 반성해봐야 하지 않겠습니까?

만약 당신이 민주화를 외치고 학생 운동을 주도하면서 술자리에서 후배들이 마시기 싫어하는 술을 강제로 마시게 하지는 않았습니까? 직장에서 민주를 말하다가도 집에 와서는 텔레비전 채널 선택권을 독점적으로 행사하지는 않습니까? 여러분이 다른 사람보다 나은 지위나 위치에 있다고 아랫사람에서 직무와 관련 없는 취미나 기호, 심지어 인생관까지 강요하지는 않습니까? 여러분이 상사의 위치에 있다면 직장 내에서 대화나 토론의 장을 마련하고 그것을 업무에 얼마나 반영하고 있습니까?

국가 조직이나 직장은 물론이고 가정에서까지 민주적일 때 가정의 화목을 이루어냄은 물론이고 가정 교육이 제대로 될 것이라고 믿습니다.

타인에 대한 배려

나라의 힘 가운데에는 경제력 외에 국가 구성원, 즉 국민 개개인의 도덕적인 힘이 중요하다는 말을 하였습니다. 필자가 초등학교에 근무하기 때문에 그와 관련된 이야기를 하고 이 세 번째 이야기를 끝맺고자 합니다.

필자가 사는 아파트 바로 앞에 다세대 주택이 있습니다. 밤만 되면 개가 짖어서 잠을 못 잘 때가 많습니다. 특히 여름철에는 창문을 열어놓기 때문에 소리가 무척 크게 들립니다. 참다못해 아파트 주민 몇 사람이 그 집 주인에게 가서 소리 좀 안 나게 할 수 없냐고 따졌더니, 개 주인은 되레 고래고래 소리를 지르며 내 집에서 내가 개를 키우는데 당신들이 무슨 상관이냐고 대들었습니다. 물론 개소리가 안 나게 하는 다른 방법을 알고 있습니다만, 이웃간에 꼭 그렇게까지 할 필요가 있겠는가 싶어 '내가 참지' 하고 말았습니다. 이보다 좀 덜하지만, 요즘은 공공 장소나 공원에 애완견을 데리고 와 아무 데나 배설물을 흘려놓고 치우지도 않는 사람들도 많습니다.

'내 것 가지고 내가 하는데 니들이 무슨 상관이냐?' 이런 발상은 참으로 위험합니다. 이런 것은 바로 타인에 대한 배려나 존중에 대한 교육의 부재에서 발생한다고 봅니다. 그것이 가정 교육이든 학교 교육 또는 사회 교육이든 말입니다.

못 말리는 아이들

초등학교 아이들은 참으로 귀엽고 사랑스럽습니다. 특히 한 가지만 빼고 그렇습니다. 그것이 무엇이냐 하면, 기본적인 공공 질서를 지키지 않는다는 것입니다. 그 중에서도 실내에서 소리 지르는 것은 머리가 핑 돌게 만듭니다. 발표를 시키면 목소리가 모기 소리 만하게 작아지다가도, 틈만 생기면 고래고래 악을 쓰며 소리를 지른답니다. 그런 소란을 막기 위하여 교과 시간에 활동 과제를 무겁게 주어 그것 하느라 조용한 분위기로 만들 수도 있지만, 사랑스런 아이들을 혹사시키지 않기 위해 차마 그러지는 못합니다.

그래서 학교마다 기본 생활 습관 교육을 중요한 교육 내용으로 설정해놓고, 서울시 교육청에서도 '실내에서 조용히 하기, 실내에서 뛰지 않기, 차례로 줄서기'라는 과제를 만들어 일선 학교에서 교육하게 했습니다. 물론 교육 과정에도 있습니다. 그러니까 단위 학교는 물론, 지역 교육청, 심지어 전국적으로 그것을 강조해도 잘 지켜지지 않는다는 것입니다. 이것 한 가지만이라도 완전히 해결할 묘책이 있는 사람이 있다면, 그런 사람 뽑아서 우리나라 초등 교육 정책을 맡겼으면 좋겠습니다.

이런 것은 도무지 남을 생각하지 않은 데서 나오는 행동들입니다. 제가 볼 때는 거의 무의식적입니다. 다른 학급이 수업중인데도 복도에서 소리를 지르고 뛰어다닙니다. 하기야 초등학교만의 문제는 아닌 것 같습니다. 제가 얼마 전 모 대학에서 강의할 때 강의실 밖 푯말에 '우리 학우는 지금 수업중'이라는 것이 써 있었습니다. 대학생도 그랬던 모양입니다. 사실 자동차가 비교적 적게 지나가는 도로의 교차로 신호등을 무시하고 건너는 중·고등학생이 얼마나 많은지 지금 당장 확인하는 것도 어렵지 않을 것입니다.

제가 30년 가까이 초등학생을 지도했으니까 이런 기초적 도덕에 전념했다고 말할 수 있습니다. 불행히도 요즘 청년들을 보면 내가 잘 가르쳤는지 회의가 듭니다. 시내 한복판에서 개조한 스포츠카에서 음악 소리와 배기 가스가 분출할 때 나오는 소음으로 귀가 찢어질 듯할 때면, 이런 청년들도 우리가 교육시키지 않았나싶어 부끄러운 생각이 들었습니다.

그렇지만 지금 생각해보니 학교 교육만 잘 한다고 되는 게 아니라고 변명해봅니다. 저는 사회 전체가 학교라고 생각합니다. 특히 나라 안의 사회적 지도자, 교사, 부모의 교육적 역할이 크겠지요. 소위 현대판 군사부일체(君師父一體)라고 할 수 있습니다. 그러나 뭐니뭐니 해도 아이들이 가장 신뢰하는 사람은 부모이니, 부모의 교육적 역할이 가장 중요하지 않을까요?

넷째 마당

호랑이 잡은 반쪽이

비뚤어진 한쪽보다 올곧은 반쪽의 삶

① 옛날 어떤 곳에 삼형제가 살고 있었습니다. 첫째는 키가 크고 인물이 잘 생겨서 부모 사랑을 많이 받았습니다. 둘째도 키가 훤칠하고 얼굴이 잘 생겨서 부모 사랑을 많이 받았습니다. 이제 셋째를 말할 차례인데, 셋째는 키가 큰 것도 아니고 인물이 잘생긴 것도 아니라서 부모 사랑을 받았다고 말할 수가 없었습니다. 부모 사랑이 다 뭡니까? 키가 뭡니까? 얼굴도 반쪽, 몸도 반쪽, 다리도 하나밖에 없는 반쪽이었습니다.

아들이 이렇다면 부모가 더욱 사랑해야 옳건만, 오히려 자식으로 내세우기가 창피하다고 미워하였습니다. 부모가 미워하는 자식은 일가 친척도 미워하고 이웃 사람도 미워하는 법입니다. 반쪽이는 이처럼 서럽게 컸습니다. 하지만 반쪽이는 두 형보다 힘이 무척 세어서 용기를 갖고 살았습니다.

그런데 어느 날 이 마을에 큰일이 생겼습니다. 산에 있는 호랑이가 나타나서 길가는 나그네를 잡아먹는가 하면, 동네에 내려와 소나 돼지를 잡아가는 걱정거리가 생긴 것입니다. 매일같이 호랑이가 해를 끼쳤다는 보고를 받은 고을 원님은 방을 붙여서, 누구든지 호랑이를 잡아오는 사람에게 많은 상금을 주겠다고 하였습니다. 호랑이를 잡아야 한다는 말들은 하면서도 누구도 감히 그 무서운 호랑이를 잡겠다고 나서는 사람은 없었습니다.

며칠이 지나도 선뜻 나서는 사람이 없었는데, 하루는 반쪽이의 큰형이 원님을 찾아가서 자기가 호랑이를 잡아오겠노라고 자원하였습니다. 큰형도 힘은 세었습니다. 부모님은 조심해서 갔다오라고 하면서 아들을 보냈습니다.

큰형은 산으로 깊숙이 들어갔으나 호랑이를 만날 수 없었습니다. 해가 넘어가서 잘 곳을 찾는데, 저 멀리서 불빛이 반짝반짝하였습니다. 그 불빛을 찾아갔더니 산중에서 보기 어려운 대궐 같은 커다란 집이 하나 있었습니다.

큰형은 문을 두드렸습니다. 하인이 나와서 누구냐고 물었습니다. "길을 가다가 날이 저물어서 걱정하던 차에 여기 집이 있어서 찾아왔으니 하룻밤 자고 갔으면 좋겠습니다" 하고 대답을 하자, 집 안에서 노인 한 분이 나오면서 "밤중에 얼마나 피곤하시겠느냐? 안으로 모셔라" 하며 친절하게 말하였습니다.

큰형은 안으로 들어갔습니다. 머리도 하얗고 수염도 하얀 노인이 큰형을 반갑게 맞더니, 큰방에 큰상을 차려서 대접을 하였습니다. 영감은 상을 물린 후에 큰형에게 물었습니다.

"젊은이는 어디를 가는 길이기에 호랑이가 득실거린다는 이 산까지 들어왔소?"

"예, 바로 호랑이 그 놈 때문입니다."

"호랑이 그 놈이라, 호랑이가 어찌하였기에 …."

"요즘 마을에 호랑이가 나타나서 사람을 잡아먹고 가축을 해치는 일이 잦아서, 관가에서 방을 걸어 호랑이를 잡아오면 큰 상을 내린다기에 호랑이를 잡으러 왔습니다. 호랑이 그 놈만 내 앞에 있으면 문제없이 잡겠는데 …."

큰형은 이렇게 말하면서 주먹을 불끈 쥐었습니다. 이 말을 들은 영감은 얼굴을 찡그렸습니다.

"젊은이, 그 호랑이는 여간 사나운 동물이 아니라오. 산중의 왕이라는 말이 있지 않소? 영리한 놈이니까 마을에까지 나타나겠지요."

"영감님 말씀이 옳기는 합니다만 제 앞에서는 아무것도 아닙니다."

"허허, 너무 자신을 하시는구려. 내가 보기에는 젊은이 혼자 호랑이를 잡을 수 없을 것 같으니, 내일 아침 일찍 밥을 먹고 집으로 돌아가구려. 이 늙은이 말이 백 번 옳을 것이오."

"아닙니다. 저는 기어이 호랑이를 잡아죽일 것입니다."

큰형은 노인의 걱정에도 아랑곳없이 호언장담을 하였습니다.

이튿날 아침이 되자 큰형은 영감에게 간밤에 신세가 많았다고 인사를 하고 떠났습니다. 그때도 영감은 호랑이를 포기하고 집으로 가라로 하였습니다만, 큰형은 듣지 않고 깊은 산 속으로 들어갔습니다.

한참 산중에서 헤매고 있는데, 갑자기 밤에 만났던 대궐 같은 집 주인 영감이 나타났습니다.

"아니, 영감님이 여기엔 웬 일로?"

"내가 어제 저녁이랑 오늘 아침에 그렇게 타일렀는데도 집으로 돌아가지 않고 나를 잡으러 왔으니, 그냥 살려둘 수 없다."

큰형은 무슨 말인지 알 수가 없었습니다.

"이 놈아, 나를 보아라!"

말이 끝나기가 무섭게 영감이 재주를 홀딱홀딱 두 번 넘더니 호랑이로 변하여 큰형을 한 입에 삼켜버렸습니다.

집에서는 큰형이 호랑이를 잡아오기를 기다리는데 며칠이 지나도 아무 소식이 없자, 이번에는 둘째가 부모님에게 인사를 하고 호랑이를 잡으러 떠났습니다.

"아버지 어머니, 형은 아마도 호랑이에게 잡아먹혔나 봅니다. 허니, 제가 가서 호랑이를 잡아 형의 원수도 갚고 상금도 타오겠습니다."

이때 반쪽이가 둘째형이 걱정스러워서 "형님, 저도 같이 가겠습니다. 저는 기운이 세니까 형님 혼자 가시는 것보다 나을 것입니다" 하고 거들었습니다.

그러나 자신만만한 둘째형은 반쪽이 말을 듣고는 코웃음을 쳤습니다.

"흥, 너는 나를 생각한다지만 네가 따라오면 짐이 되니까 싫다. 너 같은 병신을 데리고 가면 호랑이 잡기는 고사하고 너를 돌보느라 귀찮기만 하단 말이다. 아예 따라올 생각은 하지 마라"고 핀잔을 주었습니다.

반쪽이는 자기를 '병신'이라고 하자 화가 났습니다.

"좋아, 나 혼자 가서 호랑이를 잡을 테니까 말리지 마시오."

그러면서 앞장서서 나갔습니다. 둘째형도 화가 났습니다. 그래서 반쪽이를 잡아서 나무에 꽁꽁 묶어놓고 길을 떠났습니다.

둘째형은 하루종일 걸어서 산중에 있는 대궐 같은 집에 이르렀습니다.

"주인장 계십니까? 지나가는 나그네인데 날이 저물어서 그러니 하룻밤 묵어가게 해주십시오."

그러자 머리도 수염도 흰 영감이 나오더니 반갑게 맞이하였습니다. 잠시 후, 전에 먹어보지도 못한 좋은 음식을 차려 극진히 대접하더니, 이윽고 둘째형에게 물었습니다.

"젊은이는 무슨 일로 이 깊은 산중에 왔소?"

"예, 호랑이를 잡아 큰형의 원수를 갚고 상을 타고자 하여 왔습니다."

이 말을 들은 영감은 얼굴을 찡그리더니 두말없이 밖으로 휑하니 나가버렸습니다.

'저 영감 참 이상하네. 호랑이 이야기가 나오니까 나가버리네. 호랑이가 자기 자식이나 되나 뭐….'

둘째형은 다음날 아침 일찍 조반을 마치고 호랑이를 잡으러 나섰습니다. 얼마쯤 가다가 커다란 바위 앞에서 그 영감을 만났습니다. 둘째형이 오기를 기다리고 있는 것 같았습니다.

"아니? 영감님이 이 산중에는 웬 일이십니까?"

"…."

영감은 아무 말도 하지 않았습니다.

"꼭 호랑이를 잡을 작정인가?"

"그야 물론이죠. 반드시 이 손으로 그 호랑이 놈을 잡아죽일 것입니다."

"이 놈아, 나를 똑똑히 보아라! 네 형도 못한 일을 네가 한다고? 어디 내 맛 좀 봐라!"

그러면서 영감이 재주를 두 번 넘자, 영감은 어디 가고 동산만한 호랑이가 나타나더니 둘째형을 한순간에 잡아먹어 버렸습니다.

한편, 반쪽이는 둘째형이 가버린 뒤 밧줄을 끊고 집으로 돌아가서 부모님에게 말했습니다.

"아버님, 아무래도 형님 혼자는 호랑이를 감당할 수 없을 것이오니 제가 가서 도와주면 어떻겠습니까?"

"네가 형을 생각하는 것은 갸륵한 일이나 조금 더 기다려보자. 네 형이 그 못된 호랑이를 잡아올 것이다."

반쪽이는 며칠이 지나도 둘째형이 돌아오지 않자 다시 부모님에게 자기가 가겠다고 말했습니다.

"반쪽이야, 네 형들이 못한 일을 네가 가서 어떻게 한다는 말이냐? 너는 몸도 성하지 않고, 너까지 가서 돌아오지 않으면 우리는 자식 셋을 다 잃는 것이 아니냐?"

"아버님, 저는 반드시 호랑이를 잡아올 것입니다. 그러니 보내주십시오."

"좋다. 너의 용기는 훌륭하다. 굳이 가겠다고 하니 보낸다만, 조심해서 너만은 부디 살아 돌아오너라. 호랑이가 없거나 잡기 어려우면 무리하지 말고 그냥 속히 돌아오너라."

"아버님 말씀을 명심하겠습니다. 그렇지만 형님들의 복수를 하려면 그 호랑이를 그냥 둘 수는 없습니다."

이렇게 비장한 각오를 하고 반쪽이는 떠났습니다.

한쪽 다리로 깡충깡충 뛰어서 산 속으로 들어갔습니다. 가다가 산 속의 대궐 같은 집에 다다랐습니다. 하룻밤 자고 가기를 청하니까 수염이 허연 영감이 나오더니 안으로 들어오도록 허락했습니다.

"젊은이, 젊은이는 몸도 성하지 않은데다 날도 저물었으니, 이제 더 갈 수는 없을 것이네. 허니 우리 집에서 자고 가게나."

"대단히 고맙습니다."

"뭘, 고마울 것이 있겠는가? 어서 방으로 들어오게."

영감은 안심을 시키면서 극진히 대접하려고 하였습니다.

"아이고 고맙습니다만, 저는 집에서 워낙 천덕꾸러기로 자라서 영감님 집처럼 좋은 집에서 자본 적이 없습니다. 저 생긴 것을 보십시오. 누가 저를 따뜻한 방에 자라고 하겠습니까? 그러니 아무 데서나 자겠습니다. 너무 심려하지 마십시오."

"그래? 집에서 천대받았다고 우리 집에서까지 천대받을 생각인가? 그러지 말고 어서 들어오게."

"아닙니다. 그저 시장하니 찬밥이라도 한 덩어리 있으면 좀 주십시오. 그걸 먹고 아무 데서나 자다가 내일 아침 날이 밝으면 일찍 떠나겠습니다."

반쪽이가 이렇게 사정을 하자 영감은 더 이상 권하지 않고 반쪽이가 달라는 대로 찬밥을 한 그릇 주었습니다. 달랑 무 한쪽이 반찬이었습니다. 이것을 달게 먹은 반쪽이는 마루 밑에 들어가서 잠을 잤습니다.

이튿날 아침 두런거리는 소리에 잠이 깨었습니다. 반쪽이가 가만히 귀를 기울여 들어보니 영감과 하인이 나누는 말이었습니다.

"어제 그 녀석은 떠났느냐?"

"예. 먼젓번 손님보다 훨씬 먼저 떠났나봅니다."

"잘 찾아보았느냐?"

"예, 아무 데도 보이지 않습니다."

"그래? 허허 …. 지난번에 온 두 녀석은 정말로 어리석은 자식들이었다. 내가 그렇게 좋은 말로 타일렀는데도 듣지 않고 무엄하게도 나를 잡겠다고 산 속을 헤매고 다녔으니 내가 살려줄 수가 없었다. 그 반쪽이 녀석은 아마 먼저 온 놈의 동생인 모양인데, 백 번 찾아다닌들 사람 모습으로 있는 나를 제까짓 놈이 호랑이인 줄 어찌 알겠느냐? 너는 이제 가서 일을 하여라."

하인을 내보내고는 혼잣말로 "저 놈도 내가 빨리 없어지기를 바라겠지. 그렇지만 나는 한 가지 비밀만 노출되지 않으면 죽을 턱이 없지, 하하하 …. 내 이마의 한가운데만 맞지 않으면 난 죽지 않아. 아직도 몇 천 년은 살 수 있단 말이야, 하하하 …. 나는 불사신이야 불사신, 하하하 …" 하며 웃었습니다.

아무도 없는 줄 알고 미련하게도 저 죽을 짓을 하는 영감, 아니 호랑이가 불쌍하였습니다.

'호랑이가 불쌍하다니 말이 되나? 우리 형님들을 잡아먹은 저 놈을 반드시 잡아야지.'

이렇게 다짐한 반쪽이는 마루 밑에서 얼른 나왔습니다.

"네 이 놈! 이제 보니 네가 우리 형님들의 원수인 호랑이였구나. 네가 우리 형님들을 죽이고 마을 사람들을 해친 바로 그 몹쓸 호랑이구나. 이제 너는 끝이다. 내 주먹맛을 보아라!"

반쪽이는 소리를 지르면서 달려들었습니다.

"아니, 이 놈이 여태 안 가고 여기 있다가 내 비밀을 다 들었구나. 내 비밀을 알았으니 살려둘 수 없다!"

놀란 영감은 어느새 재주를 홀딱홀딱 넘더니 동산 만한 호랑이가 되었습니다.

"으르렁, 으르렁 …."

호랑이는 산이 울리도록 쩌렁쩌렁 울부짖었습니다. 반쪽이는 영감이 호랑이로 변하는 순간, 호랑이가 아직 정신을 차리기 전에 이마를 겨누면서, 젖 먹던 힘까지 모아 힘껏 주먹으로 내리쳤습니다. 반쪽이의 주먹은 엄청나게 힘이 있었습니다. 호랑이는 이마 한가운데를 맞고 나가떨어졌습니다.

"이 놈의 호랑이, 내 주먹맛을 다시 보아라!"

그러면서 사정없이 호랑이의 이마를 때렸습니다. 호랑이는 힘을 제대로 써보지도 못하고 그만 죽고 말았습니다.

반쪽이는 대궐 같은 호랑이 집을 불살라버린 뒤 때려잡은 호랑이를 짊어지고 집으로 돌아왔습니다. 그리고 호랑이 뱃속에 들어 있던 형들의 뼈를 꺼내어 장사를 지냈습니다.

"내 아들 반쪽이, 네가 살아오다니 꿈만 같구나. 네 형들이 못한 일을 몸도 성하지 않은 네가 하였으니 놀랍다. 이제 동네 사람들 모두 다리 뻗고 편히 살게 되었구나."

이렇게 부모님은 반쪽이에게 칭찬을 아끼지 않았습니다.

"어머니, 이제부터는 저보고 몸도 성하지 않다든가, 불쌍하다든가 그런 말씀하지 마십시오. 다 같은 자식이 아닙니까?"

"오냐, 네 말이 백 번 천 번 옳은 말이다. 이제 자식이라고는 너 하나밖에 없는데, 어찌 그런 말을 하겠느냐?"

어머니는 아들을 대견스럽게 바라보았습니다.

반쪽이는 그 후에 부모님에게 효도를 하면서 잘살았다고 합니다. 원님이 준 상도 타고 호랑이도 팔아서 살림에 보탠 것은 물론이고요.

(최래옥 엮음, 『한국전래동화집 11』, 창작과비평사, 1994에서 인용)

 키도 작은데다 얼굴도 반쪽, 몸도 반쪽, 다리도 하나밖에 없는 사람을 이야기 속에서는 '반쪽이'라 불렀습니다. 여기서 반쪽이란 코도 하나, 눈도 하나, 귀도 하나, 콧구멍도 하나, 치아도 반만 있는 사람을 말할까요? 그럼 몸도 반 토막이 되어 심장도 반쪽, 허파도 하나, 콩팥도 하나, 작은창자나 큰창자도 반쪽일까요? 그런 사람이 있다면 어떻게 살 수 있을까요? 그럴 수는 없겠지요.

반쪽이

흔히 얼굴과 몸과 다리와 팔이 다 있고 키가 작아도 반쪽이라 불렀고, 먹지 못해 살이 빠져 얼굴이 바싹 마른 사람도 반쪽이라 부릅니다. 그래서 어른들이 오랜만에 만난 사람을 보고 "네 얼굴이 어떻게 반쪽이 되었냐?" 따위의 말을 하곤 하지요.

이것을 종합해보면 우리 이야기에 나오는 '반쪽이'는 키도 작고 몸도 작은 청년인 모양입니다. 게다가 다리가 하나 없는 사람, 곧 지체장애인입니다.

병 신

'병신(病身)'이란 말을 하니까 욕 같지요? 이미 앞에서 둘째형이 반쪽이한데 한 말 가운데 "너 같은 병신을 데리고 가면 호랑이 잡기는 고사하고 너를 돌보느라 귀찮기만 하단 말이다"라고 한 적이 있지요. 병신이란 원래 '병든 몸'이라는 뜻입니다. 특히 과거에는 몸에 장애가 있는 사람을 얕잡아 이렇게 불렀습니다.

그런데 우리가 읽은 이야기 속에서 아들이 이렇다면 부모가 더욱 사랑해야 옳건만, 오히려 자식으로 내세우기가 창피하다고 미워하였습니다. 부모가 미워하는 자식은 일가 친척도 미워하고 이웃 사람도 미워하는 법입니다. 반쪽이는 이처럼 부모와 형제 심지어 마을 사람과 친척들에게 서러움을 받고 컸습니다.

실제로 옛날에는 이런 장애인이 부모나 형제들로부터 미움을 받는 경우도 있었습니다. 사회에서 장애인을 사람 취급하지 않았기 때문에 부모들이나 형제들도 떳떳하게 살지 못했습니다. 그런 장애인을 낳거나 장애인이 되면 사람들은 신(神)의 특별한 뜻이거나 부모의 죄(잘못) 때문에, 또는 신의 노여움을 받아 그렇게 되었다는 생각이 강했습니다. 아니면 조상 무덤의 위치를 잘못 정했기 때문이라고 생각하거나 동네의 금기로 여기는 것을 잘못 건드려 생긴 불길한 징조로 보기도 했습니다. 실제로 그 때문에 장애인이 된다는 것은 합리적으로 생각해보면 있을 수도 없지만, 과학이 발달하지 않았던 과거에는 그런 식의 생각을 했습니다.

그 때문에 사람들은 장애인들을 놀리기도 하고, 같이 사는 것을 꺼려하기도 했습니다. 그래서 장애인들은 제대로 인간답게 살기가 어려웠습니다. 필자가 어렸을 때도 다리를 절며 이상한 몸짓으로 지나가는 거지를 보면, 아이들과 함께 따라다니며 놀린 적이 있었습니다. 또 정신이 약간 이상한 사람만 지나가도 신기한 동물을 본 것처럼 따라다니며 구경을 하였습니다. 장애인이나 사회적 약자에 대한 배려가 거의 없던 시절이라 그랬습니다. 아니면 미처 그러한 사람에 대하여 조그마한 동정심도 가질 수 없었던 환경에서 자랐기 때문이라고 생각합니다.

형

'형 만한 아우 없다'는 속담이 있습니다만, 이 이야기에 등장한 인물은 막내 반쪽이보다 다 키도 크고 잘 생겼던 모양입니다. 이야기에서는 첫째는 키가 크고 인물이 잘 생겨서 부모 사랑을 많이 받았고, 둘째도 키가 훤칠하고 얼굴이 잘 생겨서 부모 사랑을 많이 받았다고 합니다.

옛날에는 형 가운데서도 큰형은 어느 집에서나 대우받고 자랐습니다. 적어도 자식이 여럿 있는 집에서는 그러했습니다. 보통 큰아들은 집안의 대를 잇고 부모를 모시고 제사를 지낼 것이라 하여 재산도 많이 물려주고 키울 때도 특별 대접을 많이 했습니다.

이랬으니 형들의 자부심은 컸겠지요? 예나 지금이나 집안에서 인정해주면 자신감도 생기고 어떤 일에 대하여 자신감과 용기를 갖기 마련이지요. 어쩌면 자신의 능력으로 해결할 수 없는 일조차도 무모하게 도전하는 경우도 많습니다. 어떤 형들은 이러한 기대감에 도취되어 허풍을 떨기도 합니다. 식구들이나 동생들은 그 허풍을 거의 믿었습니다.

그러한 형의 그늘에서 피해를 보는 동생들은 대개 반항적 인물이 되지요. 독립심도 강하답니다. 물론 우리의 반쪽이처럼 그런 형을 원망하지 않고 따르는 사람도 없지는 않습니다.

옛날 사람들은 형에게 동생들을 잘 보살피라고 가르쳤습니다. 동생에게 먹을 것이나 입을 것이 없으면 형이 반드시 주어야 하고, 형에게 없을 때도 동생이 이같이 하라고 했습니다. 형이 비록 동생을 꾸짖더라도 반항하지 말고, 동생에게 비록 잘못이 있더라도 형은 소리내어 꾸짖지 말라고 했습니다. 형제에게 잘한 것이 있으면 밖에 나가 자랑하고, 실수가 있으면 덮어주고 남에게 알리지 말라고 했습니다. 그래서 형제가 화목하게 지내는 것을 미덕으로 여겼습니다.

호랑이

우리의 전래 동화에 호랑이만큼 많이 등장하는 동물도 없을 것입니다. 지금에 와서야 남한 땅에서는 동물원 외에서는 호랑이를 볼 수 없지만, 일제 강점기 초기만 해도 호랑이가 서울 한복판에 나타났다는 기사도 있습니다. 그러니까 이전에는 호랑이가 매우 많았던 모양입니다. 그래서 국가에서는 호랑이를 잡는 일이 매우 중요했고, 낮에도 숲 속을 지나거나 큰 고개를 넘을 때 절대로 혼자서 다니는 일이 없었다고 합니다.

이렇듯 호랑이는 우리 가까이에서 흔히 볼 수 있었고, 일찍이 단군 신화나 고구려 벽화에도 등장합니다. 이렇게 호랑이는 무서운 존재였기 때문에 종교적 신으로 숭배하기도 하였습니다. 흔히 호랑이를 산신령이나 산군(山君), 산중 호걸로 부르기도 했습니다. 우리가 읽은 이 동화에서도 영감으로 둔갑했는데, 옛날 사람들은 호랑이도 오래 살다보면 노인의 모습으로 변하여 산신령이 된다고 생각했던 모양입니다.

그런데 이 이야기에 등장하는, 호랑이의 변신인 노인도 그렇게 포악하지는 않게 등장합니다. 자기를 잡으러 온 사람들에게 먹을 것도 주고 재워주기도 하며 타일러 집에 돌려보내려고 합니다. 그들이 말을 듣지 않자 어쩔 수 없이 잡아먹기는 하지만 말입니다.

이것은 호랑이에 대한 사람들의 생각을 드러낸 부분입니다. 호랑이가 무섭기는 하지만, 무턱대고 인간을 해치는 동물이 아니라는 것을 말하고 있는 것입니다. 그래서 우리나라 민화(民話)에는 인간과 함께 다정하게 어울리는 것으로 표현하기도 하고, 민간 신앙에서는 일종의 수호신으로 숭배하기도 하였습니다.

변 신

옛날에는 '둔갑술(遁甲術)'이라는 것이 있었습니다. 자신의 모습을 다른 사물로 바꾸는 변신(變身) 기술을 말합니다. 요즘엔 영화나 애니메이션 같은 데서 많이 사용하는 기법이지요.

전래 동화 속에는 이렇게 자신의 몸을 바꾸는 이야기가 많이 나옵니다. 대표적인 것이 「구미호」나 「전우치전」 그리고 뱀이 용으로 변하는 이야기 같은 데서 볼 수 있습니다. 「구미호」에서는 여우가 오래 살아 사람인 여자로 변신하는 모습이 나오며, 「전우치전」에서는 사람이 술법을 익혀 동물로 변신하는 게 나옵니다.

이와 비슷한 이야기가 지금으로부터 30~40년 전까지도 시골에서 흔히 볼 수 있었습니다. 필자가 어렸을 때 들은 이야기인데, 어떤 사람이 저녁에 땅거미가 질 무렵 외출했다 돌아오다가 어떤 사람이 씨름을 하자고 해서 그와 씨름을 하였는데, 그 사람을 쓰러뜨린 뒤 허리띠를 풀어서 그를 묶어두었는데, 다음날 가보니 쓰다버린 빗자루가 나무에 묶여 있었다는 이야기가 있었습니다. 그것이 사실이었는지 확인은 해보지 않았지만요. 또 사람이 깎아서 버린 손톱과 발톱을 쥐가 먹고 그 사람과 똑같은 사람이 되었다는 이야기도 있습니다. 또 단군 신화나 여러 신화, 민담을 보면 사람이 죽어서 신이나 신선으로 변신하는 경우도 있습니다.

이렇게 이야기 속에서 변신을 허용하는 것은 민중들의 생각에 '환타지'적인 욕구가 있었던 것과 관계가 됩니다. 이를테면 오늘날 우리가 우주 여행을 해서 우주인을 만나거나 바다 속 깊이 딴 세상이 있어 거기서 온갖 재미를 보는 등의 영화를 만들어 즐기는 것처럼, 옛날 사람들도 이런 둔갑술을 적용하여 이야기의 재미를 더 증가시키려는 의도가 있었습니다.

또 한 가지는 어려운 말로 자연의 의인화(擬人化)라고 부르는 것인데, 자연의 힘에 대하여 무의식적으로 사람과 같은 특성을 지닌 것으로 표현하는 것으로 자연을 인격화시킨 점을 나타내고 있습니다. 과거에는 자연에 대한 인간의 두려움이 컸기 때문에 그러한 자연물을 귀신이나 신의 모습으로 나타내어 경계하거나 두려워했던 것입니다.

고요한 마을에 호랑이가 나타났습니다. 가축을 물어가고 경우에 따라 사람도 해쳤습니다. 이렇게 되면 마을이 공포에 떨겠지요? 그래서 원님은 방을 써붙여 누구든 호랑이를 잡아오는 사람에게 상을 준다고 하였습니다. 반쪽이의 두 형은 실패하여 호랑이에게 잡아먹혔지만, 반쪽이가 호랑이를 잡아서 마을의 문제를 해결하였습니다.

인물과 성격

반쪽이의 형들은 자신감이 넘친 사람들이었습니다. 마을에 방을 써붙여도 선뜻 나서는 사람이 없었는데, 그의 형들은 자청해서 호랑이를 잡고자 하였기 때문입니다. 아마도 영웅심이 발동했겠지요. 그들은 가정에서도 동생인 반쪽이를 무시하고 잘난 척했습니다. 그뿐만이 아닙니다. 산에 가서 노인(호랑이의 변신)을 만나도 사실대로 거침없이 말하고 노인의 타이름에도 불구하고 호랑이를 잡을 꾀나 방법도 달리 없으면서 잡으려고 하였습니다. 어떻게 보면 무모한 성격의 소유자들입니다.

대신 반쪽이는 형들을 진심으로 돕고자 했습니다. 그리고 그는 스스로 겸손하게 생각하는 사람입니다. 산중의 노인이 방에 들어와 밥을 먹고 자라고 권해도 스스로 바깥에서 자겠다고 하고 밥도 찬밥 한 덩어리로 만족했습니다. 자기가 평소에 대접을 못 받았기 때문에 굳이 여기까지 와서 대접을 받는 것이 못내 마음에 걸렸던 모양입니다.

사건 해결의 열쇠는 인물의 성격

이런 태도가 바로 사건 해결의 열쇠가 되었습니다. 만약 반쪽이가 마루 밑에서 자지 않았다면 호랑이를 죽일 수 있는 비밀을 엿들을 수 없었을 것입니다. 그가 마루 밑에서 자게 된 것은 전적으로 그의 태도, 그 태도를 이끈 그의 성격이 아닐까요? 반면에 그의 형들은 남의 충고나 도움에 아랑곳하지 않고 호랑이를 잡을 뚜렷한 방법도 없이 자신만만하게 설치다가 목숨만 잃었습니다. 호랑이 또한 반쪽이 형들의 오만한 태도를 보고 그 의도를 쉽게 알아차려서 자기를 잡으려는 사람을 되레 잡아먹을 수 있었습니다. 그러나 호랑이는 반쪽이가 자기를 잡으러 왔지만, 미리 겁먹고 도망간 줄 알고 그를 얕잡아보고 경솔하게 비밀을 누설하고 말았던 것입니다. 이렇듯 인물의 성격은 사건 해결의 열쇠가 됩니다.

여러분들이 살아가면서 성공하거나 실패하는 데는 나름대로 원인이 많겠지만, 대개 자신의 성격과 관련된 경우가 많습니다. 어차피 사람의 한평생은 대부분 그 인물의 성격에 의하여 많이 좌우되니까요.

　장애인인 반쪽이가 이렇게 큰일을 해낼 수 있었던 것은 항상 천대받고 자랐기 때문에 스스로 겸손할 줄 알았습니다. 천대받는 모든 사람들이 늘 겸손한 사람이 되는 것은 아니지만, 이러한 냉대 속에서도 반쪽이는 건전하고 건강하게 자란 것 같습니다. 이야기의 끝에 보면 "어머니, 이제부터는 저보고 몸도 성하지 않다든가 불쌍하다든가, 그렇게 말씀하지 마십시오. 다 같은 자식이 아닙니까?"라고 한 말을 보아 스스로 불쌍하다고 생각한다든가, 아무것도 할 수 없는 나약한 인간이라고 생각한 흔적은 잘 보이지 않습니다. 비록 장애가 있어도 실망하지 않고 겸손하면서 당당하고 열심히 사니까 큰일을 할 수 있었던 것입니다.

오만은 실패를 낳고 겸손은 성공을 낳는다

　형들은 잘 생기고 평소 부모의 칭찬을 받고 자라 스스로 자신감이 넘쳤습니다. 그런 성격이 형성되었을 것입니다. 그래서 주의를 기울이지 않고 무모한 행동을 취했습니다. 한마디로 오만한 행동이지요. 그래서 호랑이를 잡는 데 실패하고 목숨까지 잃었습니다.

　반면에 반쪽이는 자신의 분수를 알아 늘 겸손했습니다. 그렇지만 실망하지 않고 당당하게 살려고 노력했습니다. 그래서 어려운 일을 당해서도 성공할 수 있었습니다. 『명심보감』에 '가득

차면 손실을 초래하고 겸손하면 이익을 얻는다(滿招損謙受益)'
는 말이 있습니다. 원래는 『서경(書經)』의 말입니다만, 이 이야
기의 중심 생각과 통합니다. '가득 차면' 넘치게 되니까 오만을
말합니다. 그래서 이 이야기도 이러한 『명심보감』의 생각과 서
로 통하는 점이 있군요.

비뚤어진 한쪽보다 올곧은 반쪽의 삶

그러나 이야기의 주제를 '겸손과 오만'으로 설정하려면 굳이
반쪽이를 등장시킬 필요는 없습니다. 반쪽이를 주인공으로 내
세운 민중들의 속마음이 무엇인지 살펴볼 필요가 있습니다.

예나 지금이나 일부 사람들은 나름대로 장애를 안고 살아갑
니다. 물론 전혀 장애가 없는 사람도 있지만요. 특히 오늘날처럼
의학이 발달하지 못했던 옛날에는 잦은 질병과 사고에 대하여
제때 치료를 받지 못했기 때문에 일찍 죽는 경우도 있고, 살아남
아도 장애를 겪은 경우가 허다했습니다. 장애는 아니더라도 신
체적 결함, 예컨대 언청이 · 짝귀 · 혹 · 사마귀 · 곰보(천연두의
후유증) · 육손이 · 혀가 짧아 발음이 이상한 사람 등으로 외모
에서 남과 다른 특징을 가진 사람들이 참 많았습니다. 필자의
초등학교 동창 가운데도 육손이나 혹이 있거나 점이 유달리 크
거나 피부의 일부 색깔이 빨간 어린이도 친구가 있었습니다. 이
런 사람들은 대개 남의 놀림을 받고 자랍니다. 그러나 이들의
생각은 한 인간으로서 당당하게 대우받고 살려는 것이었습니다.
이러한 사람들의 소망이 이 동화에 반영되었을 것입니다. 이러

한 장애인이 큰일을 해내는 동화는 무척 많습니다. 예컨대 「바보온달」, 「박씨부인전」, 「장님 총각과 앉은뱅이 처녀」, 「바보 삼촌」 등 수없이 많습니다.

비장애인이나 잘난 사람들은 자신들의 신체적 장점을 늘 잊고 삽니다. 자신이 혜택 받은 것보다 모자라는 것에 늘 불만입니다. 아니면 자신의 잘난 점을 지나치게 자랑하거나 교만해집니다. 그러다보면 오히려 성격이 삐뚤어질 가능성도 많습니다.

그러나 반쪽이 같은 사람들 가운데는 비록 몸은 장애가 있지만, 살아가는 태도가 당당하고 올곧게 살아가는 사람들이 많습니다. 그래서 이 이야기의 주제를 '삐뚤어진 한쪽보다 올곧은 반쪽이 더 낫다'고 생각하는 것이 가능합니다.

장애인을 돕자고?

이야기의 주제를 살펴보았습니다. 그럼 이 이야기가 던져주는 논리는 무엇일까요? 논리는 보편적이어야 합니다. 즉, 언제 어디서나 통하는 원리가 되어야 합니다. 물론 그 논리는 주제를 분석해야 나오는 것이지만요.

우리는 장애인을 무시해서도 안 되고 그들을 잘 돌보아주어야 하겠습니다. 그러나 거기서 그친다면 이 이야기의 주제와는 무관합니다. 장애인들에게 동정심을 갖고 돕자는 것이 이 글의 주제는 아니기 때문입니다. 실지로 장애인들도 비장애인들이 동정심을 발휘하여 도와주기만을 바라지는 않을 것입니다. 그렇다면 이는 장애인들을 모독하는 것입니다.

당당하게 사는 것이 아름답다

오히려 이들은 인간으로서 가능한 한 남의 도움을 받지 않고 떳떳하게 살기를 바랄 것입니다. 굳이 삼중 장애인인 헬렌 켈러 같은 사람들을 들먹이지 않더라도 삶을 성공적으로 살아가는 사람들을 얼마든지 발견할 수 있듯이, 그들도 성공적으로 산 사람들의 뒤를 이어 당당하게 살고자 할 것입니다.

또 본인들이 그렇게 사는 것도 중요하지만, 사회에서 이들이 그렇게 살 수 있도록 교육시키고 기회와 일자리를 주는 것도 결국 사회의 발전을 가져오게 하는 것입니다. 그것은 따지고 보면 모든 인류를 위하는 길이기도 합니다.

 신화나 전래 동화 또는 민담을 해석하는 데에는 여러 가지가 가능합니다. 그 내용이 실제 사실일 수도 있고, 아니면 그 이야기를 만든 사람들의 상상이나 소원일 수도 있습니다.

신화와 민담

일반적으로 신화나 전래 동화(민담)는 문학적으로 존재하는 것이지만, 이를 좀더 잘 이해하기 위해서는 문학적 성격을 뛰어넘어 철학적, 사회학적, 인류학적, 심리학적, 민족학 또는 민속학적인 견지에서 이해할 필요가 있습니다. 필자의 이해 방식은 철학적 방법에 많이 의존하고 있습니다.

이렇게 신화나 전래 동화에는 문학적 결실이 있는가 하면 종교적이거나 정치적이거나 사회철학적인 것도 있습니다. 예컨대 중국의 고대 신화와 민담들은 고대 국가의 성립과 통치 이념으로 작용하였고, 유태인의 신화는 세계에서 가장 광범위한 종교를 발생시켰습니다. 또한 그리스 신화는 인간 중심의 철학이나 예술을 탄생시켰다고 말할 수 있습니다.

우리의 신화와 민담 가운데 건국 신화들은 정치적인 측면에서 국가 구성원들에게 동족 의식을 불러일으켜 국가의 결속을 다지는 데 한 몫 했습니다. 특히 통일신라 이후에는 박혁거세의 건국 신화보다 단군 신화를 부각시킴으로서 삼국 통일 후의 구성원들을 하나의 민족으로 묶는 구심점 역할을 한 것이 그 예입니다. 이뿐만 아니라 고구려의 건국 신화나 백제의 건국 신화 등도 정치적인 모습을 보이고 있는데, 특히 고구려와 백제는 특정 신화를 자신의 것으로 만들려는 주도권 싸움을 한 흔적을 보이고 있습니다. 백제의 뿌리가 고구려의 건국 신화에 닿아 있는 것을 보면 그것을 확인할 수 있습니다.

그런데 우리의 신화나 민담이 기독교와 같은 세계적 종교로 이어지지 않은 것은 우리의 과거 역사가 중국 사상이나 불교의 영향을 받았기 때문입니다. 중국의 주류 문화나 불교는 지극히 이성적이고 합리적인 문화이기 때문에, 초자연적 신비를 없애고 그 사이에 인문적 철학이 대신하게 되었습니다. 그래서 그런 영향을 받은 우리의 문화 풍토에서 신화나 민담은 무속이나 민간 신앙으로 밀려나게 되었습니다. 다행히 그것이 예술로 승화되어 소설이나 그림·음악·탈춤 등에 흔적을 남기고 있습니다.

이렇듯 우리의 신화나 민담은 여전히 우리와 호흡하고 있으며 우리의 정신적 보고(寶庫)이기 때문에 알게 모르게 그것에서 더욱 생명력을 보급받고 있는 것입니다.

우리의 사상과 철학

불행히도 우리 문화 가운데 철학적이고 사상적인 고유성을 따질 때 너무 빈약하다는 문제를 제기하기도 합니다. 오랜 기간 동안 불교와 중국 문화를 수용했기 때문에, 정치철학이나 개인의 가치관이 모두 중국 사상이나 불교의 사상을 기본으로 했다는 점에서 그렇습니다.

이는 물론 전혀 틀린 말은 아닙니다. 그러나 세계 어느 나라를 막론하고 자신의 고유한 철학 체계를 가진 나라는 없습니다. 문화란 어차피 물처럼 높은 데서 낮은 데로 흐르는 것이어서, 고급 문화는 저절로 전파되기 마련입니다. 문제는 그 문화 뿌리의 원조가 어디냐가 중요한 것이 아니라, 꽃을 피우고 열매를 맺는 것이 더 중요한 것입니다. 그런 점에서 보면 삼국시대 이후의 한국 불교나 한국 유교가 그것이 발생한 인도나 중국보다 더 화려하게 꽃피었던 것을 우리는 자랑스럽게 생각할 필요가 있습니다. 특히 철학 체계는 조선말에 이르면 이미 전통적인 불교와 유교의 논리를 벗어나 인도나 중국의 것을 초월하여 세계적인 것으로 발전하게 됩니다. 대표적인 학자가 혜강(惠岡) 최한기 (崔漢綺 : 1803~1877)입니다. 그의 철학은 오늘날에도 여전히 유효합니다.

전래 동화의 중요성

그럼에도 불구하고 유독 필자가 전래 동화에 관심을 갖는 것은 우리 고유의 신화나 민담이 많이 반영되어 있기 때문입니다. 철학이나 종교 사상이 중국과 인도의 영향을 많이 받았다면, 우리 고유 사상의 뿌리는 신화나 민담에 있다고 보기 때문입니다.

관심을 갖는 또 하나의 이유는 기존 철학 사상의 연구가 지배층 중심이었기 때문에 민중들의 생각이나 사상이 소홀히 다루어졌다는 점입니다. 물론 지배층의 사상이 좀더 보편적인 데 비해 민중들의 사상은 체계가 없고 합리성이 적기 때문에 다룰 가치가 적다고 할 수도 있겠습니다. 그리고 민중들이 지배층의 문화에서 고스란히 영향을 받기 때문에 따로 연구할 필요가 없을 것이라는 생각도 듭니다. 그러나 민담이나 신화에는 그런 지배층의 생각과 다른 것도 있고, 현실에서 이루기 어려운 풍부한 상상력으로 구성된 이야기도 있기 때문에, 합리적인 지배층의 문화에서 고스란히 영향을 받았다고 말할 수만은 없습니다. 그래서 지배층의 사상만 다룬다면 반쪽 역사를 공부하는 것밖에 안 됩니다.

마지막으로 전래 동화나 민담 속에 우리가 창조적으로 계승할 수 있는 실마리를 찾을 수 있기 때문에 관심을 갖을 것입니다.

유교나 불교는 워낙 보편적인 사상이어서 동양 사람은 물론이고 웬만한 서양 사람들도 그 논리와 내용을 익히 알고 있는 터라 계승하려는 부분도 있습니다. 21세기는 문화의 다양성이 존중되기 때문에 자기만의 독특한 문화를 창조한다는 것은 생존 전략에도 매우 중요한 역할을 합니다. 그래서 우리 고유의 것을 소홀히 다룰 수 없는 것입니다. 물론 전래 동화 속에 유교와 불교, 도교가 섞여 있기도 하지만요.

전래 동화의 해석

전래 동화도 신화처럼 해석의 문제를 안고 있습니다. 대부분의 신화와 민담들은 신이나 초자연적인 인물을 등장시킵니다. 고대 시대의 이러한 초자연적인 인물은, 당시 자연에 대한 지식이 적었기 때문에 자연에 대한 두려움을 의인화(擬人化)하여 등장시킨 경우가 많습니다.

우리가 읽은 동화에서도 호랑이나 영감은 자연 재해로 생각해볼 수 있습니다. 세 아들은 그런 자연 재해에 대한 인간의 노력으로 생각해볼 수도 있고요. 첫째와 둘째는 자연에 대한 두려움 없이 인간적인 오만함으로 그 문제를 쉽게 해결하려다 실패한 경우를 말하는 것이고, 반쪽이는 남이 알아주지 않는 처지에 있었지만 겸손함을 가지고 슬기롭게 해결한 하층민이나 천대받던 사람들을 상징한다고 말할 수 있습니다. 남의 도움을 받아야 할 사람들이 오히려 다른 사람에게 도움을 주는 그런 모습을 그려내고 있습니다.

장애인과 천문학

그런데 인류 문화의 발생 초기에는 천문학이 다른 학문에 비해 먼저 발달했다고 합니다. 하늘에 떠 있는 별의 규칙적인 변화를 보고 날짜나 시간이 가는 것을 계산하여 달력을 만들거나 때에 따라 할 일을 정했다고 합니다. 그것은 매우 중요한 역할입니다. 농업의 생산력과 직결되는 문제이니까요.

이러한 별자리 관찰은 몸이 불편하여 농사를 짓거나 사냥을 하지 못하고 가만히 있어야만 하는 장애인들에 의하여 이루어졌다는 설이 있습니다. 몸보다 머리를 써야 하는 작업, 그것도 수많은 인내와 노력으로 관찰한 결과로 얻어지는 지식을 찾기 위해서 말입니다.

문화는 유전되지 않는다

이러한 지식들은 유전의 법칙에 의하여 전해지는 것은 아닙니다. 아버지가 아무리 아는 것이 많다고 해도 그 자식에게 교육 없이 그 지식이 고스란히 전해지는 것은 아닙니다. 인류가 오늘날처럼 다른 동물에 비해 우뚝 서 문화를 창조하고 세상을 지배하는 것은 결코 인류의 신체적 기능이 탁월해서가 아닙니다. 신체적 기능도 지식처럼 유전되지 않습니다. 그것은 지식과 마찬가지로 끊임없는 학습을 통하여 획득되는 것입니다.

인류가 만물의 영장으로 우뚝 설 수 있었던 것은 그 정보나 능력을 사회적으로 전달할 수 있었기 때문입니다. 사회적 전달

기능이나 새로운 지식 창조에는 육체적으로 건강한 사람만 할 수 있는 것이 아닙니다. 육체적 장애를 가져도 그러한 지식을 만들고 전달할 수 있습니다. 바로 그렇기 때문에 육체가 건강한 사람만 살아남아야 하고 건강하지 못한 사람은 사라져야 한다는 생각에는 위험성이 있습니다. 다시 말해 전달을 통한 문화의 축적이 있었기에 인류의 발전이 가능했고, 거기에 기여한 사람들 가운데는 장애인도 있었다는 것입니다.

장애인이 존중되어야 하는 이유

문화란 한 민족이나 특수한 엘리트만 창조하는 것은 아닙니다. 마치 지구상의 생물 자원을 보호하는 이유가 그 자원으로부터 인류에 도움이 되는 것을 언제 발견할지도 모르는 것과 같이 어떤 인종이나 민족, 장애인의 문화나 생각 속에서 인류에게 빛을 던져주는 위대한 업적이 나올지도 모르기 때문입니다.

그보다도 더 중요한 것은 그들도 인간이기 때문입니다. 인간은 인종이나 남녀, 신체의 결함, 교육의 정도, 재산의 유무에 따라 차별을 받아서는 안 됩니다. 누구나 사회적으로 불리한 입장에 설 수 있기 때문입니다. 내가 아니더라도 내 아내나 자식이 그러한 위치에 갈 수도 있습니다.

인 권

비단 장애인뿐만 아니라 여성·아동·외국인까지도 존중받

고 그 권리가 보장되어야 합니다. 이러한 문제들은 그 사람이 쓸모가 있건 없건, 인류에게 보탬이 되든 안 되든 상관없이 인권(人權) 차원에서 다루어야 합니다.

인권은 기본권 또는 시민권이라고 불리며, 모든 인간은 권리와 자유에서 동등하다는 주장을 기본 전제로 삼습니다. 이것은 원래 서양 르네상스의 휴머니즘 이래로 전개되어 왔던 계몽주의 정치 사상에서 유래했습니다. 계몽주의 정치 사상은『맹자』의 천명 사상(天命思想 : 하늘의 명을 받은 자가 임금이 된다는 설)과 민본 사상(民本思想 : 백성이 나라의 근본이라는 생각)이 결합된 '민심(民心)'이 곧 천심(天心)'이라는 천명(天命)이 백성에게 있다는 사상의 영향을 받게 됩니다.

이 시기에 인간의 권리는 하늘에서 주었다는 '천부인권(天賦人權)', 곧 모든 인간은 평등·행복·안전이라는 자연적인 권리를 갖는다는 것은 신(神)의 의지나 이성적 근거에 의해 인간에게 태어날 때부터 부여되는 권리 체계를 가리킵니다. 현대의 어떤 학자들은 인권의 적극적 기능은 모든 인간이 각자 자신의 인간적 본질을 자유롭게 발전시킬 수 있는 삶의 조건을 만드는 것이라고 주장합니다. 쉽게 말해 모든 사람들이 인간답게 살 수 있도록 법적으로 보장받는 것을 말합니다.

본문에서 반쪽이가 "어머니, 이제부터는 저보고 몸도 성하지 않다든가 불쌍하다든가, 그렇게 말씀하지 마십시오"라고 말한 것을 보면, 단순히 종교적 자선이나 빈민 구제 차원에서 장애인을 바라보지 말 것을 상징합니다. 다시 말해 장애인도 하나의 인간으로서 자신의 본질을 적극적으로 발휘할 수 있도록 사회나 국가가 보장해주어야 한다는 뜻입니다.

평 등

그런데 '인간은 누구나 평등하다'고 할 때 평등(平等)이란 도대체 어떤 것일까요? 그리고 사람들이 평등하다고 간주하는 일정한 기준에 따라 각자에 가해지는 태도가 달라지겠지요.

평등의 뜻은 그 자체로 애매한 말입니다. 국어사전에는 '권리·의무·자격 등이 차별 없이 고르고 한결같다'고 표현되어 있으나, 이 또한 쉬운 말이 아닙니다. 그저 모든 사람을 똑같이 대우한다고 할 때 사실상 많은 문제가 생깁니다. 이 경우 인간의 자유와 권리를 침해할 수도 있습니다. 이 문제는 남성이냐 여성이냐 장애인이냐 비장애인이냐 하는 문제는 물론이고, 인간 개개인 사이의 관계에서 발생하는 문제입니다.

역사적으로 볼 때 평등의 뜻을 그때 그때의 역사적 상황에 따라 달리 적용한 경우가 많았습니다. 집단의 이해 관계에 따라 달리 주장되었다는 것입니다. 그래서 마지못해 모든 국민은 '법 앞에 평등하다'고 하여 정치적 법적 특권을 인정하지 않는다는 뜻으로 적용하는데, 이 또한 모든 인간이 동등한 존엄성을 갖는다는 가치관의 바탕 위에서 만들어진 것입니다. 다음으로 평등은 조건의 평등, 즉 기회의 균등이라는 차원에서 발휘되고 있습니다. 그러나 이 경우도 장애인은 비장애인보다 많은 제약을 받고 있습니다. 그것을 해소하려는 노력이 없는 것은 아니지만 말입니다.

어떤 사람들은 빼앗는 사람(착취자)과 뺏기는 사람(피착취자)이 있는 데서는 절대로 평등은 있을 수 없다고 말합니다. 쉽게 말해 부당하게 빈부의 격차가 심한 곳에서는 결코 평등이 없다는 뜻입니다. 그래서 이 경우 평등에 대한 정의(定意)는 거꾸로 평등한 법과 제도를 어떻게 만드느냐에 따라 정해질 것입니다.

여하튼 장애인도 비장애인과 마찬가지로 인간적 권리가 있고 자유와 평등을 똑같이 누려야 한다는 것입니다. 단지 그것을 누리기 위한 조건이 비장애인과 다르다고 해서 무시해서는 안 됩니다. 국가나 사회에서 좀더 적극적으로 그것을 보장할 수 있는 법적·물리적 장치를 마련해야 하며, 그것이 잘 보장될 때 문명 국가가 되는 것입니다.

⑤

 다음의 노래는 민중 가요로 불리는 「장애해방가」입니다. 노래라기보다도 절규에 가깝습니다. 장애인들의 처지에 대한 우리 사회의 현실이 고스란히 들어 있습니다. 교육·취업·이동·사회 활동 등 생존에 많은 제약과 차별이 존재하는 현실을 잘 드러내고 있습니다.

장애 해방가

반 토막 몸뚱이로 살아간다고
친구야 이 세상에 기죽지 마라

삐뚤어져 한쪽으로 사느니 반쪽이라도 올곧게
말뿐인 장애 복지 법 조항마저
우리의 생존을 비웃고 있다
노동으로 일어설 기회마저 빼앗긴 형제여
아! 차별의 폭력 눈총을 깨고 사백만의 힘으로 하나로
자 외쳐 불러라, 해방의 나라 장애 해방 참세상을
아! 우리는 뼈아픈 고통의 시련마저 참아 참아야 승리하리라

　이 피맺힌 소리는 바로 우리 반쪽이가 마지막에 말한, 고통스럽지만 당당하고 건강한 목소리가 아닙니까? 사회의 부당함에 주체적으로 항거하자는 절규 말입니다.

장애는 어쩔 수 없는 것인가?

　장애인이 계속 생겨나는 현실을 그저 묵묵히 받아들여야 할까요? 조심하더라도 장애인이 태어나거나 생기는 것을 거부할 수 없습니다. 장애의 발생에 원인이 밝혀진 것도 있지만 밝혀지지 않은 것도 있습니다. 우리가 잘 알듯이 사고를 당해 장애인이 되는 것도 그렇지만, 태어날 때부터 장애인이 되는 경우도 있습니다. 공해 탓인지 문명 탓인지 몰라도 장애아의 출생이 눈에 띄게 증가하고 있습니다. 아니면 이전에도 많았지만 사람들의 무관심과 의학이 발달하지 못해 미처 알아보지 못했는지는 모르지만, 그 숫자가 증가하고 있는 것은 확실합니다. 신체적 장애뿐만 아니라 정신적 장애까지 합한다면 그 수는 계속 늘어나고 있습니다.

게다가 필자는 교사이기 때문에 장애인과 비장애인의 경계가 분명치 않은 학생들을 많이 봅니다. 물론 제가 의사가 아니기 때문에 순수하게 제가 알고 있는 지식과 상식을 동원해서 보면 말입니다. 가령 한글의 같은 낱말을 수없이 반복하여 가르쳤는데도 돌아서서 잊어버리는 경우(학습 장애라고 부름), 수업 시간에 한시도 가만히 있지 못하고 설쳐대거나 떠들어서(아이들은 보통 집중 시간이 짧아 잘 떠듦. 이보다 훨씬 심한 경우) 부모의 주의나 교사의 지도로도 고치기 힘든 아동, 하루종일 말 한마디 안 하고도 제 할 일을 하는 아이, 또 정서적으로 불안하여 괴성을 지르거나 엉뚱한 행동을 하는 아이, 하는 일에 자신감이 없어 일일이 물어보고 행동하는 아이 등 별의별 아이들이 있습니다. 장애아인지 아닌지 구분은 안 가지만, 지도 없이 방치하면 사회의 일원으로서 건강하게 살아가기에 어려움을 겪을 것입니다. 바로 장애인을 포함하여 이들도 우리가 함께 껴안고 살아야 할 귀중한 생명들인 것입니다. 우리가 정확하게 의학적으로 판명된 장애인만 문제가 되고 이들은 비장애인이기 때문에 살아가는 데 별문제가 없다는 생각은 대단히 위험하다는 생각입니다.

누가 더 장애를 가졌나?

그런데도 우리는 유독 장애인 학교가 주변에 설립된다고 하면 집값이 떨어진다고 못 들어오게 시위하고, 학급에 장애아가 있으면 비장애아 부모들이 은근히 싫어하는 것이 현실입니다. 장애아보다 못한 비장애아도 얼마든지 있는데도 말입니다.

그렇습니다. 장애인에 대한 편견, 곧 우리의 마음의 장애가 더 큰 장애인 것입니다. 위대한 문명 국가에선 구성원들이 함께 더 불어 사는 것이고, 그러기 위해서는 우리의 마음부터 넓혀야 하는 것입니다. 집값을 올려 떼돈을 벌고, 사회적 출세만 존중되고, 그것을 위해 일류 학교에 진학하고, 그 진학을 위해 남이 내 발길에 귀찮게 걸리는 존재로만 생각되는 사회, 그 사회는 병든 사회이자 꿈과 미래가 없는 사회입니다.

장애인들이 원하는 것

장애인은 처음부터 알게 모르게 차별을 당하고 삽니다. 장애의 유형에 따라 차별의 종류만 다를 뿐입니다. 장애인의 부모들은 아이가 어릴 때는 다른 종류의 차별도 경험하지만, 특히 교육을 받는 데 차별이 없기를 바랍니다. 나이가 들면 무엇보다도 직업 선택에서 차별을 받고 싶지 않습니다. 남들에게 도움을 받기보다 자신이 직업을 갖고 일하고 싶은 것이 대부분의 장애인들의 바람입니다. 국가도 장애인을 고용하는 직장에 보조금을 주어서 취업을 적극 권장하기도 하고, 일정 비율만큼 장애인을 고용하도록 되어 있습니다만, 잘 지키지 않고 있습니다. 게다가 장애의 유형이 다양하기 때문에 거기에 맞는 훈련이나 직장에 대한 안내가 거의 없습니다. 건강한 사회, 문명 사회가 되면 그것이 개선되겠지요. 자기보다 힘없고 능력 없는 사람을 짓밟고 깔아뭉개는 사회는 분명 우리가 멸시하는 야만적 사회와 다름이 없겠지요.

발달 장애

많은 장애인들이나 장애아를 자녀로 둔 부모의 소망은 그들이 교육받을 수 있는 제도를 마련해주는 것도 중요하지만, 특히 스스로 독립할 수 있는 직업을 갖는 것입니다. 정부에서 그러한 노력을 안 하는 것은 아니지만, 현실적으로 정부의 입장을 받아들이는 기업이나 회사도 많지 않고, 사회적 편견 때문에 많은 어려움을 겪고 있습니다.

그런데 비록 몸은 불편하지만 정신이 온전한 장애인들은 주체적으로 살아보려고 노력하는 의지라도 갖고 있지만, 그렇지 못한 발달 장애(자폐)나 정신 지체의 경우에는 더욱 편견과 오해가 없어야 할 것입니다. 그들에게도 나름대로의 직장과 일이 필요합니다. 현재로서는 이들에 대한 교육과 미래는 거의 부모들에게 맡겨져 있는 실정입니다. 이들은 자신의 일을 스스로 결정하지 못하고 다른 사람의 지도나 감독이 필요하기 때문에, 부모가 죽은 뒤에도 누군가 보살펴주어야 합니다. 다행히 재산이 많아 그런 준비를 해놓고 눈을 감을 수 있는 부모는 다행이겠지만, 그럴 만한 능력이 없는 부모들이 대부분입니다. 기막힌 노릇입니다.

복지 시설

돌봐줄 수 없는 장애인들을 복지 시설에서 돌보고 있습니다. 그러나 우리나라의 경우 종교 단체나 사설 단체에서 운영하는 복지 시설이 대부분입니다. 그나마 시설이 열악하여 어려움이 대단히 많습니다. 그런 일에 고생하시는 분들께 경의를 표합니다. 현실이 그러하므로 우리나라를 복지 국가라 부르기에는 시기상조라고 할 수 있습니다. 재수 없는 소리가 될지 모르지만, 우리 모두 잠재적인 장애인입니다. 각종 사고를 당하거나 나이 들어 뇌졸중이나 고혈압으로 전신이나 부분 마비 또는 반신 불수 등의 장애인이 될 수 있습니다.

사실 복지 시설에 수용되어야 할 사람들은 돌보아주어야 할 장애인만은 아닙니다. 지금의 40~50대 중장년층의 사람들이 노인이 될 때는 심각하다고 합니다. 다행히 노후 대책을 잘 해놓은 사람은 문제가 없겠지만, 그렇지 못하면 지금의 복지 시설로는 이들이 노후에 갈 데가 없습니다. 예전에는 그래도 자식들이 부모를 모시는 경우가 많았지만, 지금 돌아가는 사정을 보면 전혀 그럴 것 같지는 않습니다. 부모도 돈이 있어야 자식이 모시는 흉내라도 낼 것 같습니다.

그렇기 때문에 장애인을 포함한 노약자들을 위한 복지 시설을 많이 만들어야 한다는 것입니다.

장애인 올림픽

장애인올림픽이 올림픽 직후에 열린 것은 1988년 서울올림픽 때부터입니다. 얼마 전 아테네에서 장애인올림픽이 끝났습니다. 우리는 인간 승리의 모습을 많이 보았습니다. 어려운 처지에서도 그것을 극복하고 영광의 메달을 땄거나 최선을 다하여 경기에 임한 선수들을 보면 저절로 눈시울이 뜨거웠습니다.

우리나라 모 선수는 사격에서 메달을 땄지만, 메달리스트에게 나오는 얼마 안 되는 연금 때문에 국가에서 주는 보조금도 없어진다고 합니다. 게다가 영구 임대 아파트 입주권도 얻지 못한다고 합니다. 선수로 뛰어서 메달을 딴 것이 오히려 불이익이 되는 경우입니다. 하루속히 이런 잘못된 제도를 고쳐서 이 같은 사람들의 가슴에 두 번 못박는 일은 없어야 하겠습니다. 사실 더 기막힌 것은 장애인인 경우 일반 올림픽의 메달리스트에게 주어지는 연금의 절반밖에 안 된다고 합니다. 어찌 보면 장애를 딛고 서서 메달리스트가 되는 것이 더 영광스러운 것인데, 어처구니없게도 국가가 앞서서 차별하는 꼴이 되고 말았네요.

북두칠성이 된 형제들

여성과 그 차별의 역사

옛날 어느 곳에 아들 일곱 형제를 둔 어머니가 살고 있었습니다. 불행하게도 남편을 여의고 홀몸이 되어서부터는 아이들이 잘 자라는 것만 낙으로 삼고 과부 신세로 평생을 살았습니다. 다행히 아들들은 홀어머니 손에서 모두 잘 자랐습니다.

어느 해 이른 겨울이었습니다. 날씨가 추워지면서 찬바람이 불기 시작했습니다. 으스스 추운 날씨에 홀어머니가 추워하실까봐, 아들들은 산에 가서 나무를 많이 해다가 늙은 어머니의 방에 날마다 군불을 뜨뜻이 지펴드렸습니다.

그러나 어머니는 늘 추운 얼굴을 하고 있었습니다. 따뜻한 방에서도 곧잘 "아이, 추워!" 하고 혼잣말을 했습니다.

"어머니가 추우신 모양이니 방에 불을 더 때드리자" 하고 아들들은 더운 방에다 연거푸 군불을 때곤 했습니다.

하루는 큰아들이 밤중에 잠이 깨어보니, 방에 어머니가 안 계셨습니다. 이 밤중에 아무 말씀도 없이 어디로 갔을 리도 없는

데, 어머니 방은 텅 비어 있었습니다. 큰아들은 크게 걱정을 하며 잠도 자지 않고 기다리고 있었습니다.

어머니는 새벽녘에야 발자국 소리도 없이 돌아와서 아이들 모르게 가만히 방으로 들어갔습니다. 큰아들은 이상하다 생각하고 그 다음날 밤에는 일부러 자지 않고 누워서 자는 체만 하고 있었습니다.

밤이 깊어 사방이 조용해지자 어머니는 가만히 일어나 발자국 소리도 없이 밖으로 나갔습니다. 큰아들이 어머니의 뒤를 따라가 보았습니다.

어머니는 어두운 밤길을 걸어 동네 밖으로 가더니, 다리가 놓여 있지 않은 냇물을 옷을 걷고 건너갔습니다.

"아이, 차거!"

소스라치게 중얼거리는 어머니의 목소리가 들렸습니다. 아들도 옷을 걷고 얼음같이 찬 냇물을 건넜습니다. 어머니는 외딴 오막살이 초가집 문 앞에까지 가서는 누군가를 조용히 불렀습니다.

"주무시오?"

오막살이 초가집에서는 늙은 영감님이 나오면서 "아이고 추운데 오셨구려" 하며 어머니를 맞아들였습니다.

그 영감은 짚신을 삼아 힘들게 살아가는 가난한 홀아비였습니다. 두 늙은이는 방에 들어가서 서로 등을 긁어주면서 재미있게 이야기를 하고 있었습니다.

큰아들은 늙으신 어머니가 외로워하는 마음을 짐작하고 곧 집에 돌아와 동생들을 깨워 그 이야기를 해주었습니다. 그리고는 밤중에 모두 같이 나가서 그 냇물에 돌을 날라 징검다리를 놓고는 시치미를 뚝 떼고 잤습니다.

새벽녘에 집으로 돌아오던 어머니는 그 차디찬 냇물에 징검다리가 놓여 있는 걸 보고 깜짝 놀랐습니다. 아까까지도 없던 징검다리가 갑자기 놓여 있었기 때문입니다. 어머니는 그 징검다리가 일곱 아들들이 와서 놓은 것인 줄은 꿈에도 알지 못했습니다.

찬물에 발을 담그고 건너지 않아도 된 것이 고마워서 어머니는 하늘을 우러러보며 중얼거렸습니다.

"하느님, 이 다리를 놓아준 사람은 이 다음에 죽어서도 좋은 별님이 되게 해주십시오."

그 후 아들들은 죽어서 모두 별이 되었습니다. 일곱 형제가 나란히 징검다리처럼 이어져 있는 '북두칠성(北斗七星)'이 되어 하늘에서 아름답게 반짝이게 된 것입니다.

(이원수 · 손동인 엮음, 『한국전래동화집 1』, 창작과비평사, 1993에서 인용)

북두칠성은 북쪽 하늘에 있는 큰곰자리의 일곱 개의 별을 말합니다. 일곱 개의 별을 모두 이으면 국자 모양이 됩니다.

우리나라 민간 신앙에서 별을 신앙의 대상으로 삼는 예는 거의 볼 수 없으나 북두칠성에 대한 신앙만은 특별했습니다. 지금도 불교의 사찰(절)에 가면 대웅전 뒤편에 '칠성각'이라는 작은 전각이 있는데, 바로 여기에 칠성신을 모셨습니다. 그것은 불교가 토착화하면서 민간 신앙을 믿는 사람들을 불교 신자로 끌어들이기 위하여 지은 것입니다. 민간에서는 칠성단을 쌓고 정화수를 떠놓은 뒤 소원을 빌기도 했습니다.

또 장례 풍습에 시신의 밑에 일곱 개의 구멍이 뚫린 송판('칠성판')이나 별 무늬가 그려진 종이를 깔았다고 하는데, 북두칠성에 대한 신앙과 관계가 깊습니다.

고구려 고분 벽화에도 북두칠성이 등장하고, 『삼국유사』에 의하면 김유신의 등에도 일곱 개의 점이 있었으며, 조선 태조가 칠성에 제사를 지냈다고 하는 것으로 보아 적어도 삼국시대부터 신앙의 대상으로 삼았던 것으로 보입니다. 또 안중근 의사의 어릴 때 이름이 '응칠'인데 일곱 개의 점이 있어서 그렇게 지었다는 것을 보면, 그 신앙이 민간에 깊이 퍼져 있음을 발견할 수 있습니다.

이러한 북두칠성은 인간의 운명과 화복을 주관하는 것으로 알려져 있는데, 특히 인간의 수명을 관장하는 신으로 생각되어 '칠성님께 명을 빈다'는 말이 생겨났습니다.

또 북두칠성은 민간에서는 이 동화처럼 효성스런 일곱 아들이 죽어서 된 것이라고도 하며, 바리 공주가 낳은 일곱 아들이 모두 죽어 별이 되었다는 것으로 보아서 별을 인격화하고 있는 것으로 생각됩니다.

과 부

혼인해서 남편을 여읜 여자를 과부(寡婦)라고 부릅니다. 예부터 환과고독(鰥寡孤獨)이라는 말이 있는데, 아내가 없는 늙은이를 환(鰥), 남편 없는 여자를 과(寡), 부모 없는 아이를 고(孤), 늙어 자식 없는 사람을 독(獨)이라 하여 불쌍한 사람으로 여겼습니다. 다시 말해 가까이 의지할 데 없는 사람들을 말합니다.

옛날 사대부가의 과부는 원칙적으로 재혼을 할 수 없었습니다. 심지어 처녀가 정혼을 하고 첫날밤을 치르기도 전에 남편될 사람이 죽는 경우도 있었는데, 이럴 때도 그 남자의 집에 시집가서 죽을 때가지 살아야 했습니다. 또 혼인해서 살다가 자식을 낳기도 전에 남편이 죽는 경우에도 다시 다른 남자와 혼인을 하지 않고 그 집에서 살아야 했습니다.

남자의 경우는 자신의 부인이 죽을 경우 다시 다른 처녀와 혼인할 수 있었습니다. 옛날에는 의학이 오늘날처럼 발달하지 않았기 때문에 아이를 낳다가 죽는 여자들이 흔히 있었습니다. 필자도 어릴 때 시골에서 살았기 때문에 아이를 낳다 죽은 여인들의 이야기를 가끔 들었습니다. 이 경우에도 남자는 다른 아내를 맞이할 수 있었습니다.

하지만 어린 나이에 남편이 죽었을 경우 다시 혼인하지 못하고 죽을 때까지 죽은 남편만 바라보고 산다는 것은 참으로 억울한 일이었겠지요. 더욱이 자식이 하나도 없을 경우에는 더욱 그러하겠지요.

공식적으로 과부의 재혼이 허용된 때는 제 기억으로 갑오개혁 이후로 알고 있습니다만, 민간에서는 비공식적으로 이른바 '보쌈'이라는 일종의 납치 형식을 빌어 몰래 자식이 없는 과부를 홀아비나 부자의 첩으로 데려가는 일도 있었습니다.

홀아비

혼인했으나 아내가 죽은 남자를 홀아비라고 합니다. 그 남자가 부자이거나 높은 관직이 있다면 홀아비가 되지 않습니다. 금방 혼인을 하니까요. 그것도 처녀에게 장가를 가지요. 능력과 명망이 있는 사람들에겐 자주 볼 수 있는 일입니다. 그러나 가진 것도 명성도 어엿한 가문도 없는 사람들에겐 혼자 사는 홀아비 신세를 면하기 어렵겠지요.

그런데 심청이 아버지 심 봉사도 혼자 살았지만, 콩쥐의 아버지는 딸(팥쥐)을 가진 여자를 아내로 맞이합니다. 장화와 홍련의 아버지 배좌수도 마찬가지였습니다. 이 경우 팥쥐 엄마나 장화 홍련의 새엄마의 경우 분명 처녀는 아닌데 다시 혼인할 수 있었기 때문에, 과부의 혼인을 금지한 것과는 맞지 않는다고 할지도 모르겠네요.

우선 생각해볼 수 있는 것은 「콩쥐와 팥쥐」나 「장화홍련전」은 실제 인물의 이야기가 아니라 만들어진 이야기이니까, 이야기 속에서나마 그것을 가능하게 만들었다고 생각해볼 수도 있습니다. 아니면 과부의 재혼을 금지하는 것은 법도를 목숨처럼 여기는 사대부(양반)에게 주로 해당되는 것이고, 일반 민중들에겐 그다지 엄격하게 이루어지지 않았다고 말할 수 있습니다. 어쨌든 우리의 이야기처럼 자식을 많이 둔 과부는 어떤 경우에도 다른 남자에게 시집가기는 어려웠던 모양입니다. 그건 오늘날도 마찬가지입니다.

징검다리

'다리'라는 말은 중요한 상징적인 의미를 지닙니다. 즉, 강이나 냇물의 이쪽과 저쪽을 이어주는 역할을 하지요. 무엇을 연결하는 도구의 뜻으로 다리가 자주 등장합니다. 특히 남녀간의 사랑을 연결시켜주는 역할을 한다고 말할 수 있습니다. 이 이야기에 나오는 징검다리나 「춘향전」이나 「견우와 직녀」에 나오는 오작교 등이 그것입니다. 심지어 속세와 극락을 연결시켜주는 다리라는 뜻에서 '극락교' 같은 이름의 다리가 여느 절에서는 흔히 볼 수 있습니다.

일곱 아이들이 징검다리를 놓아주었다는 것은 어머니의 발이 시리지 않게 하기 위해서였다는 직접적인 의미 외에도, 어머니의 사랑을 도왔다는 의미도 분명 있습니다.

징검다리는 튼튼한 다리가 아닙니다. 홍수가 나거나 큰물이 지나가면 놓았던 돌이 휩쓸려가기 일쑤입니다. 만들기도 쉽지만 없어지기도 쉽습니다. 그리고 그것을 건너는 사람도 조심해서 건너야 합니다. 발을 잘못 디디면 물에 빠질 수 있습니다.

이것이 무엇을 상징하느냐 하면, 정상적인 떳떳한 남녀간의 사랑을 연결하는 것이 아니라는 것을 말합니다. 어머니가 남들이 안 보는 밤에 다른 남자와 사랑을 나눈다는 것은 당당하게 말할 수 있는 것이 아닙니다. 당시로서는 그렇다 하더라도 지금도 자식의 입장에선 마찬가지라고 할 수 있습니다. 그래서 정상적인 관계가 아닌, 그렇다고 굳이 비난해야 할 것도 아닌 임시 방편의 방법이라 할 수 있겠습니다.

공교롭게도 북두칠성의 일곱 별도 징검다리처럼 일정한 간격으로 놓여 있습니다. 아마 이야기를 만든 사람들이 그 별의 배열을 보고 상상력을 동원해 원래의 소재를 더욱 풍부하게 색칠하지 않았나 생각됩니다.

일곱 아들

북두칠성이 일곱 개의 별이니까 아들도 일곱 명으로 해서 이야기를 만들었는지 모르겠습니다. 북두칠성의 세 번째 별이 약간 희미한데, 그것은 징검다리를 놓을 때 셋째 아들이 불평을 해서 그렇다는 이야기도 전해오고 있습니다. 재미있는 상상이라고 생각됩니다.

서양 동화 「백설공주와 일곱 난쟁이」에서도 난쟁이가 일곱 명이지요? 이렇듯 일곱이라는 숫자는 동서양을 막론하고 이야기 소재로 많이 등장합니다.

동양에서는 홀수를 양수(陽數)라 하여 짝수보다 좋아합니다. 홀수 가운데 가장 큰 수가 9인데, 동양에서는 끝수를 별로 좋아하지 않습니다. 왜냐 하면 끝은 이미 다 차서 넘쳐 다시 작은 것으로 되돌아가기 때문입니다. 그래서 벼슬이 높아질수록 선비들은 몸과 마음을 조심했습니다. 우리 주변에서도 달을 보면 보름달로 꽉 찼다가 다시 기울어진다는 이치를 어렵지 않게 볼 수 있습니다. 그래서 7을 좋아했는지 모릅니다. 아들이 일곱이라면 아들이 많다는 뜻입니다. '칠공주'라는 말은 딸 일곱을 뜻하는데, 이 역시 딸이 많다는 뜻입니다.

아들이 일곱 명이니 집안이 얼마나 소란스러웠겠습니까? 또 일곱 명이 먹어대는 것을 감당하려면 얼마나 힘들었겠습니까?

그런데 아들이 일곱 명이므로 이 여인의 남편은 그리 일찍 죽은 것은 아닌 것 같습니다. 아들 일곱을 낳으려면 1년이나 2년에 한 명씩 낳는다고 계산해도 적어도 십수 년은 넘게 살아야 할 것 같습니다. 2년이나 3년마다 한 명씩 낳았다면 20여 년을 같이 살았겠네요.

그런 어머니가 여기서는 20대나 30대 초반의 젊은 어머니가 아닐 것 같은데도 밤에 다른 남자, 곧 남자 친구가 필요했다는 것을 여러분들은 어떻게 이해하십니까?

군 불

예전에는 온돌에 땔감으로 불로 지펴 난방을 했습니다. 기름이나 가스가 없었기 때문에 장작과 같은 땔감을 아궁이에 지펴 방을 따뜻하게 하는 것을 '군불'이라고 합니다. 특히 효자는 부모님이 거처하는 방에 겨울에는 군불을 잘 때드리고, 여름에는 시원하게 해드려야 한다고 가르쳤습니다. 이 책 시리즈의 제2권에서 『사자소학』을 소개할 때 이미 이야기한 바 있습니다.

여러분들도 시간이 나면 한국민속촌에 가보십시오. 어느 집이든 부엌이나 대청마루나 툇마루 밑에 장작을 쌓아둔 것을 볼 수 있을 것입니다. 음식을 만들거나 군불을 때기 위해서 마련해 둔 것입니다.

군불을 피울 때 꼭 장작만 쓰는 것이 아니라는 점도 알아두시기 바랍니다. 장작을 쓰려면 제법 큰 나무를 잘라서 말려야 합니다. 그것을 톱으로 일정하게 자르고 도끼로 쪼갭니다. 그러다 보면 산에 나무가 줄어들어 산림이 황폐하게 됩니다. 어떤 지방에서는 마른 소나무 가지나 심지어 젖은 소나무 가지도 태웠습니다. 겨울에는 젖은 소나무 가지도 잘 탑니다. 그 외에 낙엽이나 볏짚 같은 것을 태웁니다. 태우고 불씨가 남아 있는 잿불에 고구마나 밤을 구워먹으면 맛있습니다.

어떤 신화나 전설, 민담의 경우도 그것들이 만들어진 소재를 갖고 있을 뿐만 아니라 원형이 존재한다는 것은 앞에서 이미 말했습니다.

유교 경전 가운데 하나인 『시경』의 「국풍」 편에 보면, 이 이야기의 주제와 관련된 소재가 있습니다. 아마도 『시경』의 내용을 풍부히 알고 있는 선비들의 입을 통해 민중 사이에 교훈으로 전해졌을 것이고, 이를 전해들은 민중들은 자신들의 입장에서 이야기를 발전시켜 자신들의 생각에 맞는 이야기로 전승했을 가능성이 많습니다.

『시경』에 나타난 시를 보면 아래와 같습니다.

남녘에서 바람불어와(凱風自南)
저 묘목에 불어대네(吹彼棘心)
묘목 작고 여리거늘(棘心夭夭)
어머니 애쓰셨네(母氏劬勞)

남녘에서 바람 불어와(凱風自南)
저 잔가지에 불어대네(吹彼棘薪)
어머니 저리도 훌륭하시나(母氏聖善)
우리에겐 좋은 녀석 없네(我無令人)

서늘한 샘물(爰有寒泉)
준(浚)의 아래에 있네(在浚之下)
일곱의 자식 기르느라(有子七人)
어머니 애쓰게 하느냐(母氏劬勞)

맑고 밝은 소리내는 꾀꼬리(睍睆黃鳥)
그 소리 좋네(載好其音)
자식 일곱 있는데도(有子七人)
어미 마음 위로하는 이 없는가(莫慰母心)

시의 해석

이 시는 분명 자식이 어머니를 생각하면서 지은 시입니다. 그
러나 어떤 마음으로 자식이 이 시를 지었나 하는 것에서 해석자
들의 의견의 갈라집니다. 하나는 돌아가신 어머니를 생각하며

은혜를 다시 되새기는 것이며, 다른 하나는 경학가(經學家 : 경전을 연구하여 해석하는 학자)들의 해석처럼 어머니의 음란한 행위에 대한 자식들의 반성을 적은 것이라고 합니다. 곧 자신들의 효도가 지극하지 못했기 때문에 어머니가 바람을 피웠다는 것을 자책한다는 의미입니다. 특히 주자(朱子 : 중국 남송의 유학자)는 자식들이 어머니에게 효도하지 못했음을 깊이 자책하는 시로 해석하면서, 어머니의 잘못에 대하여 직접 말씀드리지 않고 자신들의 불효에서 비롯되었다고 말하는 것이 또한 효자다운 점이며, 이것이 어머니의 부정을 고치는 역할을 하게 되었다고 말합니다.

위의 시에 대한 주자의 해석은 완전히 도덕적인 것입니다. 그는 인간의 본성도 선하다고 봄으로써 인간을 도덕적인 존재로 파악합니다. 주자학을 신봉하는 조선의 사대부들의 입장도 이 시를 도덕적인 것으로 파악했을 것입니다.

그러나 이 이야기를 만들어 전달한 민중들의 경우는 그러한 도덕적 입장보다 살아 있는 인간의 현실적 문제, 즉 보통 인간이 느끼는 감정이나 정감을 중심으로 이야기를 엮어가고 있습니다.

이야기 속의 소재

우리가 읽은 앞의 이야기를 만들기 위해 들어간 내용들을 살펴보면, 우선 홀어머니나 홀아버지의 문제입니다. 비교적 사회적 약자에 속하기 때문에 재혼도 할 수 없는 처지에서 느끼는 외로움이나 이성(異姓)에 대한 그리움을 이야기의 중심에 놓고 있습니다.

다음으로 첫째 문제와 관련이 있지만, 진정한 효도가 무엇인지 문제를 제기한다는 점입니다. 군불을 때드리고 몸을 편안하게 해드리는 것만 효도가 아니라는 것을 큰아들의 행동을 통하여 보여줍니다.

셋째 문제는 역시 둘째 문제와 관계가 되는 것으로, 그러한 아들들의 행동에 대한 보상으로 북두칠성이 되었다는 것으로 끝을 맺습니다. 북두칠성은 앞에서 말한 바와 같이 신앙의 대상이고, 따라서 아들들이 죽어서 신앙의 대상으로 올라갔음을 뜻합니다. 사실 아들들이 살았을 때 북두칠성이 없었겠습니까? 민중들의 입장에선 「해와 달이 된 오누이」 이야기처럼 해나 별이 언제 만들어졌느냐는 중요한 문제가 아니라, 그러한 사건의 결과에 따라 주인공이 어떠한 위치로 보상받았는가를 말하고자 했던 것입니다.

초등학교 교육 과정을 얕보지 마시오

이 이야기의 주제를 파악하기 전에, 등장하는 사건의 본질과 주인공의 문제 해결 과정 그리고 그 해결의 적절성을 살펴볼 차례입니다.

초등학교 4학년 국어과 교육 과정의 문학 영역에 보면, ‘(2) 작품의 구성 요소를 통하여 주제를 파악한다’는 대목이 있습니다. 작품의 구성 요소인 인물·사건·배경 등을 통하여 주제를 파악하는 것이지요. 또 ‘(4) 작품에 나타난 인물의 삶의 모습을 이해한다'는 것이 있고, 6학년에서는 '(5) 작품에 반영된 가치나 문화를 이해한다'는 것이 있습니다. 또 읽기에는 '(5) 문제 해결의 적절성을 판단한다'는 것도 있습니다.

그러니까 필자가 여기서 주제를 파악하고자 하는 것과 설명하는 방식은 초등학교 4학년과 6학년이 하는 수준입니다. 보통 사람들이 하찮게 여기는 전래 동화 하나를 이런 방식으로 설명하지 못한다면, 분명 지금까지의 교육에 문제가 있는 것입니다. 즉, 우리가 간단한 작품을 읽고 거기에 들어 있는 가치관이나 문화, 주제를 제대로 파악하지 못한다면 초등학교 과정을 제대로 마쳤다고 할 수 없겠지요. 초등학교 교육 내용이 결코 만만한 것이 아닙니다.

주인공들이 해결할 문제는 무엇인가?

여기서 필자는 주인공이 사건을 해결하는 과정과 이야기에 반영된 가치관이나 문화를 통하여 주제를 파악하려고 합니다.

먼저 어머니가 해결해야 할 문제는 무엇인가요? 일곱 아들들을 잘 키우는 것이겠지요. 이 문제는 잘 해결된 것 같습니다. 왜냐 하면 아들들이 어머니를 잘 모셨고, 특히 이웃 마을 홀아비를 만나러간 어머니의 발이 시릴까봐 징검다리를 놓자고 제안한 큰아들의 모습에서 잘 나타나 있습니다. 그리고 말없이 큰형의 제의에 따른 나머지 아들들의 모습에서도 잘 그려져 있습니다.

어머니는 아들들이 효도를 하지 않을까봐 걱정하는 그런 문제는 없는 것 같습니다. 그보다도 좀 어렵게 말한다면 자신의 내면(속마음)에서 솟아나오는 일종의 욕구를 만족시켜야 하는 문제입니다. 그 욕구가 무엇이냐 하는 것에는 이 이야기에서는 자세하지 않습니다. 다만 이 이야기를 읽는 독자의 지적 성숙도에 따라 상상하는 길밖에 없고, 필자도 독자들의 수준에 맞추어 얘기할 수밖에 없습니다.

쉽게 말해 어머니는 남편 없이 혼자 살았기 때문에 친구가 필요했는지 모릅니다. 그것도 이성(異姓), 곧 남자 친구 말입니다. 어머니가 아주 젊은 사람이 아니기 때문에 젊은 사람들이 자신의 애인을 사귀듯이 남자 친구를 원하지는 않았다 하더라도, 당시로서는 홀아비와 과부의 친구 관계는 있을 수 없는 것이었습니다. 그래서 남이 보지 않는 밤에 만났던 것입니다.

어쨌든 어머니는 자신이 하고 싶은 것을 행동으로 옮겼기 때문에 문제 해결을 한 셈입니다. 그것이 사회적으로 용납되는 행동은 아니었지만 말입니다. 그러니까 어머니의 행위는 사회적 관습이나 도덕을 뛰어넘어 인간적 가치에 더 큰 비중을 둔 문제 해결이라 생각됩니다.

큰아들의 고뇌

이번에는 아들들의 문제 해결 방식을 살펴볼 차례입니다. 아들들의 문제는 어머니를 잘 모시는 것입니다. 다시 말해 효도를 잘하는 것입니다. 그러나 일상적인 효도만으로 어머니의 외로움을 달래줄 수는 없었습니다.

어머니가 밤에 다른 남자를 만난다는 사실을 알고난 큰아들의 심정은 어떠했을까요? 오늘날과 같이 과부뿐만 아니라 이혼 녀도 당당히 재혼할 수 있는 시대에서도, 당신의 홀어머니가 다른 남자와 사전에 당신의 동의 없이 만난다면 쉽게 납득할 수 있겠습니까? 더구나 동네 사람들이나 친척들이 그 소문을 듣고 수군댈 가능성을 알고 있으면서 말입니다.

실제로 이 당시에 큰아들처럼 행동할 수 있는 사람은 거의 없었을 것입니다. 비록 이야기를 통해서나마 이런 행동이 훌륭한 것이라고 말하고 있는 것입니다. 어쨌든 이야기 속의 큰아들은 적극적으로 어머니의 이러한 행동을 돕습니다. 결국 아들들의 행동에서 진정한 효도란 당시의 사회적 관습이나 도덕을 초월하여 어머니의 인간적인 모습을 이해하고 돕는 것으로 이해되며, 아들들도 이런 각도에서 문제를 해결하고 있습니다.

삶이 관습을 초월한다

유학의 가르침에 효도란 부모님을 잘 모시는 것, 더 나아가 부모님을 잘 공경하는 것이라고 합니다. 그러나 이 동화는 그런 가르침을 훨씬 뛰어넘고 있습니다. 그런 가르침이나 도덕이 되레 인간적 가치를 억압할 수 없다는 것을 넌지시 말해주고 있습니다. 그러니까 사회적 관습을 잘 지킨 효도만이 참다운 것이라고 말하는 것은 아닙니다. 오히려 사회적인 관습을 뛰어넘음으로써 진정한 효도로 접근합니다.

그러면 이 이야기의 주제가 효도일까요? 그렇지 않습니다. 효도의 형식을 통하여 다른 가치를 말하고자 하는 것이지요. 효도의 생각을 바꾸게 하는 것은 어머니의 행동입니다. 초점이 어머니의 행동으로 옮겨져 있지요. 어머니가 홀아비를 만나고자 하는 행동 이면에는 어머니의 마음이 중요하게 작용했습니다. 남들이 다 잠자는 밤에, 그것도 멀리 떨어져 있는 마을까지 차가운 냇물을 건너서 홀아비를 만나러 가고자 하는 어머니의 마음이 중요한 것입니다.

유교의 가르침 가운데 부모가 잘못된 일을 저지를 때에는 울면서 간(諫)하라고 했습니다. 아들의 행동에는 그런 모습이 보이지 않습니다. 앞에 인용한『시경』에서는 아들의 자책하는 모습이 조금 보이지만, 우리의 전래 동화에는 전혀 보이지 않습니다. 자신들이 잘못 모셨기 때문에 홀아비를 만나러 갔다고는 생각하지 않습니다. 아무리 잘 모셔도 어머니의 남자 친구를 대신해줄 수는 없다는 것을 너무나 잘 알고 있었기 때문일지도 모릅니다.

자, 이 이야기를 통해 알 수 있는 가치관 또는 주제를 살펴본다면, 사회적 관습보다 인간적 욕구가 앞선다고 말할 수 있겠습니다. 옛날에는 인간에 대한 이해가 지금과 달랐기 때문에 그에 대한 관습이나 윤리가 오늘날과 같지 않은 점이 많습니다. 그러나 그렇다고 해서 인간의 욕구가 크게 달라진 것은 없습니다. 옛날이나 지금이나 인간들은 먹고, 자고, 입고, 남녀와 짝지어 사는 것이 기본적인 욕구입니다. 그러한 기본적 욕구는 인간 누구에게나 있는 것이고, 만족시켜주어야 하는 것입니다. 거기에 차별이 있어서는 안 됩니다. 만약 법이나 관습이 차별을 두어 그런 것을 누릴 수 있는 사람과 없는 인간을 정해놓는다면 참으로 부당하겠지요. 이 이야기는 그런 억울함을 간접적으로 항변

하고 있는 것입니다.

특히 그러한 차별이 사회적 계급에 따라 존재하기도 했지만, 남자와 여자라는 성(性)이 다르기 때문에 차별을 둔다는 것은 참으로 부당한 일이겠지요. 물론 당시에 그러한 차별을 둔 것은 사회의 안정적 질서 유지라는 명분이 작용했을 것입니다. 그 사회적 질서 유지란 다름아닌 사대부(양반), 곧 양반 가문의 권익 보호가 중심이 되는데, 그 양반 가문이라는 게 남자의 성씨(姓氏)를 기준으로 정해지니까, 사대부가의 며느리는 과부가 되어도 절대로 남의 집에 다시 시집보낼 수는 없는 노릇이죠. 양자(養子)를 들여서라도 죽은 남편의 가문을 이어야 하니까요. 이러한 전통이 서민 사회에 그대로 적용되어 관습으로 굳어졌던 것입니다. 그렇게 지켜야 할 가문조차 없는 사람들에겐 그것은 너무나 억울한 일이겠지요. 특히 여자에게는 말입니다.

사회적 관습과 여성의 욕구

전통 사회의 관습은 인간을 억압하는 것이 많았지만, 특히 여성에게는 가혹한 것들이 많았습니다. 칠거지악(七去之惡), 곧 여자를 쫓아낼 수 있는 일곱 가지 나쁜 사례가 그 중에 하나입니다. 물론 삼불거(三不去)라 하여 쫓아낼 수 없는 경우도 세 가지를 정해놓긴 하지만요. 이 이야기에서는 여성이 과부가 되었을 때 재혼할 수 없는 경우라도, 남자를 그리워하는 것에는 변함이 없고 잘못된 것이 아니라는 것을 말해주고 있습니다. 더 일반적으로 말한다면 사회적 관습이나 도덕이 여성의 욕구를 억압할 수 없다는 것이지요.

 다음은 경상도 지방의 민요로 알려져 있는 「진주난봉
가」라는 노랫말입니다. 굿거리 장단에 맞추어 부릅니
다. 부르는 사람이나 지방에 따라 노랫말에 다소의 차
이가 있습니다만, 내용은 거의 일치합니다. 채록된 노래 중에는
전라도에서 부른 것도 있어 「진주난봉가」는 흔히 우리나라 남
부 농촌에서 폭넓게 불렸던 민요로 생각됩니다.

> 울도 담도 없는 집에서 시집살이 삼 년 만에
> 시어머니 하시는 말씀 애야 아가 며늘 아가
> 진주 낭군 오실 터이니 진주 남강 빨래가라
> 진주 남강 빨래가니 산도 좋고 물도 좋아
> 우당탕탕 두들기는데 난데없는 말굽 소리
> 곁눈으로 힐끗 보니 하늘같은 갓을 쓰고
> 구름 같은 말을 타고서 못 본 듯이 지나더라
> 흰 빨래는 희게 빨고 검은 빨래 검게 빨아
> 집이라고 돌아오니 사랑방이 소요하다
> 시어머니 하시는 말씀 애야 아가 며늘 아가
> 진주 낭군 오시었으니 사랑방에 들어가라
> 사랑방에 올라보니 온갖 가지 술을 놓고
> 기생첩을 옆에 끼고서 권주가를 부르더라
> 건넌방에 내려와서 아홉 가지 약을 먹고
> 비단 석자 베허 내여 목을 매어 죽었더라

진주 낭군 이 말 듣고 버선발로 뛰어나와
너 이럴 줄 내 몰랐다 사랑 사랑 내 사랑아
화류 정은 삼 년이요 본댁 정은 백 년인데
너 이럴 줄 내 몰랐다 사랑 사랑 내 사랑아

　이 민요는 시집살이와 고된 노동, 시어머니의 무관심 속에 살다 기생인 첩과 놀아난 남편의 외도에 분노해 스스로 목숨을 끊어버린 며느리의 이야기입니다. 시집살이로 온갖 고생을 하다가 3년 만에 겨우 남편의 모습을 보았건만, 남편은 사랑방에서 기생을 끼고 술판을 벌이고 있었습니다. 여기서 며느리는 남편에게 대들거나 술판을 뒤엎지 않고 스스로 목숨을 끊었습니다.

　이 노래에 등장하는 인물의 성격이나 역할을 살펴보면, 최근까지의 우리 사회의 모습을 나타내고 있는 것을 발견할 수 있습니다. 남편은 집안 일은 안중에도 없이 한량처럼 생활하다가 3년 만에 집에 돌아올 정도이니 어떤 인물인지 알 만합니다. 당시는 농업에 기반을 둔 사회였으므로 토지만 어느 정도 있으면 자신은 농사짓지 않고 빈둥빈둥 살면서, 때로는 기생들과 어울려 놀면서 생활할 수 있었습니다. 더욱 가관인 것은 '화류(기생) 정은 삼 년이요 본댁(아내) 정은 백 년인데'라는 남편의 말입니다. 일종의 변명이나 후회 같기도 합니다. '남자가 바람 한 번 피는 것 가지고 뭘 그러냐?' 하는 말이 연상됩니다.

　시어머니 역시 애매한 입장을 취하고 있습니다. 그런 아들을 나무라거나 타이르는 행동을 보이지 않습니다. 며느리에게 일만 시켰는지도 모릅니다. 아마도 아들의 외도에 대해서 큰 문제가 안 되는 것으로 생각하고 있는 것 같습니다. 남자는 으레 그래도 되는 것처럼 여기는 것 같습니다. 며느리는 그것에 대하여 적극적인 항의나 질투를 보이지 않습니다. 분노를 삭이지 못하고 자살로 끝을 맺습니다.

필자 역시 진주 지방에서 살았고, 또 거기서 학교를 다녔기 때문에 이러한 분위기에 익숙합니다. 아는 분들 가운데 진주에서 한량처럼 놀다가 가산을 탕진했다든지, 기생을 첩으로 맞아들인 경우를 적어도 1960년대까지는 경험한 적이 있습니다. 당사자인 여성들은 시부모의 호된 시집살이와 남편의 외도 그리고 집안의 온갖 가사 노동과 육아, 노부모 봉양으로 하루도 제대로 쉴 날이 없었으며, 마음속으로 그러한 분노를 삭이며 속병을 앓았습니다.

이러한 모습은 비단 경상도 지방에만 국한된 것은 아닙니다. 일제시대를 거치면서 이후 상당 기간 동안 있었던 일입니다. 그렇기 때문에 많은 사람들의 입에서 입으로 노래가 전달되었겠지요.

황혼 이혼

이 민요를 소개한 이유는 최근까지도 여성에 대한 이러한 태도가 있었다는 것을 말하려는 것입니다. 최근 '황혼 이혼'이라는 말이 생겨났는데, 이제 여성들도 이전처럼 묵묵히 참고 살지 않는다는 것으로 풀이됩니다. 남편이 잘못하여 반성하지 않으면 비록 할아버지가 되었어도 할머니에게 이혼을 당하는 사례를 두고 일컫는 말입니다.

지금 나이든 남자들 사이에서 농담으로 하는 말 가운데에는 '늙어서 아내에게 황혼 이혼 당하지 않으려면, 젊어서부터 아내를 잘 대해주라'는 말이 있을 정도입니다. 그래서 이사를 갈 때 부인이 자기를 두고 갈까 놀라서 트럭 맨 앞자리에 올라앉는다는 우스갯소리까지도 생겨났습니다.

여성들이 이렇게 당당하게 황혼 이혼까지 생각할 수 있는 까닭은 나름대로 사회적 제도가 발전하였기 때문입니다. 가령 남녀가 이혼할 때 여성에게 직장이 없더라도 재산을 반으로 나누어 갖는다든지, 이혼하여 여자가 아이를 키울 때 양육비를 남자가 제공해야 하는 것 등 여자들에게 불리한 법이나 제도가 많이 개선되었기 때문입니다.

그러나 이것만으로 여성들에게 제도가 만족할 정도로 공평하다고 생각하지는 않습니다. 적어도 이렇게 되기까지 많은 역사적 노력이 있었다는 점을 잊어서는 안 되겠습니다.

하나님 아버지

여성에 대한 차별을 살펴보면 역사적으로 거슬러올라갑니다. 언제부터 여성에 대한 차별이 존재했는가 하는 점은 분명히 알 수 없으나 상당히 오래된 문헌에서 발견할 수 있습니다. 예를 들어 『성서』에 등장하는 신을 부를 때 '하나님 아버지'라고 하는 것이나, 최초의 여성인 이브 때문에 인간에게 원죄(原罪)가 생겼다는 것, 그리스의 최고의 신 제우스가 남성(男性)으로 설명되는 것으로 보아 상당히 오래 전부터 남성 우위의 역사가 진행

된 것으로 보입니다. 그때의 사회의 최고 권력자나 사제들이 남성이라면 남성 중심의 문화라고 말할 수 있습니다.

어떤 문화권이나 종교에서는, 여자는 이러이러게 살아야 한다고 가르치고, 남자도 마찬가지로 그 역할이나 본성이 정해져 있다고 가르칩니다. 그래서 그 사회에 살거나 종교를 믿는 사람들은 당연히 그렇게 해야 한다고 믿어왔습니다. 이러한 모습은 고전이나 고대 역사를 조금만 읽어보아도 금방 확인할 수 있습니다.

남녀의 역할

철학적으로 볼 때 남성과 여성에 대한 역할이나 본성이 미리 정해져 있는 것은 아닙니다. 단지 생물학적 구별만 인정됩니다. 가령 신체 구조가 다르다든지, 그래서 임신을 한다든지, 평균적으로 남자는 여자보다 키가 크거나 힘이 세다는 것 등입니다. 남자는 바깥일에 전념해야 하고, 여자는 집안 일만 돌봐야 한다는 것과 같은 역할이 정해져 있지는 않다는 것입니다.

역사학자들의 연구에 의하면 원시 시대나 고대 초기의 인류는 여성 중심의 사회였다고 합니다. 당시는 일부일처, 곧 한 남자와 한 여자가 혼인하는 제도가 아니고, 군혼(또는 난혼)의 시기였기 때문에 일정한 아내나 남편이 없었다는 것입니다. 그러다보니 아이의 아버지가 누구인지 확실하지 않지만, 어머니만은 확실하기 때문에 어머니의 권위가 높았다고 합니다. 중국 고대의 하·은·주 세 나라는 처음 할아버지가 아니라 처음 할머니에게서 나라가 시작되었다고 합니다. 즉, 시조의 신화를 보면 어머니는 알지만 아버지가 누군지 모르는 사회 상황을 뒷받침하는 것입니다. 아버지의 존재가 그다지 중요하게 다루어지지 않았던 이러한 신화 속의 사회는 여성의 가치에 더 비중을 두었음을 짐작할 수 있습니다.

그러나 대다수 국가에서 시조의 어머니에게 정해진 배우자가 있고, 시조가 모두 남자라는 사실은 시조 기원 신화가 남성(아버지 혈통) 중심의 사회가 정착된 후에 나왔음을 말해줍니다.

암탉이 울면 집안이 망한다?

'암탉이 울면 집안이 망한다'는 말은 우리나라 속담 같지요? 그래서 이것을 조선 유교의 잔재로 몰아붙이기도 합니다. 그러나 이 말은 사실 중국 고전의 『서경』이라는 책에 등장합니다. 원문은 '암탉을 새벽에 울리지 말라. 암탉이 새벽에 울면 집안이 망한다. 지금 상나라 주(紂)왕은 오로지 부인의 말만 듣고 정사를 행하였다'고 하는 것인데, 주나라를 건국하는 과정에서 이전의 상나라를 비난하면서 후손들에게 거울로 삼으라고 한 말입니다. 여기서 여자를 정치 활동에서 제외시키려는 주나라의 정치 제도를 반영하고 있습니다. 그리고 『서경』이라는 책이 대개 교훈이나 훈계로 되어 있기 때문에 후대 왕들에게 그것을 지키라고 강요합니다.

사실 중국 역사에서 주나라 때에 와서 종법 제도가 완성됩니다. 종법 제도란 아버지 혈통의 권리와 통치를 허용하고 어머니

혈통의 권리나 통치를 철저히 배제하는 것을 그 내용으로 하는데, 재산이나 권력의 이동은 적장자(맏아들)를 통해 차등적으로 이루어졌습니다.

이러한 종법 제도는 당시 사회가 종족을 사회의 기초 단위로 여겼던 관계로, 정치 권력이나 재산의 분배 방식을 놓고 등장한 것이라고 보면 되겠습니다. 그리고 첩의 존재를 인정하면서 사실상 사회적 강자의 혼인 제도는 일부다처제(한 남자가 여러 부인을 둠)로 변화되고, 적장자 계승을 원칙으로 내세워 여성들 사이의 갈등을 조장하여 사회적으로 등장하는 것을 가로막았다고 말할 수 있습니다.

여성이 차별 받는 배경 1

이렇듯 중국에서는 주나라의 건립과 함께 사회 전면에서 여성의 역할이 사라지게 되고, 가정의 울타리 안에서 집안 일을 책임지는 관리자로 전락합니다. 이런 것들이 제도적으로 확립됩니다.

공자가 그토록 어지러운 춘추시대에 주나라의 옛 법도를 회복하고자 했던 것에 힘입어, 후대의 송나라 때에 오면 성리학이 완성되면서 그 주나라 법도를 해석하고 현실에 맞게 예법을 고칩니다. 이른바 『주자가례』 등이 그것입니다. 그것도 어디까지나 아버지 혈통 중심의 관혼상제에 관한 내용입니다.

그러니까 거기에는 아버지의 혈통을 이어 제사를 지내면서 가통을 지켜야 하는데, 아들이 없는 경우 양자를 들여서라도 가문의 전통을 지켜나가야 했고, 남편을 여읜 아내는 그 죽은 남자를 위해 살아야 했던 것입니다. '산 자'가 '죽은 자'를 위해 살아가는 셈이었지요. 그래서 사당을 지어 조상들을 모시고 제사를 지내는 전통이 이어져오고 있는 것입니다. 조상을 계속해서 모신다는 입장에서 보면 아들이 무엇보다 중요합니다. 이른바 남자아이를 낳기를 바라는 '남아선호(男兒選好)' 사상은 지금까지도 내려오고 있지 않습니까? 그 잘난 가문의 전통을 잇기 위해서 말입니다.

장가드는 남자

우리나라는 예부터 남녀 차별이 중국만큼 심하지는 않았던 것 같습니다. 조선 중기까지만 해도 남녀 모두에게 재산을 나누어주었고, 그야말로 남자가 여자 집에 장가가서 몇 년 동안 살면서 아이를 낳아 길러 본가로 돌아온 경우가 허다했으며, 어떤 경우는 상당 기간 동안 부인은 처가, 남편은 본가에서 늙은 부모를 봉양하는 경우도 있었다고 합니다.

그래서 지금도 구식 혼인에서는 신랑이 신부집에 가서 3일 동안 지내고 오는 것이나, 신혼 여행을 갔다가 신부집에 먼저 들르는 것이 그때 풍습의 영향이라고 할 수 있습니다.

그러다가 성리학이 뿌리를 내리고, 성리학적 이론에 따른 예법이 확고히 정해지면서 아버지 계통으로 재산이나 권한이 이어졌고, 상대적으로 여자들의 권익이 줄어들었습니다.

여성이 차별 받는 배경 2

이렇게 보면 조선에서도 본격적으로 여성이 차별을 받는 것은 중기 이후로 판단되는데, 그것은 아무래도 재산이나 권력 분배와 관련되는 것 같습니다. 조선 후기로 올수록 사대부들이라는 양반의 수가 늘어남과 아울러 사대부들에게 자손들의 수가 증가하여 나누어줄 재산이 한정되다보니 모두 나누어줄 수 없는 것이고, 가문의 전통을 지킬 수 있는 아들, 그것도 적장자에게만 많이 물려주어야 할 필요성이 있었던 것입니다. 장자가 부모님을 모시고 조상들의 제사를 받들어야 했으니까요. 지금도 우리나라 민법에 부모의 유산 분배 원칙에는 부모를 모시는 자식에게 더 많은 유산이 상속되는 것으로 알고 있습니다.

게다가 임진왜란과 병자호란을 겪으면서 무너진 사회의 법도나 기강을 바로잡기 위하여 예법을 강화하고 그것을 통해 유교적 질서를 확립하려는 집권층의 정책도 한 몫 했습니다. 다시 말해 자신들의 정권을 유지하기 위하여 학문과 사상의 자유와 창의성을 막고, 사회 분위기를 이전보다 살벌하게 강화함으로써 자신들의 실정(失政)을 은폐함과 동시에 반대파의 집권을 막고자 했는데, 그 과정에서 충신이나 효자·열녀를 강조하여 가장(家長) 중심의 예법(가부장제)을 더욱 확고히 했다고 하겠습니다.

그리고 일제 강점기로 내려오면서 일본식 남성 중심 문화가 더욱 고착화되었습니다. 식민지 지배 과정에서 일본 문화가 보여준 남성상은 피도 눈물로 없는 냉혈적인 모습인 사무라이의 그것이었습니다. 위에서 명령하면 아래에서 절대 복종하는 '상명하복(上命下服)'의 철저한 조직 생리 속에서 이른바 '천황 폐하'에 대한 충성을 이상적 남성성으로 교육시켰습니다. 지금도 그런 모습은 일본 우익계 인사들에게 남아 있습니다. 남자란 눈물을 보여서는 안 된다는 것 등 말입니다. 그리고 일제가 만든 제도 가운데 지금까지 남아 있는 것 하나가 호주제입니다.

그러니까 필자의 생각으로는 순수하게 남녀 차별에 대해서만 살펴볼 경우 조선시대보다 일제 말기나 광복 후 수십 년간이 여성에 더욱 억압적인 분위기였으며 차별 또한 많았다고 봅니다. 앞의 「진주난봉가」처럼 고된 시집살이에 대한 민요의 내용을 보아도 대체로 이 시대의 것을 많이 볼 수 있습니다. 그러니까 여러분들의 할머니, 그 할머니의 어머니들이 가장 남녀 차별을 많이 받았다고 생각하는 것입니다.

여성이 차별 받는 배경 3

일반적으로 인류 역사에서 차별이 존재한 것은 사유 재산을 가질 때부터라고 합니다. 노예의 등장이나 남녀의 차별도 그때부터라는 설이 지배적입니다. 네 것 내 것이 있으니까 그것을 물려주고 물려받는 일이 생겼을 것이고, 또 그것을 지켜야 할 필요성이 있었으며, 물려주는 대상이 형제에서 자식으로 전환하면서 그러한 차별이 더욱 생겼다고 합니다.

원래 이러한 남녀 차별의 원조는 왕족에서 비롯했습니다. 왕은 재산이나 권력을 많이 가진 자였기 때문에, 수많은 처와 첩

그리고 자식들이 있어서 자신의 권력이나 재산을 질서 있게 물려주어야 할 필요가 있었을 것입니다. 자신이 죽어서 제사를 잘 지내고 자신의 전통을 지켜줄 그런 인물에게 모든 것을 물려주고 싶었겠지요. 지금의 부자들도 그렇지 않습니까? 가장 손쉬운 것은 자식에게 물려주는 것, 그것도 아들에게 말입니다. 왕가에서의 이러한 전통이 귀족인 사대부들에게 이어지고, 점차 서민 사회로 확대되면서 사회의 관습으로 정착되었다고 할 수 있습니다.

여성이 차별 받는 배경 4

또 한편으로는 여성이 남성보다 힘이 약하니까, 농사를 짓거나 사냥할 때는 남성이 절대적으로 유리하다고 합니다. 대신 여자들은 조개나 물고기를 잡거나 농사를 짓고 옷감을 짜는 일에 종사했겠지요.

예나 지금이나 큰일보다 작은 일이 더 힘들고 빛도 나지 않는 법입니다. 가령 집안에서 온갖 뒤치다꺼리를 하는 것보다 밖에서 재주껏 적당히 투자하여 큰돈 벌어오는 남편이 큰소리를 치지요. 그 반대로 남편은 쥐꼬리 만한 월급 봉투를 갖고 오는 것이 고작이지만, 땅 투기를 하여 큰돈을 버는 아내가 큰소리를 치는 집안도 있습니다. 또 초등학교 아이들과 씨름하며 힘들게 고생하면서 가르치는 교사보다 사회를 떠들썩하게 한 흉악범을 용감하게 체포하는 경찰이 더 사회에 기여하는 것으로 보이는 법입니다. 이렇듯 여자들의 일이 고되기만 하고 빛이 나지 않은 일을 맡았기 때문에 남자들이 하찮게 여겼는지도 모릅니다.

게다가 이전의 관습에서는 딸을 낳으면 커서 시집을 가버리면 내 집 식구가 안 되지만, 아들을 낳으면 한 사람을 데리고와 노동력의 확보라는 측면에서 훨씬 이익이라는 관점이 더욱여성을 차별하는 배경으로 작용했을 것입니다.

여성만 차별 받나?

혼히 우리가 잘못 이해할 수 있는 것은 이렇게 여성 차별에대해 이야기하다보면, 옛날부터 지금까지 남자들은 혜택을 받아 잘 살고 여자들만 차별을 받는다고 극단적으로 생각하는 것입니다. 또 서양에서는 일찍부터 남녀 차별이 없었다고 믿는 것입니다.

과거에는 남녀 차별보다 더 심한 것이 신분 차별이었습니다. 조선시대의 평민 남자만 보더라도, 농사를 짓다가 전쟁이 나면군인으로 끌려가고, 나라에서 성을 쌓거나 큰 공사를 할 때는소집을 당해 부역을 했으며 60세가 되어서야 겨우 면제를 받곤했습니다. 평민 이하 신분이 낮은 사람들의 삶이란 우리가 생각했던 것보다 훨씬 비참한 생활이었습니다. 물론 집에서 뒷바라지하는 여자들도 같은 고통을 당했겠지요.

남녀 평등(또는 양성 평등)을 부르짖는 지금도 남녀 차별 못지않은 것이 빈부 차별입니다. 부자나 가난한 사람이나 헌법에서는 차별을 두지 않습니다만, 현실적으로 자본주의 사회이기 때문에 있는 자와 없는 자는 차별을 경험하는 것이 엄연한 현실입니다. 이렇게 보면 잘사는 집 여자들보다 더 차별을 받는 못사는 남자들도 있다는 점을 이해해야 합니다.

문제는 잘사는 사람들 내부에서 일어나는 남녀 차별이 못사는 사람들 사이의 그것보다 더 심하다(그 실례로 재벌가의 며느리들을 볼 것)는 사실입니다. 여성들이 사회 제도나 취업에서 남자들보다 더 불리한 입장에 있을 수 있다는 것은 부인할 수 없지만, 세상의 모든 문제 가운데 가장 큰 것이 남자와 여자의 차별 문제라고 말하는 것은 위험하다는 말입니다. 해결해야 할 문제에는 가장 중요한 것과 조금 덜 중요한 것들이 섞여 있고, 그 해결은 중요한 것부터 하는 것이 순리이기 때문입니다.

남녀의 본성과 인간의 예법

'남녀간의 정욕은 하늘이 만든 것이고, 인간의 예법(禮法)은 성인(聖人)이 만들었다'고 합니다. 이 말은 철학적으로 매우 중요한 말입니다. 이 말을 누가 했을까요? 놀랍게도 이 말을 한 사람은 여성입니다. 「홍길동」의 저자로서 여러분도 잘 아는, 조선 중기 허균의 누이 허난설헌(1563~1589)의 말입니다. 이 당시만 해도 여성들이 조선 후기보다 시를 쓴다든지 그림을 그리는 등 집안에서의 행동이 비교적 자유로웠고, 남성과의 관계에서 큰 차별을 받지 않았다고 합니다. 다만 여성에게 정치적 참여가 보장되지 않았고, 학식이 높은 여성을 이해해주는 사회 풍토가 아니었기에 이들의 삶은 고독했다고 할 수 있겠습니다.

동서양을 막론하고 중세 철학은 인간의 생물적 본성을 억압하는 경향을 갖습니다. 서양의 르네상스가 그러한 경향에서 탈

피하여 인간의 본래 모습에서 아름다움을 찾자는 운동이 아닙니까? 조선의 사상을 지배했던 주자학의 경우도 기본적으로 인간의 욕심을 억제하는 것으로 수양(修養)을 삼는 학문입니다. 주된 목적은 임금을 성인(聖人)으로 만들어 나라를 잘 다스리고자 했던 데 있었습니다. 그래서 퇴계 이황이 임금에서 올린 「성학십도(聖學十圖)」도 성인이 되는 학문의 열 가지 도표를 뜻합니다. 그 요점은 임금으로 하여금 인간의 욕망과 욕심을 억제하고 하늘이 내린 성품을 잘 발휘하여 어진 정치를 하도록 하는 데 있었습니다.

그런 철학을 서민 사회에까지 확대하여 잘 지키도록 만든 것이 예법이고, 그 예법은 고대 주나라의 예법(성인이라고 일컬어지는 주공이 만들었다 함)을 참고로 하여 만들었는데, 여성들에게 불리하게 되었던 것입니다. 그래서 허난설헌이 예법을 성인이 만들었다고 말한 것입니다.

반면에 인간의 본성, 곧 남녀간의 정욕은 자연적인 것입니다. 이것은 이 책의 시리즈 제2권에서 자세히 말했는데, 인간의 자연적 본능입니다. 그러니까 당시의 하늘이란 '하느님'과 관계된 것이 아니고 오늘날의 '자연'에 가까운 말입니다. 따라서 그녀의 말은 남녀의 정욕이 자연스럽다는 것입니다. 그 말은 성인이 만든 예법보다 더 중요하다는 뜻입니다. 이 당시는 하늘(天)이 더 큰 권위를 갖고 있었으니까요.

이러한 생각은 맹자나 주자의 생각과 정면으로 충돌합니다. 오히려 그것이 인간의 본성이라는 순자의 견해에 가깝습니다. 이 책 시리즈 제1권에서 자세히 말했기 때문에 더 말하지는 않겠지만, 인간의 욕망을 억제함으로써 선을 이루고자 하는 주자의 생각에 반해 인간의 자연스런 욕망을 긍정해야 한다는 생각을 하고 있습니다. 우리가 관심을 갖고 있는 '북두칠성이 된 형제들'처럼 말입니다.

남자는 하늘이고 여자는 땅?

동양의 사상, 특히 우주나 자연 및 인간을 설명하는 보고(寶庫)가 되는 것이 『주역』이라는 책입니다. 학자들 사이에는 그냥 『역(易)』이라고 부릅니다. 그런데 '남자는 하늘이고 여자는 땅'이라는 말을 가지고 남녀 차별의 근원으로 삼기도 하고, 못난 남자들은 이 말을 가지고 여자들을 구박합니다. '남자는 하늘, 여자는 땅'이라 하여 여자가 남자를 섬겨야 한다고 오해하게 만든 자료는 『주역』의 다음과 같은 말입니다.

'하늘이 높고 땅은 낮으니 건곤(乾坤)이 정해졌다. 낮고 높음이 나열되니 귀하고 천함이 자리를 잡았다. … 하늘의 원리는 남성적인 것을 이루고 땅의 원리는 여성적인 것을 이룬다.'

여기서 '높고 낮음'은 천지 만물의 높고 낮음의 위치를 말하고, '귀하고 천함'은 남녀의 위치를 말하는 것이 아니라 점치는 괘(卦)와 효(爻)의 위나 아래의 위치를 말합니다.

옛날 중국 사람들은 하늘과 땅의 작용을 통해 만물이 생겨난다고 믿었습니다. 주로 농사를 지으며 살았으니까요. 하늘에서 비를 내리고 땅에서 곡식을 자라게 하여 만물이 자라나 번성한다고 믿었습니다. 이러한 원리를 인간에게 적용하면 인간의 생육과 번성도 남녀의 성 관계로부터 시작됩니다. 그 성 관계는 하늘과 땅의 조화로 만물이 생겨나는 것과 동일한 것으로 취급 되었습니다.

그러니까 자연에서 하늘이나 땅만 떼어서 생각할 수 없듯이, 인간의 문제에서도 원천적으로 남녀가 서로 대립하거나 차별하 는 구도가 아니었습니다. 이는 후대의 전제 군주 제도가 백성들 을 편하게 지도하고 지배하기 위한 하나의 이데올로기(허위 의 식, 가짜 생각)로서 '남자는 하늘, 여자는 땅'이라는 논리를 악용 한 사례라고 하겠습니다.

『시경』 속의 남녀

중국 고대의 시가(詩歌)집인 『시경』에서조차도 여성을 차별 하거나 비하하지 않는 곳이 많이 있습니다. 남녀의 관계를 음란 한 것으로 설정하지 않고, 오히려 남자와 여자가 서로 상대를 찾아 그리며 어울리고 혼인하는 과정을 자연 속 동식물의 생태 로 비유하고 있습니다. 공자는 그 많은 시가들 가운데서 300여 편만 모아 오늘날 전해주었는데, 공자조차도 『시경』의 어떤 부 분은 '즐거우면서도 음란하지 않고, 애절하면서도 마음 상하지 않는다'고 하여 남녀 관계의 이상적인 모델로 삼았습니다. 그가 편집한 지금의 『시경』에 들어가지 않는 내용이 어떠했는지는 여러분들의 상상에 맡기겠습니다. 그러니까 남녀의 차별 문제 가 처음부터 유학이나 고대 철학에서 만들어진 것이 아니라, 역 사적 전개 과정에서 등장한 특정한 시대의 문제라는 것입니다.

이 말은 남녀 차별의 문제가 역사의 진행 과정에서 얼마든지 개선되거나 해결될 수 있다는 점을 뜻합니다.

몇 해 전 「결혼은 미친 짓이다」라는 영화가 상영된 적이 있었습니다. 물론 이 영화가 '연애는 이상, 결혼은 현실'이라는 구도로 짜여 있어서, 혼인해서 겪는 여자의 어려움을 직접 다룬 것에서 벗어나 있긴 하지만, 이 영화의 제목만 얼핏 보면 혼인한 가정에서 겪는 여성의 힘든 점을 대변한 것같이 보입니다.

과거 전통 시대에 여성 차별의 극치는 혼인을 통해 그 절정에 도달하게 됩니다. 앞의 「진주난봉가」의 가사에서도 일부 보이지만, 여성의 시집살이로 대표되는 차별은 마치 새댁을 시집 식구들이 무슨 노예 다루듯이 합니다. 우리나라 민요 가운데 「시집살이」라는 것이 몇 가지 있습니다. 여러분들도 꼭 그 민요를 듣거나 가사를 읽어보시기 바랍니다. 그 내용을 만화로 표현한 것도 있습니다. 인터넷을 통해 검색하면 쉽게 찾을 수 있습니다.

오늘날도 혼인 생활에서 여성에게 불리하게 작용하는 면이 남아 있습니다. 물론 가정에 따라 가족과 남편의 협조나 참여가 다르기는 하지만요. 아직도 대다수의 가정에서는 부인이 직장을 다녀도 음식을 마련하거나 설거지를 한다든지, 아이를 낳고 기른다든지, 명절이나 가정의 행사에 적극적으로 참여하는 일 등에서 여성이 직장과 가정에서 이중으로 고생하는 모습을 볼 수 있습니다. 그래서 혼인하지 않고 홀로 서기를 고집하는 여성들이 늘고 있습니다. 요즘에는 남성 가운데도 그런 분이 있다고 합니다.

아버지 성과 어머니 성을 같이 쓴다

요즘 우리나라 여성 운동에 앞장섰던 사람들 가운데 아버지의 성과 어머니의 성을 같이 쓰는 사람이 생기자, 젊은 여성들 가운데 그렇게 사용하는 사람들이 늘어나고 있습니다. 예를 들어 '김갑순'이라는 여성의 어머니 성이 최씨일 경우, '김갑순'이라 쓰지 않고 '김최갑순'이라고 쓰는 것을 말합니다. 이때 갑순이 어머니의 성인 '최'씨도 갑순이 외할아버지의 성을 따른 것입니다. 그렇게 쓰는 것이야 말릴 이유가 없겠지만, 문제는 한 세대가 내려가면 어떻게 쓸 것인가 하는 것입니다. 가장 합리적인 것은 성이 네 글자가 되어야 하지 않을까요? 가령 이박갑돌과 김최갑순이가 혼인해서 낳은 딸의 이름이 '효리'라고 할 경우, 그때의 이름은 '이박김최효리'가 되겠네요. 그 다음 세대는 성만 여덟 글자가 되고요. 만약 맨 앞의 글자만 따서 붙일 경우 '이김효리'가 되겠습니다. 이럴 경우 결과적으로 어머니 계통의 성은 한 세대가 내려가면 없어지게 됩니다. 어머니 계통의 성을 살리더라도 아버지 계통이 사라지므로, 이런 식으로는 한쪽 성이 소멸될 수밖에 없습니다. 결과는 지금과 마찬가지가 됩니다.

이름을 그렇게 바꾸어서 남녀 평등이 실현되면 얼마나 쉽겠습니까? 현실의 제도를 바꿈과 동시에 문화를 바꾸어 실현할 수 있다는 근본 취지에는 동의하지만, 문화를 합리성이나 미학(美學)이나 철학 등의 고려 없이 변화시키고자 생각하는 데는 무리가 있습니다.

부모의 성을 같이 쓰자는 사람의 원조

1900년대 초 일본에 망명한 중국계 사상가들 가운데 하진(何震)이라는 여성 아나키스트(무정부주의자)가 있었습니다. 하진은 아나키스트들이 일본에서 발간한 『천의보』라는 잡지가 창간되기 전에 '여성 혁명'을 표방하였습니다. 그녀가 『천의보』에 발표한 것 가운데 여성 해방 문제에 대한 글이 적지 않았는데, 남녀 평등을 위하여 아버지의 성과 어머니의 성을 같이 쓸 것을 주장하였습니다. 그래서 때로는 어머니의 성인 은(殷)씨를 따라 '은진'이라 했고, 어떤 때는 부모의 성 모두를 따라 '하은진(何殷震)'이라 했습니다. 우리나라 여성 운동가들이 그것을 알고 썼는지 궁금합니다.

여성 혁명

하진은 프랑스 계몽사상가 루소의 영향을 받아, 인권은 '천부적'이어서 남녀는 평등한데도 여권은 박탈당했다고 생각하여 '여성의 복권'을 주장을 하였습니다. 오늘날의 혼인은 모두 재산 관계에서 발생하며 남녀간의 혼약은 고용주와 노동자의 관계와 다르지 않아 부녀자는 사유 재산으로 변했다고 합니다. 이러한 관계로 말미암아 그녀는, "그 설명을 살펴보면 여자의 욕구 해방이 반드시 경제 혁명에서 비롯함은 매우 분명하다"고 말했습니다.

또 하진은 『천의보』 제1기 「여자선포서」에서 상상외로 말하기를, "남자는 여자의 커다란 적이다. 여자는 하루도 남자와 평등하지 못하여 원한이 끊이지 않았다"고 하고, 심지어 "여성계에서 평등하게 하려면 비단 남자를 제압하는 방책뿐만 아니라, 반드시 폭력으로 남자를 제지하여 그들이 부득불 여자들과 평등하도록 해야 한다"고 하였습니다.

가정을 없애자?

당시 프랑스에서도 중국계 아나키스트들이 활약했는데, 그들이 발간한 잡지 『신세기』가 발표한 많은 문장 가운데는 혼인과 가정과 봉건 윤리 도덕 관념을 하나로 보아 근본적으로 타파해야 한다는 주장이 들어 있습니다. 심지어 어떤 글에서는 가정이 모든 악의 근원이라고 주장하고, 아나키즘은 당연히 가정 조직을 타파해야 한다고 하였습니다. 왜냐 하면 원시 사회에서는 가정 조직과 같은 형식은 없었고, 단지 남녀가 섞여 사는 인간의 무리만 있어 사유(私有) 관념이나 강권(强權: 강한 힘을 가진 권력)도 없었기 때문이라는 것입니다. "가정이 있은 후부터 각기 자기 아내를 소유했는데, 이로부터 부권(夫權: 남편의 권리)이 있었다. 가정이 있은 후부터 각기 자기 자식을 소유했는데, 이로부터 부권(父權: 아버지의 권리)이 있었다. 개인적으로 소유하는 것이 끊임이 없어 다투게 되었고, 다툼이 그치지 않아 난리가 생겼다. 다툼을 그치게 하고 난리를 평정하고자 군권(君權 : 임금의 권리)이 생겼다." 부권·부권·군권은 모두 가정을 기초로 하여 파생된 강권이라는 것입니다. 이러한 강권이 일단 형성된 후에는 인류 사회에 불평등 현상이 출현하게 되었다고 합니다. 그래서 개인의 자유와 인류의 평등과 사회의 진화를 이룩하기 위해서는 "반드시 가정을 없애는 것으로부터 시작된다"고 하였습니다.

이들은 더 나아가 혼인 제도가 가정을 조직하는 기초라고 보고, 가정을 타파하려면 반드시 혼인 제도를 제거해야 한다고 하였습니다. 그러면 어떻게 인류의 생리적 욕구를 만족시킬 수 있을까요? 그 방법은 이렇습니다. "지금의 정조와 음란의 설을 제거하고, 여관과 같은 것을 많이 설치하여 남녀가 서로 모이는 장소가 되게 하고, 서로 좋아하면 합하고 싫어지면 헤어지게 하여, 각자 원하는 것을 만족시키면 반드시 혼인에 재미를 느끼는 사람이 없을 것이다"고 하였습니다. 또 혼인 제도와 가정을 타파하는 이유는 가정에서 맡았던 인간의 생로병사 등의 일은 각종 사회 기관에서 맡게 된다고 생각했기 때문입니다. 단지 한 가구 단위의 작은 가정을 없애면 '사회를 하나의 가정으로 삼는' 대가정으로 되어 마침내 '세계가 한 가정'이 된다고 천진난만하게 생각하였습니다. 이러한 주장을 따르면 인류의 사상·감정·관념과 사회의 조직 형식은 모두 근본적 변화가 일어날 것입니다. 왜냐 하면 "옛날에 오직 가정이 있었기 때문에 한 가정에만 애정이 있었으므로 사사로이 하고 작았다. 지금 가정을 없앤다면 애정이 사회에 있으므로 공평하고 크기" 때문이라는 것입니다. 또 말하기를, "그러므로 박애나 평등은 모두 가정을 타파한 후에 행할 수 있는 것이다"라고 하였습니다.

여러분 어떻습니까? 이미 1900년대 초에 여성 해방에 대한 이렇게 극단적이고 혁명적인 생각을 했었습니다. 현대의 여성운동가들도 감히 말하지 못하는 것을 서슴지 않고 말하고 있습니다. 요점은 경제와 혼인 제도의 혁명으로 여성 해방을 실현하자는 것입니다.

여자가 담배를 피워?

현대 한국 사회에서 여성이 차별을 당하는 것 가운데 몇 가지에는 호주제, 고용 차별(비정규직 노동자에 여성들이 더 많음), 직장에서의 승진 차별과 성희롱, 강요된 술자리, 가족 내에서의 역할 등이 있고, 그 밖에 관습적인 면, 가령 남자의 성을 쓰고, 남자는 길거리에서 담배를 피우거나 술을 마셔도 괜찮고 여자는 꼴불견이라는 것, 남자는 바람피우면 그럴 수도 있다고 인정하면서도 여자는 절대로 용서가 안 된다는 것 등이 있습니다.

직장에서의 차별의 원인은 여성이 육아 문제라든가 가사를 돌보기 때문에 일을 열심히 하지 못할 것이라는 편견이 한 몫합니다. 그래서 여자에게는 직장이 부업이라는 인식 때문에 승진에서 남자에게 밀리고 해고 또한 쉽습니다.

이러한 사회적 차별은 점차 개선되고 있지만, 아직도 불합리한 점들이 많이 있습니다. 우선 여성들이 주체적인 삶을 살아야 하고, 이성적이고 양심적인 남성들도 자신들에게 아내나 딸이 있으므로 적극적으로 남녀 평등이 이루어지도록 노력해야 하겠습니다.

가정에서의 남녀 평등

가정에서의 남녀 평등은 사회보다도 쉽게 해결될 수도 있습니다. 남녀의 역할을 합리적으로 조정하면 되니까요. 가령 아내에게 직업이 없다면 전통적인 방법으로 아내는 살림을 맡고, 남편은 바깥일을 맡으면 되겠지요. 서로의 역할에 관심을 가지면서 말입니다. 대신 아내에게 직장이 있고 남편에게 없을 경우에는 그 반대로 하면 되겠지요.

만약 아내와 남편 둘 다 직업이 있다면, 각자가 집안 일을 나누어 해야 할 것 같습니다. 음식 조리나 설거지·빨래·청소·육아 등을 말입니다. 사실 이런 식으로 평등하게 사는 가정이 많습니다.

이것이 가능한 이면에는 여자의 경제적 지위 향상이 한 몫 했기 때문입니다. 누가 더 능력 있고 주체적으로 사느냐에 따라 가정에서의 주도권 향방이 정해질 것입니다. 텔레비전에서 그런 것을 보여주더군요. 여자는 사업 수완이 좋아 사장으로서 밖에서 돈을 벌고, 남자는 빨래하고 음식 조리 등을 하면서 집안 일을 돌보더군요. 물론 우리 사회가 아직 그러지 못하기 때문에 드라마에서나마 그것을 선도적으로 보여준다면, 텔레비전 방송국이 여성들에게 눈물나게 고맙겠지요. 그보다 그런 가정들이 실제로 있기 때문에 사회 현상을 반영한다고 보는 것이 바른 판단인지 모르겠습니다.

서양에서 여성의 사회 참여나 가정에서의 위상이 높아진 것은 서구에서 산업화가 먼저 되면서 여성 노동자가 증가하고 사회 참여가 가능해졌기 때문이었습니다. 전통적인 농업 사회에서는 그것이 어려웠겠죠. 옛날의 우리처럼 말입니다. 그러니까 여성들이 남편과 대등하게 살려면 경제적 능력이 있어야 하겠지요? 저는 교사로서 아이들을 가르칠 때 스스로 경제적으로 독립할 수 있도록 그 바탕을 심어줍니다. 이건 남녀 평등만이 아니라 한 인간이 인간으로서 주체적으로 살아가려면 경제적 독립이 우선되어야 한다는 뜻에서 말입니다. 특히 여자아이들에게 그것을 강조합니다.

신데렐라

요즘 2004년 상반기의 텔레비전 드라마는 온통 주인공이 '신데렐라' 모습을 보여주고 있습니다. 이것은 우리 사회 대중들의 무의식적 소원이나 심리 상태를 대변해주기 때문에 인기를 끌고 있습니다.

이 드라마들의 경우 긍정적 역할도 있겠습니다만, 그 해독을 말씀드린다면 가장 심각한 것이 여성들의 주체 의식을 마비시킨다는 점입니다. 어떤 처녀가 단지 대중들이 좋아하는 형태로 외모가 생겼기 때문에 미인 대회에서 뽑히거나 배우로 발탁되어 인기를 끌면, 머지 않아 재벌 2세와 혼인하는 것은 자주 볼 수 있는 일이었지요.

일단 재벌가의 며느리가 되면 배우 때 당당했던 모습과는 정반대의 삶을 살게 됩니다. 어쩌면 부유한 가운데 남녀 차별을 가장 많이 당한다고 할 수 있겠습니다. 원래 남녀 차별이란 많이 가진 사람들 사이에 상속권 문제에서 발생했다고 앞에서 말씀드렸죠. 아무래도 남성 가장 중심으로 그 집안의 풍토가 이루어질 것이고 다른 성을 가진 사람들(며느리나 사위)은 그 집안에서의 자신들의 주체적 역할이 미미할 것입니다. 그래서 견디다 못해 이혼하고 다시 연예계로 복귀한 배우도 상당히 있습니다. 필자의 조금 먼 친척 가운데는 한국에서 몇 째 가라면 서러워할 모 재벌의 사위가 되었다가 이혼한 사람도 있습니다. 남성 중심 사회이니까 극히 드문 예이기는 하지만요.

이혼녀의 자식 성을 새 아빠의 성으로

이혼한 어머니가 아이를 데리고 다른 남자와 혼인했을 때 아이의 성을 새 아빠의 성으로 바꾸어야 한다는 여론이 있었고, 또 드라마에서도 다룬 적이 있었습니다. 그러한 문제 제기의 핵심에는 호주 제도가 있었고요.

한마디로 말해서 '이혼녀의 자식'이라는 수치스러운 면(?)을 감추기 위해서 새 아빠의 성을 따라 고치는 것은 말도 안 되는 임시 방편의 치졸한 발상이라 생각합니다. 텔레비전이 반드시 좋은 것만 아니라는 것은 이 사례로 증명됩니다.

왜 그럴까요? 보도에 의하면 한국의 이혼율이 세계 2위라고 하더군요. 물론 자식 없이 이혼하는 부부도 있겠지만, 자식이 있는 상태로 이혼할 경우 어머니가 재혼하여 양육할 때 위와 같은 문제가 발생합니다. 여성인 엄마가 아이를 데리고 재혼할 단순 확률은 이혼하는 사례의 8분의 1에 해당됩니다만, 워낙 이혼율이 높다보니 상당한 수에 이를 것이라 봅니다. 그렇기 때문에 이런 현상은 우리 사회에서 흔히 있는 일이고 쉽게 접할 수 있는 문제입니다.

　이제는 누구도 이혼이 부끄러운 일이 아니라는 것, 선택이 잘못 되었다면 중간에 다시 선택할 수도 있다는 점이 긍정되어야 합니다. 지금은 유교적 가치가 지배하던 조선 사회도 아닙니다. 사회적 분위기도 그런 모습을 당연히 여겨야 하겠지만, 정규 교육에서조차도 그것을 자연스런 것으로 받아들이도록 교육해야 합니다. 마치 장애인이 된 것이 부끄러운 일이 아니듯이 말입니다. 옛날에는 장애인을 '병신'이라 놀리기도 하고, 장애인을 둔 가정은 그것을 부끄럽게 여긴 적도 있었습니다. 누구나 장애인이 될 수도 있고 또 이혼할 수도 있기 때문에 그런 것을 우리 사회가 포용하고 이해해야 한다는 것입니다.

　또 한 가지 문제는, 새 아빠의 성을 따라 고치면 안 되는 이유가 우리의 문화적 질서가 무너진다는 것입니다. 문화란 나름대로 우리 자신들의 참모습(정체성)을 지켜주는 것인데, 그것이 단지 편리하다는 이유만으로 바꾸어버린다면, 그에 상응하는 부작용이 따를 수 있다는 것입니다. 우리 문화가 다른 나라와 다른 것 중에 하나가 성과 이름을 붙이는 체계인데, 이것마저도 질서가 무너지면 지켜야 할 문화에는 무엇일 남을지 걱정된다는 뜻

입니다. 또 새 아빠의 성을 따를 경우 자신의 본래의 성을 상실
했으므로 이 아이가 자라서 서로 모른 채 친척끼리 만나 사랑에
빠질 수도 있고, 극단적인 경우 형제자매끼리의 혼인도 가능하
다는 것입니다. 이 것은 호주제를 찬성하는 것과는 별개의 문제
입니다. 필자도 호주제를 반대합니다. 오해 없으시기 바랍니다.

인간의 욕망과 제도

앞에서 읽은 전래 동화는 인간의 욕망을 제도가 가로막아 일
어나는 여성들의 차별에 대한 것을 전해준다고 했습니다. 현대
도 여전히 이러한 상황이 벌어지고 있다는 것을 앞의 여성 차별
에 대한 여러 사례를 들어 이야기했습니다.

이제 마지막으로 이 이야기와 직접 관계된 인간의 욕망과 제
도에 관계된 현대적 문제를 이야기하고자 합니다.

현대의 자본주의란 인간의 욕망을 긍정하는 데서 그 번창함
의 바탕을 두고 있는데, 그것은 인간적 욕망의 불길에 부채질을
함으로써 상품의 구매력을 만들어내면서 생명력을 연장하고 있
기 때문입니다. 유식한 척 말하면 구매력 향상 또는 수요 창출에
의한 자본주의의 존속이라고나 할까요.

어째든 현대인들은 참으로 많은 것을 누리고 사는 것처럼 보
입니다. 그러나 그 가운데 아직도 관습과 욕망 사이에서 갈등을
겪는 것이 바로 일부일처제의 혼인 제도입니다. 앞의 「결혼은
미친 짓이다」라는 영화도 그런 제도적인 혼인(관습)과 제도를
비웃는 불륜(욕망)을 다루고 있습니다.

이혼하는 사람들의 많은 수가 배우자의 불륜 때문이라는 사례가 있습니다. 불륜이란 자신의 남편이나 부인을 둔 채 다른 여자나 남자와 성 관계를 맺는 것인데, 관습이나 법으로 금지되어 있음에도 불구하고 사회적으로 만연되어 있습니다. 이혼 사례도 많지만, 문제가 되지 않거나 드러나지 않는 것까지 합한다면 그 비율은 엄청나게 높을 것이라 생각됩니다.

사실 이런 현상은 현대에만 있는 것은 아닙니다. 역사가 시작되면서 아니 그 이전부터 더 쉽게 자연 속(野合이 원래 그런 뜻임)에서 가능했겠지만, 현대에 와서 그 빈도나 속도, 양이 증가하는 양상을 보입니다. 왜 그럴까요? 그것도 하나의 산업에 이바지하기 때문입니다.

서양에서는 남녀의 불륜에 대하여 우리처럼 그렇게 엄격하지는 않습니다. 싫을 경우 헤어지면 그만입니다. 물론 재산권에 대한 분배가 문제가 될 수 있지만, 혼인할 때부터 네 것 내 것의 구별을 확실히 해두면 그것도 큰 문제가 안 되는 것 같습니다. 아예 혼인하지 않고 동거라는 형태로 같이 살다가 맘에 안 들면 헤어지는 경우도 많답니다. 우리나라에서도 젊은이들 사이에 점차 퍼지고 있는 현상이고요.

그래서 아무리 관습에서 불륜이라 하여 도덕적이지 못하다고 비난하고 법에 간통죄라는 것이 있어도, 불나비처럼 이른바 불륜을 저지르는 사람들이 증가할 것입니다. 그렇기 때문에 국가나 사회에서 이것을 어떻게 할 것인지에 대해서 고민해야 합니다. 이것은 인간의 욕망과 관계된 것이고, 그 인간의 욕망을 막을 제도나 관습은 너무 허약하기 때문입니다. 법과 관습이 있어도 사람들은 그것을 비웃으며 은밀하게, 때로는 공개적으로 혼인하지 않고 자신의 욕망을 채울 것입니다. 아마 앞에서 '하진'이라는 아나키스트가 말한 대로 가정이 없어지기 때문에 남녀가 평등한 그런 시대가 자연적으로 올지 모르겠습니다.

남녀가 혼인하지 않고 동거하거나 동거 중간에 그만두는 경우가 많은데, 그것은 단순히 인간의 욕망의 관점에서만 볼 것은 아닙니다. 주로 경제적인 측면에서 혼인 생활에 대한 비용과 가사 노동, 자녀 양육과 교육비 문제 때문에 혼인을 포기하는 경우가 더 많습니다. 앞으로 사회 보장 제도가 더 발달되면 동거의 형태로 살아가는 사람이 훨씬 늘어날 것이기 때문입니다.

그런데 사람들은 왜 혼인을 하고도 자신의 배우자를 버려두고 다른 짝을 찾게 될까요? 이 문제의 해답은 의학적, 심리학적, 인류학적 지식이 있어야 충분히 설명할 수 있습니다.

상식적으로 판단해보면, 우선 의학적으로 배우자의 역할이 정상이 아닐 때, 심리학적으로 자신들의 파트너에 대하여 사랑의 감정이 싹트지 않을 때, 자신의 배우자가 정상적인데도 자신이 이에 만족하지 않을 때입니다. 사실 세 번째가 가장 문제가 되는 부분인데, 성에 대한 지식과 정보가 쏟아져 나옴으로써 사람들은 자신의 배우자가 다른 사람보다 매력이 없다고 생각하게 됩니다. '새것은 아름답다'는 상품 광고처럼 새로운 사람에 대하여 관심을 끌려고 하는 것입니다. 자신의 파트너에 대한 모델을 현실 세계가 아닌 영화나 텔레비전 매체에서 나오는 인물로 설정했기 때문에, 그에 상응하는 파트너를 찾으려고 애쓰는 것입니다. 이것은 가공의 대상 속에서 자신의 욕망을 만족시키려는 행동입니다. 마치 소문으로 들은 맛있는 음식을 찾아 떠도는 미식가들처럼 말입니다.

그러나 어느 한 음식이 순간으로 자신의 입을 만족시켜주지만, 오래 먹으면 싫증을 내듯이 매력적인 파트너도 시간이 가고 오래되면 다른 새것으로 대체되는 것입니다. 감히 말하지만 아무리 예쁜 여자와 혼인한 남자도, 아무리 씩씩하고 잘생긴 남자와 혼인한 여자도 그 외모 외에 다른 향기를 풍겨줄 무언가가 없다면 다른 사람에게 눈을 돌릴 수 있다는 것입니다. 그 사람들이 용감하다면 말입니다. 그래서 우리 조상들은 '부부는 서로 손님처럼 대하라'고 가르쳤는지 모릅니다. 손님은 신비감이 있거든요. 자신이 사랑하는 사람에게서 신비감이 남아 있지 않다면 더 이상 사랑의 감정이 싹트기는 쉽지 않습니다. 그냥 살아온 정(情)으로 살겠지요.

혼인은 사랑의 무덤인가?

이런 것을 보고 어떤 문학가들은 '혼인을 사랑의 무덤'이라 하고 '영원한 사랑은 없다'고 말합니다. 여러분들 가운데 제 말이 그렇지 않다, 말도 안 되는 소리라고 말하는 분들이 많을 것입니다. 그건 여러분들이 그럴 나이가 되지 않았거나, 그럴 용기가 없거나, 종교적 가치관이나 관습으로 무장하였거나, 그런 행동이 비도덕적이라고 교육을 철저히 받았거나, 그 결과를 미리 생각해 합리적으로 자제하기 때문입니다. 전통 시대에는 관습법이나 교육을 통하여 그것을 강력히 막으려고 했던 것입니다.

그렇게 보면 이 세상에는 위험하더라도 자신의 몸이 시키는 대로 행동하는 사람과, 그것이 죄악이라고 보고 참고 절제하는 두 부류의 인간들이 있는 것 같습니다. 여러분은 어느 쪽입니까?

□ **이종란**(李鍾蘭) ─────────────────────────

경남 사천에서 태어났으며, 서울교육대를 졸업한 뒤 성균관대 대학원을 수료(철학 박사)하였고, 방송대와 한국체육대·성균관대에서 강사를 지냈으며, 지금은 서울등현초등학교 교사로 있다. 지은 책으로는 『이야기 한국철학』(공저), 『강좌 한국철학』(공저), 『최한기의 철학과 사상』(공저), 『한국철학사상가연구』(공저) 등이 있고, 역서로는 『주희의 철학』(공역)이 있으며, 그 밖에 여러 논문과 글이 있다.

전래 동화 속의 철학 ③

─────────────────────────

초판 1쇄 인쇄 / 2005년 1월 10일
초판 1쇄 발행 / 2005년 1월 15일

∎

지은이 / 이 종 란
펴낸이 / 전 춘 호
펴낸곳 / 철학과현실사
서울특별시 서초구 양재동 338의 10호
전화 579─5908~9

∎

등록일자 / 1987년 12월 15일(등록번호 : 제1─583호)

∎

ISBN 89-7775-511-5 04100
*잘못된 책은 바꾸어 드립니다.

─────────────────────────

값 8,000원